신용위험 관리로
더 똑똑한 무역거래

국제무역 거래에 깃드는
신용위험 문제 때문에 고민하는
무역현장의 현직자와
은행의 수출입 업무 담당자들에게
LEVEL-UP 대응 역량 제공

프롤로그

　이 책은 국제무역에서 발생하는 신용위험의 관리를 중심 주제로 삼고 있습니다. 책의 전반부는 무역계약의 체결, 국제운송과 적하보험, 대금결제, 그리고 분쟁해결로 이어지는 무역실무 과정을 담고 있고 후반부는 대금결제와 관련한 위험 요소, 클레임의 관리, 국제 사기거래, 그리고 단기수출보험을 서술하고 있습니다. 전반부의 무역실무 과정은 절차와 운용을 설명하면서 필요한 부분에 신용위험의 요소를 포함하였습니다. 무역실무는 무역현장에서 일상적으로 발생하는 실무 중심으로 내용을 구성하고 있습니다. 후반부에서는 위험의 유형을 소개하며 이를 해소하기 위한 아이디어를 제공하고 있습니다. 이 책은 수출대금을 못 받게 되는 위험을 커버하는 단기수출보험에 대한 설명을 포함하고 있습니다.

　이 책의 모든 독자가 국제무역에서 나타나는 신용위험을 감각적인 느낌이나 직관적인 인식으로 식별하며 평가하고 대응할 수 있는 통찰력을 갖기를 바랍니다.

　무역회사의 많은 차·과장급 실무자들이 이 책을 읽고 현장 업무에 깊은 통찰력을 얻기를 바랍니다. 실무현장에서 일상적으로 처리하는 업무의 개선을 이루는 영감(Inspiration)을 발견할 수 있으면 좋겠습니다. 수출기업의 경영진은 이 책을 통해 안정적인 위험관리의 토대를 마련하며 그 위에서 더욱 공격적인 마케팅을 펼치면서 새로운 시장과 바이어를 개척할 수 있기를 소망합니다.

이 책이 은행에서 수출입 업무를 처리하는 은행원에게는 위험관리적 관점에서 수출입의 현장 실무를 소개하는 책이 될 수 있을 것으로 기대합니다. 많은 은행원들이 수출입 업무에 대한 깊은 이해를 바탕으로 무역업계에 더 풍성한 금융을 공급하면 좋겠습니다.

이 책의 출간에 많은 분들의 따뜻한 지지와 격려가 있었습니다. 무꿈사 관세사무소의 정재환 관세사님은 이 책의 저술 과정 동안 끊임없는 가이드와 지원으로 저자에게 큰 도움을 주셨습니다. 덕성여자대학교 국제통상학과의 이원정 교수님과 김상만 교수님은 무역실무 분야의 교과목을 강의할 수 있는 기회를 주셨습니다. 그 강의 경험은 이 책의 저술에 큰 영감을 주었습니다. 만리현성결교회 이형로 목사님은 저자에게 책을 출간하는 꿈을 심어주셨습니다. 경기평택항만공사의 황두건 박사님도 저에게 힘과 용기를 끊임없이 공급해 주셨습니다. 이 모든 분에게 깊은 감사의 인사를 올립니다. 마지막으로, 나의 사랑스러운 아내 김희진에게 고마움의 마음을 전합니다. 당신의 무한한 지지와 사랑 덕분에 모든 것이 가능했습니다. 항상 감사하고 사랑합니다.

2024. 5월
저자 이경래

목차

PART I
무역실무 이해   1

1장 무역의 출발은 계약의 체결부터   3

제1절 수입자 찾기   4
제2절 무역계약의 유형   9
제3절 무역계약의 성립   12
제4절 무역계약의 이행 과정   17
제5절 무역계약과 부수적인 계약   21

2장 수출입 화물 실어 나르기   29

제1절 국제운송 시장   30
제2절 컨테이너화물의 운송   36
제3절 항공화물의 운송   43
제4절 운송서류   49
제5절 운송약관   57

3장 수출입 화물의 분실과 손상 보상 보험   63

제1절 적하보험이 왜 필요한가?   64
제2절 적하보험의 보험 가입자는 누구인가?   68
제3절 보험계약과 보험료   73
제4절 보험계약의 일생   77
제5절 선박의 쌍방과실충돌   81
제6절 공동해손과 단독해손   84

4장 수출입 대금의 결제   91

제1절 결제방법의 종류   92
제2절 신용장 결제방법   97
제3절 추심 결제방법   111
제4절 송금방식의 결제방법   116
제5절 결제방법의 구성   121
제6절 결제방법의 선택   125
제7절 국제무역에서 환어음과 수표의 사용   129

5장 수출자 VS 수입자 분쟁이 난다면?   143

제1절 무역계약의 위반과 구제권   144
제2절 분쟁의 발생과 분쟁해결 수단   148
제3절 재판 및 중재의 관할권과 준거법   152
제4절 분쟁 해결을 위한 중재제도   156

목차

PART II
신용위험의 관리　　　　　　　　165

1장 신용위험과 신용조사　　　　167

제1절 위험의 유형　　　　　　　　168
제2절 수입자 신용조사　　　　　　174
제3절 수출기업의 신용위험 관리　　180

2장 결제방법과 위험　　　　　　185

제1절 수출자에게 신용장 거래는 안전한가?　　186
제2절 무신용장 거래의 신용위험　　200

3장 Claim과 무역사기   209

제1절 Claim 관리   210
제2절 명의도용 무역사기   216
제3절 이메일 해킹 무역사기   222

4장 외상수출은 단기수출보험으로 커버   231

제1절 단기수출보험은 어떤 보험인가?   232
제2절 보험에 가입하는 절차   242
제3절 우리 회사에 적합한 보험은?   252
제4절 보험사고와 보험금의 지급   269

PART I
무역실무 이해

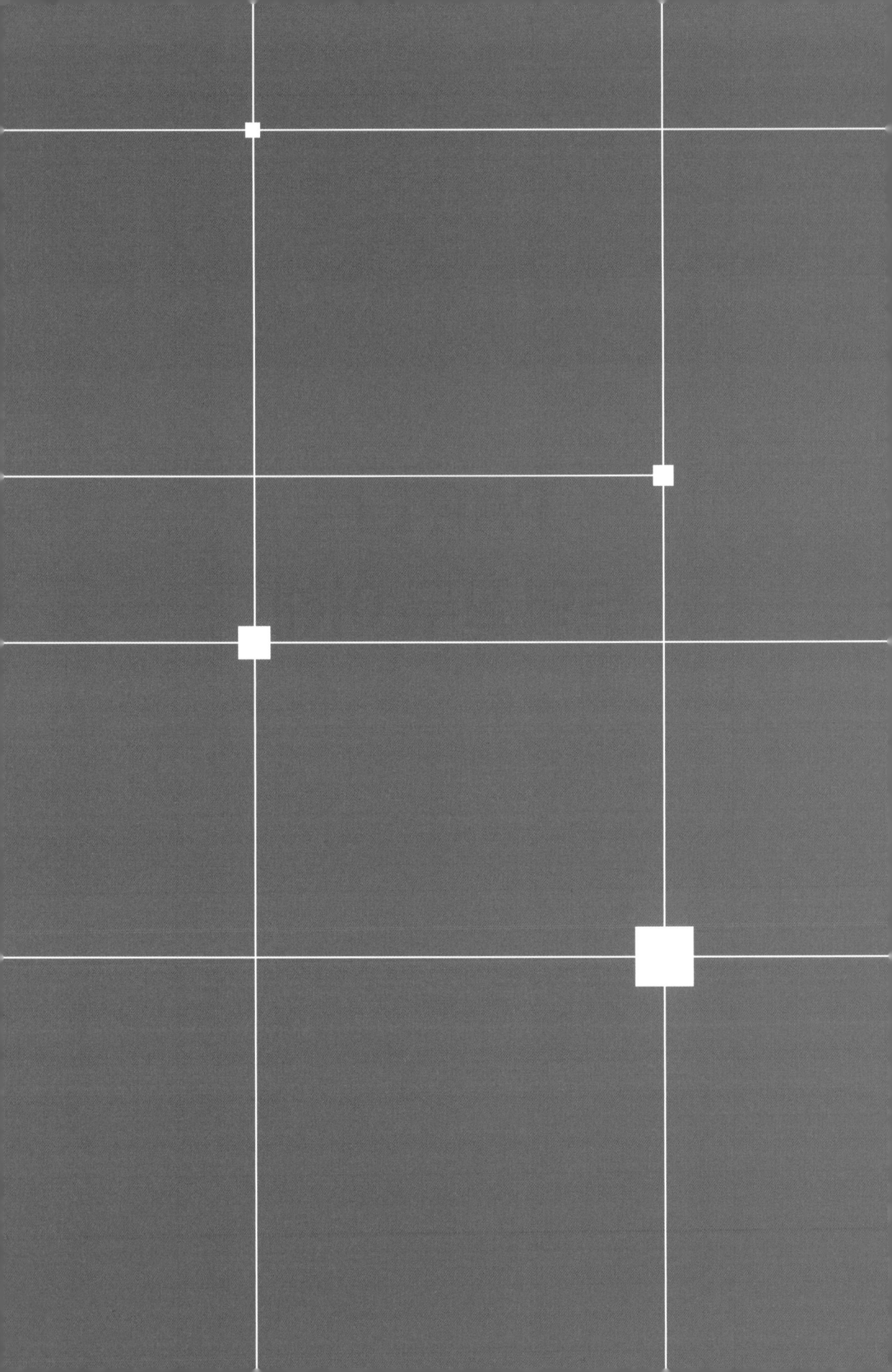

1장

무역의 출발은 계약의 체결부터

The Conclusion of a Trade Contract

제1절
수입자 찾기

모든 사업의 성공 키워드는 '돈·사람·기술·시장'이다. 돈과 사람을 모아서 회사를 만들고 기술을 개발해서 제품을 생산하여 시장에 판매하는 과정을 우리가 '사업'이라고 부르지 않는가? 사업을 한다고 나서면 이 네 가지 요소 가운데 쉬운 것이 있을까? 사업의 모든 요소와 과정이 다 어렵지만 가장 어려운 부분이 '시장'이다.

15세기 유럽의 해상활동은 오늘날의 해외시장 개척 활동과 같은 것이다. 유럽과 북미에서 일어난 산업혁명으로 제조·가공품이 대량으로 생산되면서 서구 열강이 증기선을 앞세우고 식민지를 개척한 활동은 외국의 시장을 찾아 나선 활동이었다.

수출에서 시장을 찾는 일은 해외 비즈니스 파트너를 찾는 일이다. 해외 시장조사를 하고 안전하고 수익성이 있으면서 오랫동안 거래할 수 있는 외국의 비즈니스 파트너를 찾는 것이 사업의 성패를 좌우한다.

중소기업이 수출에서 겪는 가장 어려운 요소가 '해외진출 정보 및 기회의 부족'이다. 국내 판매를 하는 중소기업 사장님들이 '영업'이 힘들다고 표현하는 것과 동일하다.

중소기업이 해외시장을 새롭게 개척하는 방법은 해외전시회 또는 시장개척단 참가, 글로벌 온라인 쇼핑몰 입점, 협력 대기업과 동반진출, 기존 바이어의 네트워크 활용, 해외 현지법인이나 자회사 설립 등등 매우 다양하다.

해외전시회는 외국에서 개최되는 박람회나 전시회에 참가비를 내고 며칠간 부스(Booth)를 임차해서 회사 제품을 전시하면서 잠재적인 고객과 만나고 회사 브

로슈어를 배포하는 행사이다. 수출자가 해외로 나가지 않고 잠재적인 수입자들을 우리나라로 초청해서 국내 수출전시회를 갖기도 한다. 국내에서 하는 수출전시회는 경기도 일산의 킨텍스나 부산의 벡스코에서 자주 한다. 업종별로 개최되는 전시회가 있고 업종 구분 없이 박람회처럼 여러 업종이 모여서 대규모로 하는 전시회가 있다.

해외전시회에 참가하는 수출자에게, 또는 국내의 수출전시회에 참가하는 잠재 수입자들에게 전시회에 참가하면서 발생하는 경비의 일부를 정부나 업종별 협회와 단체가 보조해 준다.

정부나 협회, 단체가 해외전시회에 참가하는 중소기업에 지원하는 항목은 기업 개별 부스의 임차료, 공동 홍보부스 임차료, 행사장 장치사용료, 전시용 물품 운송료, 통역, 홍보물 제작, 항공료, 바이어 간담회 등이다. 각각의 지원 항목별로 일정 비율을 지원하되 한 업체당 지원하는 총액의 한도가 정해져 있다. 해외전시회는 우리나라 중소기업이 가장 선호하는 해외시장 개척 방법이다. 정부나 협회, 단체에서 예산이 지원되는 사업이기 때문에 해외전시회에 참가하려면 일정한 선발 과정을 통과해야 한다. 수출실적과 수출 증가율과 같은 기본적인 수출 역량을 평가하여 참가기업을 선정한다.

전시회에 참가하는 수출자들이 가장 희망하는 결과는 전시회 현장에서 무역계약을 체결하는 것이다. 그러나 그런 경우는 극히 희박하다. 전시회에서 만난 인연을 기초로 서로 상대방을 알아가는 시간을 보낸 후에 비로소 계약체결에 이른다.

장래에 어느 정도 규모가 있는 거래를 서로 희망하면서 우선 서로 신뢰를 다져가고 싶은 당사자는 양해각서(Memorandum of Understanding, MOU)를 체결한다. 전시회에서 MOU를 맺은 참가자도 매우 성공적인 참가라고 할 수 있다. 전시회에 참가한 기업은 경비를 지원한 기관에 참가 결과를 보고해야 한다.

해외전시회만큼이나 중소 수출기업들이 참가하기를 희망하는 해외시장 개척 방법이 시장개척단이다. 시장개척단 역시 지방자치단체, 협회나 업종 단체가 경비의 일부를 지원한다. 시장개척단은 자치단체별로 또는 어떤 자치단체의 특정 업종에 속하는 기업들이 모여서 10개 회사 내외의 시장개척단을 구성해서 해외 시장 개척 활동에 나선다. 대개 회사의 대표가 시장개척단에 참가한다.

시장개척단은 방문하는 국가에 나가 있는 코트라의 해외무역관이나 무역협회의 해외지부의 협력을 받아서 현장 활동을 한다. 해외무역관이나 해외지부에서 잠재적인 수입자를 물색해서 수출상담 대상으로 선정하고 현지 이동차량과 상담장도 준비해 둔다.

시장개척단이 해외 현지에 도착하면 잠재 수입자들과 개별적으로 상담이 시작되는데 시작에 앞서서 코트라의 현지 해외무역관과 무역보험공사의 현지국 지사에서 참가 기업 전체를 모아서 몇 가지 자문을 제공하는 경우도 있다.

시장개척단과 개별적으로 미팅을 마친 바이어는 그대로 상담을 마치거나 자신의 영업장으로 수출자를 초대하기도 한다. 이후 관심이 있는 수입자는 수출자와 계속 연락을 유지하며 장래 거래관계로 발전할 수 있다.

이제 '수입자 찾기'는 온라인 속에서

1990년대 말 인터넷이 널리 퍼지면서 온라인 상거래가 가능하게 되었고 지금은 전 세계 소비자 시장의 20% 정도가 온라인으로 거래된다.

온라인 거래라고 하면 인터넷 속에서 판매자와 구매자가 매매를 하고 결제하는 과정을 의미한다. 온라인 수출이라고 하면 현재 역직구 수준에서 이루어지고 있다. 2020년까지 온라인 상거래 방식으로 수출한 금액이 약 12억 달러로 큰 금액이지만 우리나라 전체 수출규모의 0.23%에 불과하고 그마저도 면세점에서 발생하는 매출이 대부분이다.[1]

온라인 수출거래의 건당 금액이 소액이고 화장품, 옷과 같은 생활용 단순 소비재 위주로 거래되고 있다. 하지만 앞으로 온라인 수출이 크게 증가할 것이라는 의견에 누구도 이의를 제기할 수 없다.

해외 온라인 수출을 지원하기 위해 관세청은 수출신고 절차를 간편하게 바꾸고 중소벤처기업부는 중소기업의 글로벌 온라인 플랫폼 입점을 돕고 물류를 도와주는 정책을 시행하고 있다.

국제무역은 국경을 넘고 격지간의 거래이면서 규모가 있는 도매거래이므로 아직 온라인 수출이 국내 소비시장처럼 활발하지는 않지만 COVID 19를 겪으면서 사정이 달라졌다. 수출자와 수입자가 서로 왕래할 수 없어서 대면하지 못하는 가운데 약 3년을 보내면서 사이버에서 만나기 시작했다. 온라인에서 수출계약이 이루어지는 것은 아니지만 중소기업이 새로운 거래선을 물색하기에는 너무나 효율적인 공간이 되었다.

수출기업이 디지털 플랫폼을 통해서 새로운 수입자를 물색하는 경로는 검색 플랫폼, 거래 플랫폼, SNS 플랫폼 등 세 가지이다. Google과 Youtube는 대표적인 검색 플랫폼이다. Google과 Youtube를 통해서 기업과 제품을 홍보하면서 새로운 수입자를 물색할 수 있다.

거래 플랫폼은 인터넷 안에서 매매계약이 이루어지면서 결제까지 완료되는 e-Marketplace 이다. Amazon, 알리바바, 트레이드키, Europage, KOMPASS 등이 거래 플랫폼 서비스를 제공하고 있고 여기에 입점한 수출자들은 신규 거래선 발굴, 제품홍보, 시장정보 수집을 더욱 쉽게 할 수 있다.

우리나라 수출기업이 더 편리하게 플랫폼을 사용할 수 있게 무역협회, 코트라, 중소벤처기업진흥공단이 각각 트레이드코리아(무역협회), 바이코리아(코트라), 고비즈코리아(중진공)를 개발하여 운영 중이다. 이들 플랫폼은 B2B 온라인 수출을 중개하는 사이트로 우리나라 수출자와 해외기업 사이에 거래 의사를 주고받는 사상공간이다. 플랫폼을 운영하는 세 기관은 각자의 플랫폼을 서로 연계하는 협력을 통해 수출거래가 성사되는 기회를 확대하기 위해 노력하고 있다.

SNS 플랫폼은 페이스북, 인스타그램, 링크드인, WhasApp과 같이 가입자들끼리 자유로운 의사소통과 정보의 공유 등을 하는 인적 Network이다.

중소 수출자가 해외의 새로운 시장에 접근하고 잠재적인 거래선을 확보하는 데에 있어서 인터넷 플랫폼만큼 효과적인 수단은 없다. 중소기업은 항상 자본과 인력, 브랜드 인지도가 부족한 가운데 새로운 거래선을 찾아야 하는 어려운 환경을 인터넷 플랫폼을 통해 극복할 수 있다.

인터넷 플랫폼이 중소 수출기업에 효율적인 해외 마케팅 수단이고 실제로 좋은 성과를 내고 있으나 치명적인 위험요인을 안고 있다. 인터넷 플랫폼은 해외전시회나 시장개척단에 의한 마케팅과 달리 수입자를 대면하지 않고 거래가 이루어지므로 사기(Fraud) 거래에 쉽게 노출된다.

인터넷 플랫폼의 전형적인 사기 유형은 수입자가 제3자의 명의를 도용하여 거래를 제안하는 것이다. 인터넷 플랫폼을 통해서 물색한 잠재 거래선에 대해서는 반드시 신용조사를 거쳐야 하는 이유이다.

제2절
무역계약의 유형

'계약'은 계약 당사자에게 권리와 의무를 발생시킨다. 그래서 '계약을 체결(Conclusion of Contract)했다'는 것은 계약에 참여한 당사자에게 권리와 의무를 발생시키는 과정을 마치고 이제 권리와 의무의 이행이 시작된다는 의미이다. 무역실무 현장에서 계약과 관련해서 여러 용어가 사용되고 있다.

Sales Contract와 Sales Agreement, Pro forma Invoice, Purchase Order, Sales and Purchase Agreement는 모두 무역계약서의 명칭(Heading)이다. 계약서는 굳이 이와 같은 무역계약서의 명칭을 담고 있지 않더라도 계약서의 역할이 가능하다. 무역계약이 체결된 뒤에 계약서의 당사자가 계약의 내용을 이행하지 않으면 계약위반(Breach of Contract)의 책임을 부담해야 한다.

계약의 유형 가운데 Memorandum of Agreement(MOA)는 '예비계약서' 정도로 해석할 수 있다. 대규모 거래를 위해 계약을 체결할 경우 개략적인 내용을 담고 있는 예비적인 계약으로 MOA를 체결한다. 예를 들면 거대한 선박을 구매하는 계약을 체결하는 경우 계약에 서명하기 전에 선박의 제원을 확인하는 검사를 수개월 동안 진행한다. 따라서 선박의 제원이 확인될 때까지 본계약의 체결을 미루고 합의된 내용을 중심으로 개괄적인 계약서를 작성하게 되는데 이 계약서를 MOA라고 한다. MOA에 서명한 당사자는 MOA의 내용을 이행할 책임이 있으며 불이행하면 그에 상응한 책임을 져야 한다.

그에 비해 Memorandum of Understanding(MOU)은 장래 발생할 사업에 대해 당사자들이 충분히 이해하고 있으며 향후 사업이 성사될 수 있게 우호적으로 서로 노력할 것을 약속한 서류이다. 양해각서라고 하며, 서명한 당사자를 법률적으로 강제하는 효력은 없다. 그렇지만 MOU에 서명하고서도 예정한 사업의 성사를 위해 성실한 노력을 기울이지 않는다면 평판(Reputation)을 잃게 되는 위험이 있다.

Letter of Intent(L/I)는 무역계약의 체결 전에 입찰(Bidding) 단계가 있는 거래에서 수출자가 응찰하면서 거래 조건을 수입자에게 제시하는 서류이다. 간단히 '의향서'라고 한다. 나중에 수출자가 L/I에 나열된 조건을 다 지키지 않아도 계약상의 불이행 책임은 없지만 MOU처럼 평판이 손상되는 위험이 있다. 나중에 있을 계약에 초대받지 못하게 되는 결과로 이어질 수 있다.

그림 1. 계약의 명칭과 형태

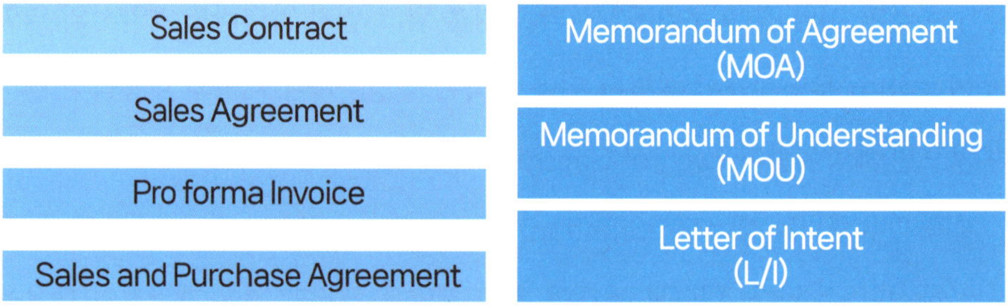

Sales Contract	Memorandum of Agreement (MOA)
Sales Agreement	Memorandum of Understanding (MOU)
Pro forma Invoice	Letter of Intent (L/I)
Sales and Purchase Agreement	

수출계약서 샘플

Pro forma Invoice

Date Sep. 30, 2023
PI No. NC2023-50

Buyer: Apple Inc.
         One Apple Park Way, Cupertino, California, USA 95014

Seller: Neverland Corporation
         11, Cheong-ro, Jongno-gu, Seoul, Rep. of Korea 03048

We are pleased to issue this Pro forma Invoice as per your inquiry.

1. Country of Origin & Manufacturer: Republic of Korea & Cheil Electronics
2. Price and Amount

Commodity & Description	Quantity	Unit Price	Amount
Hard Disks with casing	50,000 pcs	U$100/piece	U$5,000,000
Insurance & Shipping	-	-	U$12,000
CIF Long Beach LA	50,000 pcs	Total U$5,012,000	

Bank Account Information
Bank Name: Wooribank
Account Number: 123-456-789-12
Routing Number: 3478965

* This bank account shall not be changed during the performance of this contract.

3. Payment Terms: T/T 90 days from B/L date
4. Inspection: Manufacturer's Inspection to be final
5. Shipment: Within 30 days after the date of this Pro forma Invoice
6. Shipping Mark: Manufacturer's Standard
7. Delivery Terms: CIF Long Beach LA Incoterms 2020
8. Governing Law: The laws of the Republic of Korea
9. All disputes arising from the execution of or in connection with this Pro forma Invoice shall be settled amicably through friendly negotiation. In case no settlement can be reached through negotiation, the case shall be finally settled by arbitration in accordance with the International Arbitration Rules of the Korean Commercial Arbitration Board.

Accepted by

Buyer: Apple Inc.   Seller: Neverland Corporation

    (Authorized Signature)   (Authorized Signature)

제3절
무역계약의 성립

무역계약도 다른 계약과 마찬가지로 '청약(Offer)과 승낙(Acceptance)'에 의해서 성립(Formation of Contract)된다. 수출자나 수입자가 무역거래의 의사표시를 상대방에게 보내는 것이 청약이고 그 청약을 그대로 받겠다는 의사표시를 보내는 것이 승낙이다.

유효한 청약과 유효한 승낙이 있었다면 계약서 작성이 없어도 청약과 승낙 그 자체로 무역계약이 성립된다. 그렇지만 계약의 증거가 필요하고 나중에 계약을 이행하는 과정에 분쟁이 발생하면 분쟁의 책임이 수출자와 수입자 가운데 누구에게 있는지를 가리기 위해 계약의 내용을 확인할 수 있게 계약서를 작성한다.

더러는 수출자와 수입자가 전화 통화나 카톡만으로 청약과 승낙의 과정을 거치고 계약서는 작성하지 않는다. 전화나 카톡으로 청약과 승낙의 의사를 주고받은 것만으로도 유효하게 계약이 성립되지만 나중에 혹시 있을지도 모를 분쟁에 대비하여 일정한 형식과 내용이 있는 계약서를 반드시 작성해 두어야 한다. 실무에서 일반적으로 무역계약서는 A4 한 페이지 분량이면 필요한 형식과 내용을 다 담을 수 있다. 청약과 승낙은 다음의 표 1의 조건을 갖추어야 유효하다.

표 1. 유효한 청약과 승낙의 조건

유효한 청약(Offer)	유효한 승낙(Acceptance)
· 1인 또는 2인 이상의 특정된 대상에게 청약의 의사표시를 한다.	· 승낙의 내용은 청약을 그대로 반영하여야 한다(Mirror image rule).
· 대상 물품, 수량, 가격이 확정된 내용이어야 한다.	· 청약 조건을 실질적으로 변경한 승낙은 새로운 청약(Counteroffer)이 된다.
· 특정된 대상의 승낙이 있으면 그에 구속된다는 의향이 포함된다.	· 승낙의 의사표시가 청약자에게 청약의 유효기간 내에 도달한다.
· 청약의 의사표시가 상대방에게 도달한다.	

청약자가 청약을 거두어들일 수 있다. 청약의 의사가 상대방에게 도달한 순간까지(before or at the same time) 청약의 의사를 회수(Withdrawal)한다는 의미이다. 그러나 특정된 청약 상대방에게 청약의 의사가 이미 도달(Reach)된 이후에는 회수할 수 없다. 청약의 의사가 상대방에게 도달한 이후에는 청약의 효력이 이미 발생했으므로 회수할 수 없다. 청약이 청약 상대방에게 이미 도달하였지만 그 상대방이 아직 승낙의 의사를 보내지 않았다면 청약을 취소(Revocation)할 수 있다. 청약의 내용에 상대방이 승낙할 수 있는 기간이 정해져 있으면 청약은 취소할 수 없다.

청약 의사의 회수와 취소는 계약체결의 절차를 중단한다는 의미에 있어서는 동일하다. 그러나 청약의 회수는 청약자에게 어떤 책임도 발생하지 않는 반면, 청약의 취소는 손해배상의 책임이 있다. 청약을 받은 상대방은 승낙을 준비하면서 지출한 비용이 있다면 손해배상을 청약자에게 요구할 수 있다.

승낙의 의사도 청약자에게 승낙 의사가 도달한 순간까지(before or at the same time)는 승낙의 의사를 회수할 수 있다. 승낙을 회수하는 의사가 아무리 늦

어도 승낙의 의사와 동시에 청약자에게 도달하여야 승낙의 의사를 회수할 수 있다. 그러나 승낙의 의사가 청약자에게 이미 도달한 상태에는 이미 계약이 성립된 상태이므로 승낙의 의사를 취소할 수 없고 계약을 취소하는 절차를 밟아야 한다. 계약을 취소하자면 계약 상대방에게 손해를 배상해야 하는 문제가 남는다. 계약 취소에 의해서 상대방이 손해를 입었다면 그 손해를 배상해야 한다.

그림 2. 청약과 승낙의 회수와 취소

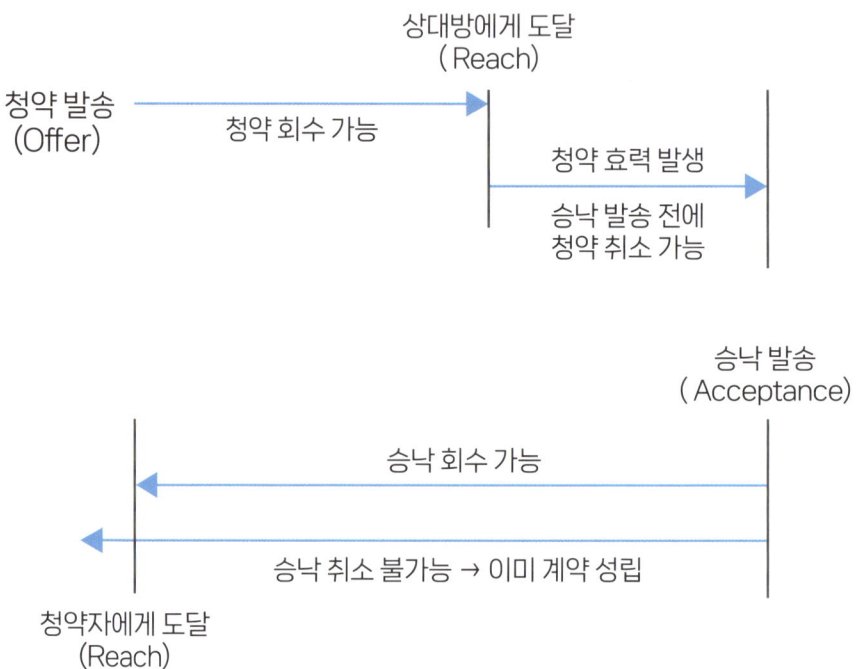

수출자와 수입자의 기본적인 계약이행 의무

무역계약의 성립에 의해 수출자와 수입자에게 계약상의 의무를 이행할 책임이 발생한다. 수출자의 의무는 수출화물을 인도(Delivery)하고 수출서류를 수입자에게 넘겨주는(Hand-over) 것이다. 무역실무에서 수출화물의 인도는 무역계약에서 선택한 인코텀즈에 의해 결정된다. 예를 들면 이 책의 무역계약서 Sample(11쪽)에서는 수출화물의 인도조건(Delivery Terms)을 'CIF Long Beach LA Incoterms 2020'이라고 하고 있는데 이는 수출자가 수출화물을 출발항의 선박에 적재(On-boarding)한 때에 인도가 완료된다. CIF 뒤에 따라붙은 'Long Beach LA'는 화물의 도착항이고 수출자가 도착항까지 화물을 운송할 운송계약과 적하보험을 체결하고 운송료와 보험료를 부담한다.

수출서류의 교부(Hand-over)에 대해 국제물품매매계약에 관한 UN협약(CISG)은 '무역계약에서 정한 시기, 장소 및 방식에 따라 교부한다'고 상식적인 수준에서 언급하고 있다. 인코텀즈에서도 서류의 인도에 대해 '무역계약에서 정한 대로 수입자에게 인도한다'는 수준에서 언급한다. 수출실무에서는 무역계약서에 서류의 교부 방법을 적는 경우는 거의 없다. 서류의 교부는 무역계약서에서 선택한 결제방법에 의해 결정된다. 신용장 거래에서는 수출자가 은행에 제시(Presentation)할 서류의 종류와 제시 기한이 신용장에 정해져 있다. 추심방식의 결제방법은 은행을 통해서 서류를 수입자에게 보낸다. 사후송금방식(O/A)이라면 수출자가 수입자에게 원본을 특송으로 보내거나 사본을 이메일로 보낸다.

수출자의 의무, 즉 수출화물과 수출서류의 인도의무에 대응하여 수입자의 의무도 두 가지이다. 수출자가 보낸 수출화물과 수출서류를 인수해야 할 의무와 수출대금을 지급할 의무이다. 수출대금을 지급할 의무에는 수출대금을 지급하는 데에 필요한 사전적인 조치가 포함된다. 사전적인 조치란 대금지급을 위해 수입국 정부의 승인이 필요하면 정부의 승인을 받는 것이고 신용장으로 대금을 결제하는 무역계약이면 신용장을 발행해서 수출자에게 보내는 것을 의미한다.

수입자의 수출대금 결제방법과 결제 시기는 무역계약서에 표시된 대금결제조건(Payment Terms)에 의해서 결정된다. 대금결제조건은 대금 결제방법과 신용기간으로 구성된다. 예를 들어서 앞에서 본 샘플 계약서의 대금결제조건과 같이

'T/T 90 days from B/L date'라면 대금결제 방법은 송금방법(T/T)이고 수출자가 수입자에게 허용한 신용기간은 선적일로부터 계산해서 90일(90 days from B/L date)이다.

계약의 내용은 사적 자치의 원칙(Principle of Private Autonomy)에 따라서 계약 당사자가 서로 필요한 내용을 자유롭게 정해서 체결한다. 그렇지만 계약에 필요한 내용을 모두 계약서에 담을 수 없기 때문에 계약을 체결하면서 기준으로 삼은 '준거법(Governing Law)'을 계약서에 표시한다. 계약 당사자 사이에 계약 내용에 대해 서로 다르게 해석하거나 어느 한 당사자가 계약을 제대로 이행하지 않으면 그 상대방은 '준거법'에 따라서 계약을 해석하고 계약이행을 독촉하거나 손해배상을 받게 된다.

그런데 수출자와 수입자가 무역계약의 준거법을 수출자 국가와 수입자 국가 중 어떤 나라의 법으로 할까? 서로 다른 국가에 있는 수출자와 수입자 사이에 계약을 체결하는 것이므로 무역계약에는 국제적으로 통일된 법을 적용할 필요가 있다.

이에 국제연합(UN)은 '국제물품매매계약에 관한 협약(United Nations Convention on Contracts for the International Sale of Goods)'을 만들어서 무역계약의 준거법으로 삼도록 하고 있다. '국제물품매매계약에 관한 UN협약'을 실무에서는 간단하게 CISG로 부른다. 우리나라, 미국, 중국, 일본 등 92개 국가가 CISG에 가입하고 있고 영국, 캐나다. 인도, 호주, 남아공 등 일부 국가가 미가입하고 있다. 미가입 국가 가운데 캐나다, 호주, 남아공은 자국의 법률에 CISG의 내용을 대부분 반영하고 있다.

앞에서 본 무역계약서의 Sample에서는 준거법을 대한민국의 법으로 정하고 있다. 수출국인 대한민국과 수입국인 미국은 둘 다 CISG에 가입한 국가이기 때문에 대한민국의 법을 준거법으로 삼는 Sample 무역계약은 CISG를 기준으로 해석하고 판단하게 된다. 수출국과 수입국이 모두 CISG의 가입국인 경우에 CISG가 준거법이 되는 구조는 제5장 제3절 '분쟁의 해결'에서 자세히 설명한다.

제4절
무역계약의 이행 과정

무역계약은 계약의 체결 후에 수출화물을 제조·가공하거나 구매해서 적하보험에 가입하고 운송을 시작한다. 수입자는 수출자로부터 수출서류를 받아서 도착지에서 화물을 수령한 후에 대금 결제기일이 되면 결제하는 것으로 한 무역거래의 사이클이 완성된다. 무역계약의 이행 과정에 수출자와 수입자 사이에 분쟁이 있으면 그 분쟁을 해결하고 무역계약을 계속 이행한다. 무역거래에서 분쟁은 대개 화물의 운송이 마무리 되고 난 후에 대금을 지급할 무렵에 수입자가 Claim을 제기하면서 발생한다. 이런 경우 수출자는 분쟁이 해결되고 난 후에 비로소 대금을 받게 된다. 분쟁이 해결되지 않으면 수출자는 수출대금 미회수의 위험에 빠지게 된다.

그림 3. 무역거래의 과정과 환경

우리나라의 무역을 총괄하는 대외무역법에서는 '자유로운' 무역의 원칙을 강조하고 있다. 그러나 정부는 수출자와 수입자의 무역계약 이행 과정에 개입한다. 정부가 수출자와 수입자의 무역계약 이행에 개입해서 관리 또는 통제하는 근거는 대외무역법과 관세법, 그리고 외국환거래법이다. 이들 법이 무역거래와 깊은 관련이 있다고 하여 무역 3법이라고 불리기도 한다. 더 나아가 WTO 협약과 자유무역협정(FTA)도 개별 무역거래의 배후에서 작동한다.

정부가 무역거래를 통제하는 구체적인 방법은 수출과 수입의 금지 또는 승인, 허가, 수출과 수입을 위한 조건(Requirements) 설정 등의 방법이다. 모든 수출과 수입에 대해 통제하는 것은 아니고 사전에 지정된 품목들만 통제한다.

정부가 일부 수출입 품목에 대해 통제하는 목적은 국제적인 협력, 산업정책, 외국과의 통상 관계, 자연환경 보호, 해당 품목 소비자의 생명과 신체 보호 등이다. 전쟁, 살상, 테러에 사용되는 전략물자는 국제적인 협력 차원에서 정부의 허가를 받고 수출입해야 한다. 어떤 품목이 과다하게 수입되어 국내 산업의 존립을 위협하는 경우 해당 품목에 대해 일시적으로 수입 총량을 제한하는 조치를 하는데 이는 정부의 산업정책에 해당하는 무역관리이다. 어떤 철강재를 EU 국가로 수출하는 경우 수출승인을 받아야 하는데 이는 EU가 자신의 철강재 산업을 일시적으로 보호할 필요가 있어서 긴급수입제한조치(Safeguard)[2]를 선언했기 때문에 우리나라에서 EU로 수출하는 해당 철강재의 총량을 통제할 목적으로 수출승인을 사전에 하고 있다. 이런 유형의 무역관리 목적은 외국과의 통상관계를 유지하기 위한 것이다. 정부의 무역관리를 받아야 할 품목이 승인 또는 허가, 수출입 조건 부합 여부에 관해 확인받는 과정이 관세법에서 정하고 있는 수출통관과 수입통관이다.

외국환거래법은 수출입에 수반되는 외환거래가 비정상적으로 발생하지 않도록 관리하는 법이다. 예를 들면, 수출하고 수출대금을 수령하지 않거나 수출입과 관련하여 선수금이나 선급금을 지나치게 긴 기간 동안 지급하거나 수령하고 수출입을 이행하지 않는 경우를 관리한다. 그리고 외국환거래법은 수출입 대금은 각각의 수출 건 또는 수입 건별로 수출입 거래 당사자 사이에 외국환은행을 통해서 주고받아야 한다는 원칙을 세워두고 있다. 한 거래의 당사자 사이에 줄 돈과 받을 돈이 동시에 있는 경우라도 원칙은 줄 것은 주고, 받을 것은 받는 식으로 해야 한다. 둘 사이에 있는 채권과 채무를 상계하려고 한다면 외국환은행에 사전에 신고해야 한다.

수출입 거래 당사자가 아닌 제3자가 대금을 지급하거나 받을 때에는 외국환은행에 또는 한국은행에 사전에 신고해야 한다. 외국환은행을 통하지 않고 대금을 지급하거나 받을 때에는 한국은행에 사전에 신고하여야 한다.

'수출입 대금은 각각의 수출 건 또는 수입 건별로 수출입 거래 당사자 사이에 외국환은행을 통해서 주고받는다'라는 원칙은 국제무역에서 관행으로 통하는 거래 현실을 반영해서 다수의 예외를 허용하고 있다. 예를 들면, 물품의 수출입 대금과 해당 건의 수출입 거래에 직접 관련되어 발생한 중개수수료 또는 대리점 수수료와 같은 비용은 수출입자 사이에 서로 상계하고 잔액만 결제해도 괜찮다. 우리나라 수출자가 외국의 수입자에게 수출하고 수출대금은 수입자가 아닌 제3의 외국인이 결제해도 괜찮다고 외국환거래규정에서 허용하고 있다. 이와 같은 예외는 외국환은행이나 한국은행에 사전에 신고하지 않고 처리할 수 있다.

외국환 거래의 명세를 일정 기간별로 관세청에 통보하여 수출입 상황과 외국환 거래의 상황을 비교하는 관리 활동도 외국환거래법에 의해 실시하고 있다.

FTA 특례법은 우리나라와 자유무역협정(Free Trade Agreement)을 체결한 국가의 수출입자와 거래하는 무역에 적용되는 법이다. FTA 특례법의 적용을 받는 품목은 관세법에서 정한 일반적인 관세율과 수출입 통관 기준을 적용하지 않고 FTA에서 정한 관세율과 수출입 통관 기준을 적용한다. 우리나라 수출의 약 80% 정도가 FTA 국가로 수출되고 있고, 우리나라 수입의 약 70% 정도는 FTA 국가로부터 수입되고 있다.

특정 수출입 품목은 일정한 요건(Requirements)을 충족해야 수출입이 가능한데 그 근거는 여러 개별법에 규정되어 있다. 예를 들면, 전자제품 가운데 전자파를 과다하게 발생시켜서 인체에 해를 끼칠 우려가 있는 품목의 수입은 전자파의 적정성을 기준치 이하로 하는 요건을 충족해야 수입할 수 있는데 이를 전파법에서 규정하고 있다. 이처럼 수출입의 요건을 지정한 개별법이 68개에 이르고 있다. 개별 수출입 거래가 국가의 관리를 받는 체계는 다음 그림 4로 도해할 수 있다.

그림 4. 무역관리 체계

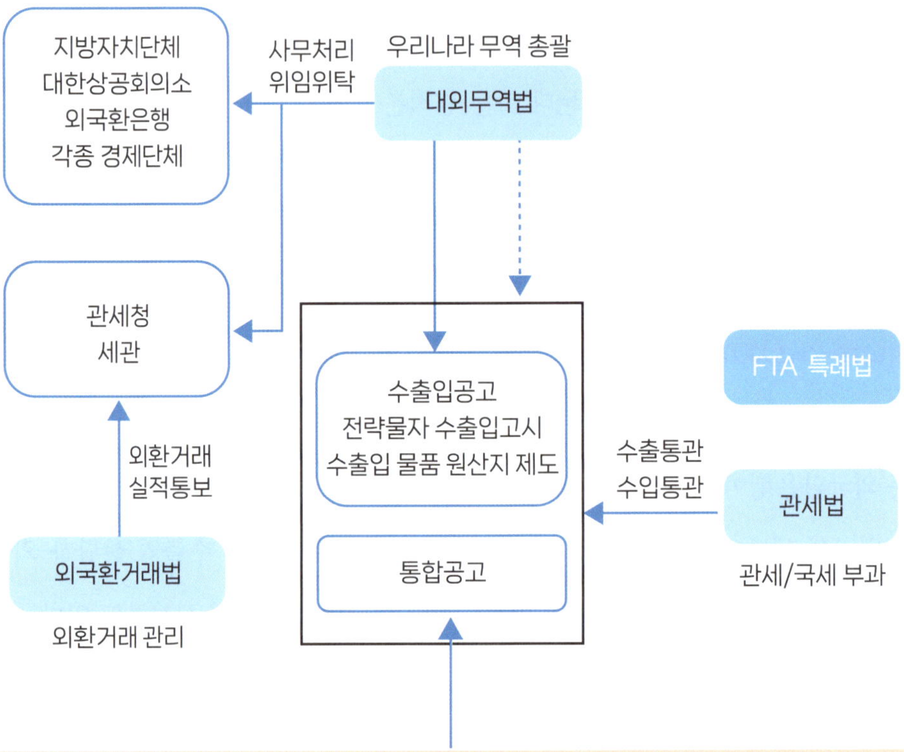

```
[지방자치단체         사무처리      우리나라 무역 총괄
 대한상공회의소  ←   위임위탁         대외무역법
 외국환은행
 각종 경제단체]                          │
                                         ↓
[관세청                         ┌─────────────────────┐
 세관]     ←────                │     수출입공고       │      FTA 특례법
                                │  전략물자 수출입고시 │
           외환거래              │  수출입 물품 원산지   │   수출통관
           실적통보              │        제도          │ ← 수입통관
            ↑                   ├─────────────────────┤      관세법
    [외국환거래법]               │      통합공고         │   관세/국세 부과
                                └─────────────────────┘
    외환거래 관리
```

특정 품목의 수출입 요건(Requirements)과 관련된 개별법

전파법, 약사법, 마약류관리에 관한 법률, 화장품법, 식품위생법, 검역법, 화학물질 관리법, 화학물질의 등록 및 평가 등에 관한 법률, 양곡관리법, 비료관리법, 농약관리법, 가축전염병예방법, 식물방역법, 종자산업법, 축산법, 품질경영및공산품안전관리법, 전기용품안전관리법, 계량에관한법률, 석유및석유대체연료사업법, 원자력안전법, 전기통신기본법, 야생생물 보호 및 관리에 관한 법률, 폐기물의 국가간 이동 및 그 처리에 관한 법률, 대기환경보전법, 소음·진동관리법 등 (2023. 3. 13 현재 68개 법률)

제5절
무역계약과 부수적인 계약

수출자와 수입자 사이에 체결된 무역계약을 이행하기 위해서는 부수적인 계약(Incidental Contracts to Trade Contract)이 필요하다. 그림 5는 무역계약을 중심으로 여러 부수계약을 도해한 것이다. 부수계약 가운데 적하보험계약과 운송계약은 반드시 필요한 부수계약이다. 그에 비해 중재계약은 수출자와 수입자 사이에 무역계약의 이행과 관련해서 다툼이 발생한 경우에 중재(Arbitration)로 다툼을 해결하기로 합의하면 필요한 부수계약이다. 외국환거래약정도 모든 무역거래에 필요한 부수계약이 아니고 신용장 거래와 추심방식의 거래에 필요한 부수계약이다. 신용장 거래와 추심방식의 거래에서는 무역대금의 결제가 외국환 은행의 협조 없이는 불가능하다. 외국환거래약정은 은행이 무역대금의 결제를 위한 서비스를 제공하면서 수출자 또는 수입자와 맺는 계약이다. 수출채권매입약정은 은행이 수출자가 가지고 있는 수출채권을 매입하면서 체결하는 부수계약이다. 은행과 수출자 사이에 수출채권의 매매가 없다면 수출채권매입약정은 불필요하다.

그림 5. 무역계약과 부수적인 계약

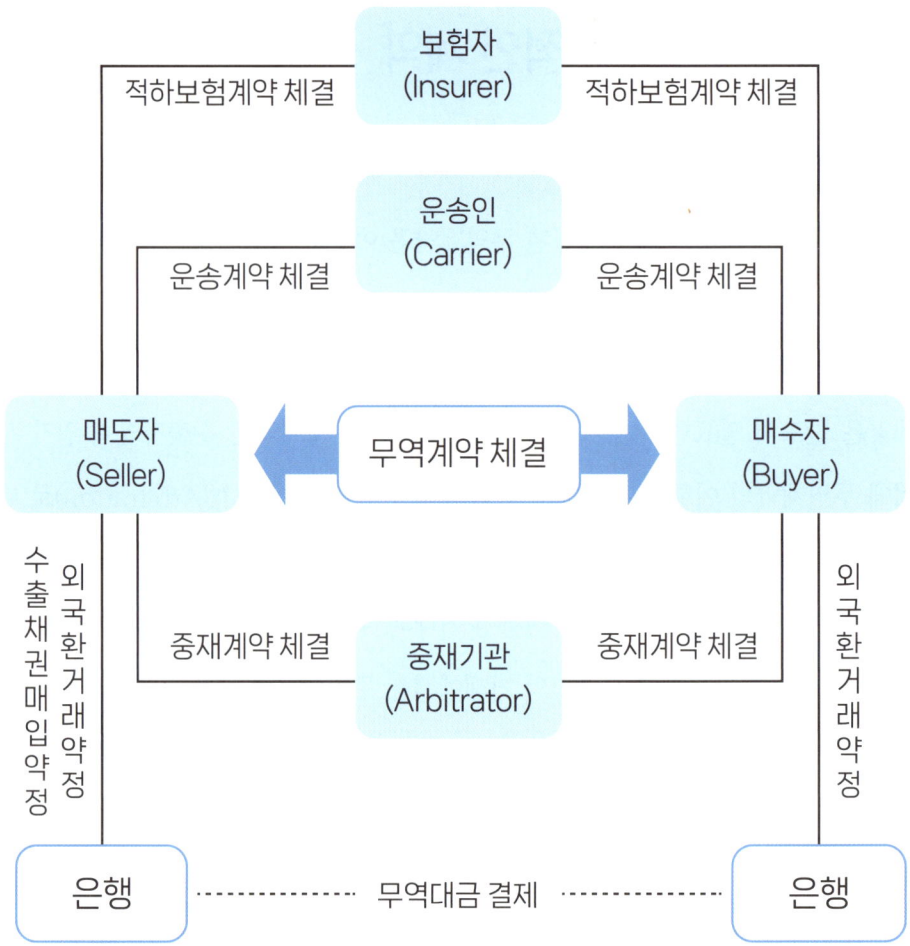

부수계약의 계약 당사자는 누가될까? 적하보험과 운송계약은 수출자와 수입자가 동시에 당사자가 될 수 없다. 수출자와 수입자 가운데 누가 적하보험과 운송계약의 당사자가 되는지는 무역계약서에 반영한 Incoterms에 따라서 결정된다. 무역계약에서 Incoterms를 CIP 또는 CIF로 선택했다면 수출자가 운송계약과 적하보험계약을 체결하고 운송료와 보험료도 수출자가 부담한다. 무역계약에서 Incoterms를 EXW, FCA, FAS, FOB로 선택했다면 운송계약은 수입자가 체결하고 운송료를 수입자가 부담한다. 수출자와 수입자 사이에 분쟁이 발생하여 중재

로 해결하고자 한다면 수출자와 수입자 둘 다 중재기관과 중재계약을 체결한다. 외국환거래약정은 수출자와 수입자가 각각 자기 은행과 체결한다.

 무역계약과 부수계약에 있어서 계약 당사자의 호칭이 제각각 다르다. 각각의 계약에서 수출국에 있는 당사자를 수출자(Exporter)로, 수입국에 있는 당사자를 수입자(Importer)로 부르면 대략적인 의사소통은 된다. 그러나 크게 차이가 나는 부분도 있으니 무역계약과 부수계약별로 당사자를 구분하고 정확한 호칭을 사용해야 한다.

표 2. 무역계약과 부수적인 계약의 당사자 명칭

수출국 당사자 호칭	계약의 종류	수입국 당사자 호칭
매도인, 수출자 Seller, Exporter	매매계약(무역계약)	매수인, 수입자 Buyer, Importer
송하인 Shipper, Consignor	운송계약	수하인 Consignee
피보험자 The Assured	적하보험계약	피보험자 The Assured
신청인, 피신청인 Claimant, Respondent	중재계약	신청인, 피신청인 Claimant, Respondent
수익자 Beneficiary	신용장 결제방식 (무역대금 결제)	신용장 발행 의뢰인 Applicant
환어음 발행인 Drawer	추심방식(D/A, D/P) (무역대금 결제)	환어음 지급인 Drawee

 매매계약에서 일반적으로 판매자를 Exporter라고 하고 구매자를 Importer라고 하지만 무역계약서에 각각 Exporter와 Importer로 표현된 경우는 많지 않다. 대부분 Seller와 Buyer로 표현한다.

운송계약에서는 수출자를 송하인(Shipper)이라고 부른다. 가끔은 화물의 제조자가 송하인이 되는 경우도 있다. 수입국에서 화물을 받는 당사자가 되는 수하인(Consignee)은 여러 형태로 표시된다. 기명식으로 발행되는 운송서류에는 대개 수하인으로 수입자가 표시된다. 신용장 거래이면서 항공화물운송장(Air Waybill)이 발행되는 운송계약이면 수하인은 신용장 발행은행이 된다. 선하증권(Bill of Lading)은 수하인을 지시식으로 발행한다. '기명식 발행'은 서류에 기재된 특정한 회사가 서류의 정당한 권리자가 된다는 의미이다. 그에 비해 '지시식 발행'은 자기앞 수표의 뒷면에 배서(Endorsement)하는 것처럼 서류의 일정한 부분에 서류의 권리자를 지정하여 배서하고 서류의 권리를 양도할 수 있게 발행하는 것을 의미한다. 지시식으로 발행하면 수하인을 기재하는 곳에 단순히 'To Order'라고만 적는다. 선하증권은 자기앞 수표처럼 화물의 권리가 들어가 있는 유가증권이기 때문에 자기앞 수표에 배서하고 수표를 양도하듯이 선하증권도 배서하고 선하증권을 양도하면 화물의 권리를 양도하는 효과가 있다.

적하보험계약에 의해 위험을 커버 받는 당사자를 피보험자(The Assured)라고 한다. 어떤 적하보험의 위험 커버 구간이 수출자의 창고에서 화물이 출발한 때부터 수입자의 창고에 도착할 때까지라고 하고 (이와 같은 담보 구간을 가진 적하보험을 창고간 약관이라고 한다), 무역계약서에 Incoterms는 CIF로 표시되어 있다고 가장하자. 이 경우에는 수출화물이 수출자의 창고를 떠나서 출발항의 선박에 적재(On-boarding) 된 때까지 수출자가 피보험자가 되고 그 이후부터 수입자가 피보험자가 된다. 중재계약에 의해 중재를 신청한 당사자가 신청인(Claimant)이 되고 그 상대방이 피신청인(Respondent)이 된다. 추심방식에서는 수출대금 결제를 위해 환어음이 발행되기 때문에 환어음을 기준으로 수출자와 수입자를 각각 어음 발행인(Drawer)과 어음 지급인(Drawee)이라고 부른다.

무역계약은 물론 부수되는 모든 계약의 체결과 이행 과정이 국경을 넘어서 이루어지는 특성이 있다. 계약의 체결과 이행에 있어서 계약의 한 당사자가 속한 국가의 법률을 적용하게 되면 다른 당사자에게 불리한 결과가 있을 수 있으므로 거래의 공평을 위해 국제적으로 통일된 규칙을 적용한다. 그림 6은 무역계약과 부수계약에 적용되는 국제규칙을 나열한 것이다. 국제무역에는 국제규칙의 정글(Jungle)이라고 할 정도로 수많은 국제규칙이 적용된다.

그림 6. 무역거래에 적용되는 국제 규칙

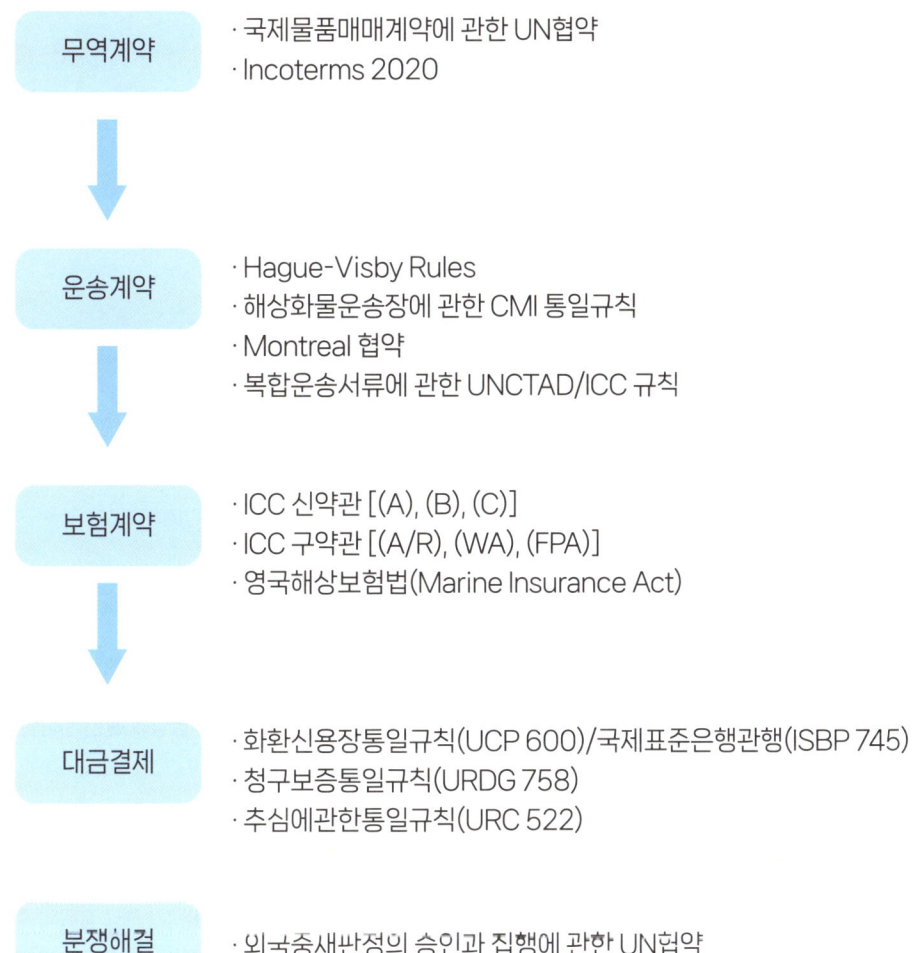

1   김윤식, 2021, 정부의 전자상거래 수출지원제도가 수출기업의 성과에 미치는 영향에 관한 실증연구, 한남대학교 박사학위 논문, p.15.

2   긴급수입제한조치(Safeguard)는 세계무역기구(WTO)의 긴급수입제한조치협정에 따라 WTO의 회원국이 특정 품목의 수입 증가로 인해 그 회원국의 생산자에게 심각한 피해가 발생한 때에 일시적으로 관세를 인상하거나 수입되는 수량을 최대 4년간, 이 조치를 한 번 연장하면 최대 8년간 해당 품목의 수입을 제한할 수 있다. WTO의 정신이 '무역의 자유화'인데 이와 같은 제한 조치를 두는 이유는 회원국이 산업정책의 목적을 위해 일시적으로 '무역의 자유화'에서 이탈할 수 있게 해서 전 세계적으로 최대의 무역 자유화를 실현하기 위한 것이다. WTO의 규칙이 지나치게 경직되게 적용되면 개별 국가는 산업정책과 무역정책의 유연성을 상실하게 되므로 WTO 가입을 꺼리는 국가가 많아지고 결과적으로 전 세계 자유무역의 확대에 장애가 될 수 있다.

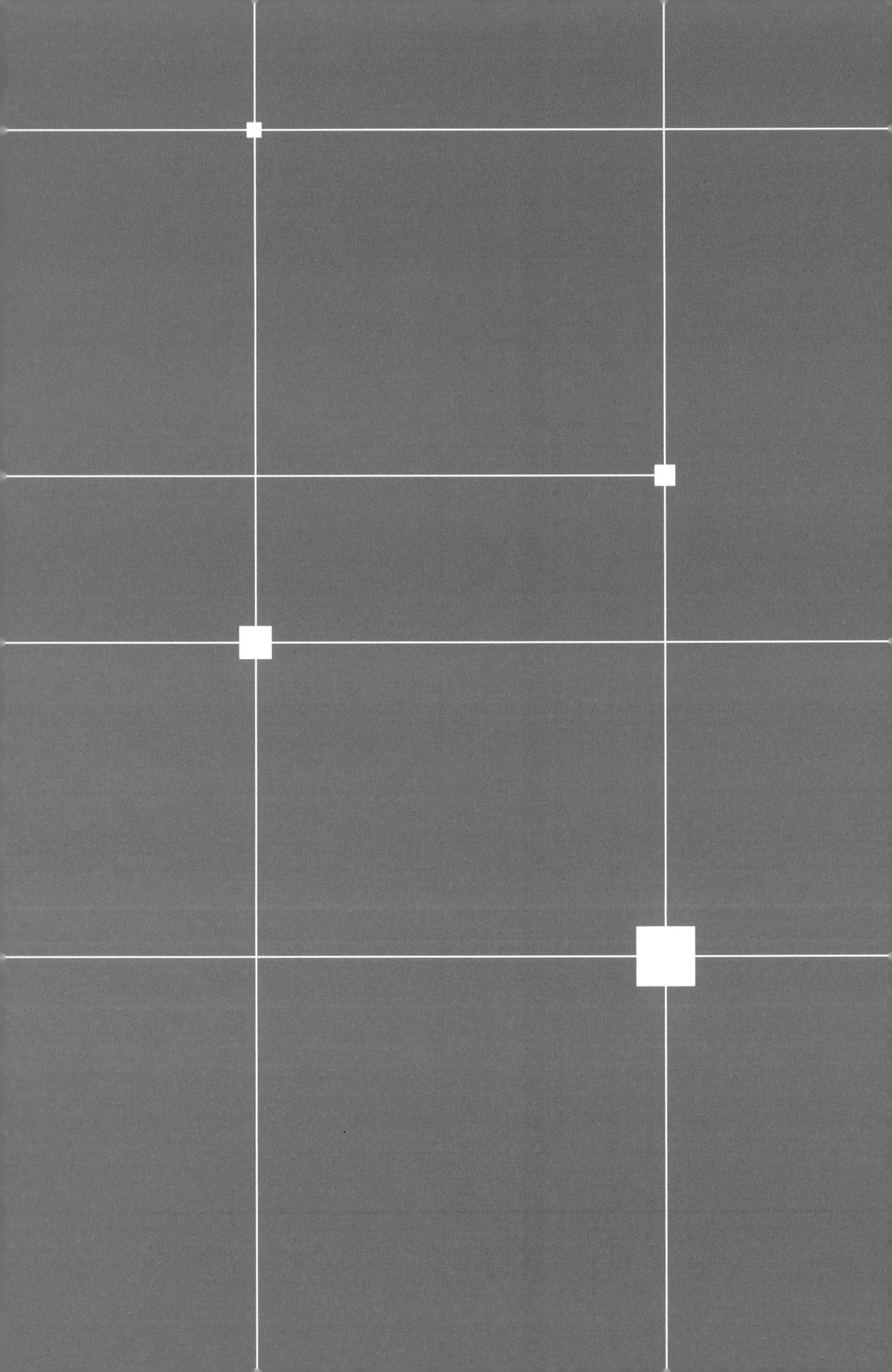

2장

수출입 화물 실어 나르기

International Transportation

제1절
국제운송 시장

국제운송(International Transportation)은 물품을 수출자로부터 수입자에게 물리적으로 이동시키는 활동 영역이다. 국제운송이 국경을 넘어서 물품을 이동시키면서 물품의 효용가치를 증가시키는 독립적인 경제활동이지만 무역실무에서 국제운송은 무역계약의 완결을 위한 보조적인 활동이다.

우리나라의 국제운송은 해상운송과 항공운송으로 이루어진다. 우리나라의 국제운송에서 트럭이나 철도를 이용한 육상운송은 발생하지 않는다. 한때 개성공단에 원자재를 공급하고 생산된 제품을 실어 오는 수많은 트럭이 줄지어서 방북하고 귀환하였지만 남한에서 개성공단으로 물자가 들어가거나 나오는 것을 '반입'과 '반출'이라고(남북교류협력에 관한 법률 제2조) 하여 일반적인 국제무역과 구분하고 있으므로 개성공단을 오간 트럭운송이 국제운송의 한 형태인 육상운송이라고 하기는 곤란하다.

그림 1. 국제운송의 형태

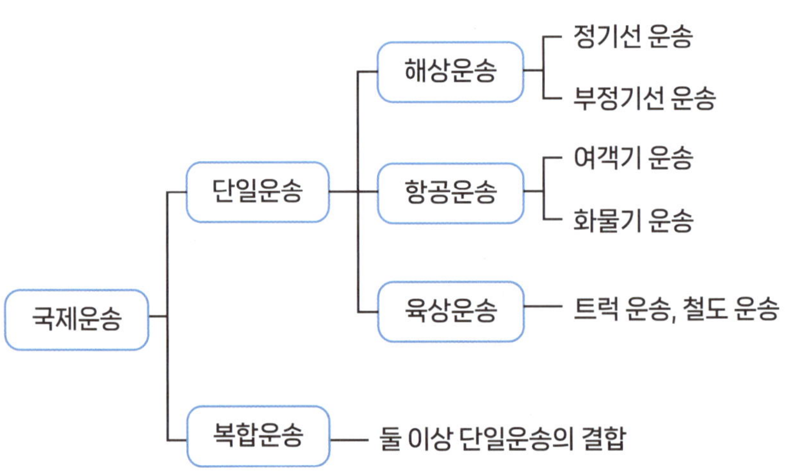

```
                    ┌─ 해상운송 ─┬─ 정기선 운송
                    │           └─ 부정기선 운송
         ┌─ 단일운송 ─┼─ 항공운송 ─┬─ 여객기 운송
국제운송 ─┤           │           └─ 화물기 운송
         │           └─ 육상운송 ── 트럭 운송, 철도 운송
         └─ 복합운송 ── 둘 이상 단일운송의 결합
```

국제운송은 해상운송이 가장 큰 비중을 차지하고 있다. 전 세계적으로 수출 물품의 무게 기준으로 97.3%를 해상운송이 맡고 있다. 우리나라는 무게 기준으로 99.7%가 해상운송으로 수출되고 있다. 그러나 물품의 가치 기준으로 보면 우리나라 수출은 해상운송으로 약 65%, 항공운송으로 약 35%를 운송하고 있다. 우리나라 수출의 수출 물품의 가치 기준 항공운송 비중은 국제 평균 수준이다.

선적 건수(항공운송은 기적 건수) 기준으로 보면 항공으로 운송하는 건수가 해상으로 운송하는 건수보다 약간 높다.

'작고 가볍고 비싼 수출물품'은 항공운송을, 중후장대(重厚長大) 형 물품은 해상으로 운송한다. 고가의 물품은 신속한 항공운송에 의해 운송기간 동안 발생할 수 있는 재고비용을 제거할 수 있기 때문에 항공운송의 높은 운임을 부담하더라도 운송의 경제성이 있다. 우리나라 수출기업이 항공운송으로 수출하는 물품의 kg당 단가는 320달러이지만 해상으로 운송되는 수출품의 kg당 단가는 2달러 미만이다(2020년).[1] 우리나라에서 항공으로 운송되는 물품은 반도체, 컴퓨터, 의약품, 무선통신기기 등 고부가가치 품목이다. 해상운송으로 수출하는 품목은 석유제품, 자동차, 석유화학, 철강, 가전, 일반기계, 섬유, 화장품, 생활용품 등이다.

표 1. 국제운송 방법(Mode)별로 운송의 비중(수출)

구분		2011	2013	2015	2017	2019
해상운송	중량기준	99.70%	99.70%	99.70%	99.70%	99.70%
	금액기준	78.50%	75.10%	72.80%	65.90%	64.30%
항공운송	중량기준	0.30%	0.30%	0.30%	0.30%	0.30%
	금액기준	21.50%	24.90%	27.20%	34.10%	35.70%

자료: e-나라지표, KITA trade brief (No.4, 2021.3.17)

전 세계적으로 해상운송에서 컨테이너선의 운송은 약 20%를 차지한다.[2] 그렇지만 우리나라의 수출에서는 탱커로 운송되는 Crude Oil과 Gas가 없고, 벌커(Bulker)로 운송되는 Iron Ore, Grain, Coal, Bauxite/Alumina, Phosphate과 같은 5대 건화물(5 Major Bulk)도 없기 때문에 우리나라의 수출화물 운송은 컨테이너선에 의해 운송되는 비중이 매우 높다고 추정할 수 있다. 우리나라의 주력 수출품목을 고려하면 해상운송으로 수출되는 품목의 70%(수출금액 기준) 정도는 컨테이너선에 의해 운송되고 있다고 추정한다. 우리나라 주력 수출품목을 보면 대부분 컨테이너선에 의해 운송될 것으로 추정할 수 있다. 석유제품, 자동차, 그리고 석유화학은 각각 Product Carrier(탱커선의 일종)와 Car Carrier(자동차 전용선), 그리고 Chemical Carrier(화학운반선)에 의해 운송되는 수출품이다. 우리나라 수출액에서 석유제품은 9%를 점유하고, 자동차와 석유화학은 각각 8% 정도 점유한다(2022년).

국제 운송 시장의 서비스 공급자

다음 표 2의 외국 국적의 컨테이너 선사는 Global 시장점유율 1위부터 5위까지의 해운사인데 상위 다섯 개 선사가 64.7%의 시장을 점유하고 있다. 그에 비해 우리나라 국적의 컨테이너 선사는 최대 시장점유율을 가진 HMM마저도 3.2%의 점유율에 불과하다. 우리나라 국적 컨테이너 선사의 영세성이 엿보인다.

표 2. 주요 컨테이너 선사 및 세계시장 점유율

외국적선	컨테이너선 보유		국적선	컨테이너선 보유	
	천TEU (척수)	시장점유율		천TEU (척수)	시장점유율
MSC(스위스)	4,455(684)	17.3%	HMM	814(74)	3.2%
Maersk(덴마크)	4,255(733)	16.5%	KMTC	148(66)	0.6%
CMA CGM(프랑스)	3,294(577)	12.8%	SM Line	91(17)	0.4%
COSCO (중국)	2,904(469)	11.3%	Sinokor	88(69)	0.3%
Hapag-Lloyd(독일)	1,765(253)	6.8%	N/A		

자료: Alphaliner Monthly Monitor-July 2022

    글로벌 상위 순위에 속한 컨테이너 선사들은 서로 Shipping Alliance(전략적 제휴)를 맺고 제휴 선사끼리는 선복(Vessel Space)과 항로를 공유하면서 시장 지배력을 강화하고 있다. 전략적 제휴가 운임을 담합하는 수준까지는 아니지만 참여 선사들이 Shipping Alliance를 통해 서로 사업비용을 절감하고 운송 서비스를 개선하면서 경쟁 선사를 시장에서 밀어내고 있다. 전략적 제휴에 의해서 소속 해운사는 컨테이너 터미널에 대해 협상력을 높일 수 있다. 항로와 선복을 공유하므로 더 적은 수량의 선박으로도 더 많은 항로와 기항지에 서비스를 제공할 수 있다. 제휴 선사끼리 피더선(Feeder)을 공유할 수 있기 때문에 피더선 운용비용도 절감이 가능하다. Shipping Alliance에 소속된 컨테이너 선사가 점유하고 있는 시장의 규모는 자그마치 82.4%이다.

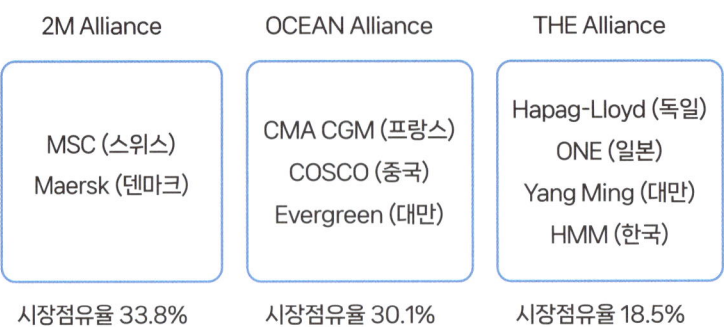

그림 2. 국제 컨테이너 선사의 Shipping Alliance

자료: Alphaliner Monthly Monitor-July 2022 (시장점유율)

    전략적 제휴에 가입한 컨테이너 선사는 주로 원양 해운시장에 참여하고 있고 그렇지 못한 선사는 근해 해운 위주로 서비스를 제공하고 있다. 우리나라 국적선사는 HMM을 제외하고는 모두 일본, 중국, 베트남 등지까지 운항하는 근해 운송 서비스 제공에 집중하고 있다.

    국제적으로 항공화물은 화물기(Freighter)로 약 50%, 여객기의 객실 밑에 있는 Baggage Hold에 약 50%가 실려서 운송된다(IATA 자료 참조). 우리나라도 비슷한 비율로 화물기와 여객기로 수출화물을 운송하고 있다. 여객기 벨리(Belly) Space의 약 20%는 승객의 Check-in Luggage 적재에 사용하고 나머지는 국제운송 항공화물을 싣는 데에 사용된다.

    화물 운송을 전용으로 하는 항공사는 FedEx Express, UPS Airlines, DHL Aviation, Atlas Air, Amazon Air 등이다. Amazon Air는 전자상거래 플랫폼 Amazon이 미국 안에서 프리미엄 고객의 물류를 위해 화물기를 도입하였으나 2019년에 국제 항공운송 시장에 진입하였다. 대한항공은 전체 항공기 150여 대 가운데 화물기는 20여 대이다.

    항공운송의 최대 장점은 신속하고도 안전한 운송과 높은 정시성(Schedule

Reliability)이다. 우리나라 항공 운항의 경우 연간 보고되는 항공기 안전사고는 최근 몇 년 동안 한두 건에 불과하다. 이와 같은 항공 운송의 안전성 덕분에 항공운송 적하보험은 해상운송 적하보험에 비해 보험료가 더 낮다. 우리나라에 취항하는 항공사의 국제선 정시성은 95%에 육박한다. 연간 15만 건의 항공 운항 가운데 500여 건의 결항이 발생하여 결항률은 0.35%에 불과하다(항공교통서비스 보고서 참조).

이에 비해 해상운송 컨테이너선의 정시성은 50% 수준에 불과하다. 더 나아가 컨테이너선은 계절적인 이유로 선적 물량이 축소된 때에는 운항비의 절감을 위해서 항해 구간 전부를 취소(Blank Sailing)하거나 항로에 있는 일부 기항지(Port of Call)를 건너뛰는 관행이 있다. 해상으로 운송하는 수출화물은 선적 일정을 잡을 때에 며칠간 여유 있게 Lead Time을 두고 잡아야 하는 이유이다.

제2절
컨테이너화물의 운송

컨테이너화물의 운송은 수출지에서 수출화물을 컨테이너에 적입(Vanning) 하는 단계에서 시작하고 도착지에서 적출(Devanning) 하는 것으로 마무리된다. 컨테이너화물의 적입은 화물의 규모에 따라서 수출자의 영업장에서 적입하는 만재화물(Full Container Load, FCL)과 CFS(Container Freight Station)에서 적입하는 소량화물(Less than Container Load, LCL)로 구분한다. FCL은 한 수출자의 물량이 단독으로 컨테이너 하나를 채우는 분량이고 LCL은 한 수출자의 수출화물이 한 컨테이너를 채울 수 없는 규모의 적은 물량을 말한다. FCL은 대부분 수출자의 영업장에서 컨테이너에 적입된 후 Container Yard(CY)에 반입한다. FCL이지만 적입 전에 검역이 필요하다든지 적입에 특별한 장비가 필요한 경우 불가피하게 CFS에서 적입 작업이 이루어지는 경우가 있다. CFS를 사용하면 CFS 수수료가 발생하므로 수출자는 불가피한 경우가 아니면 CFS 적입 작업은 가급적 피하려 한다.

LCL은 CFS에 집중된 후에 혼재업자(Consolidator)가 다수의 LCL을 통합하여 하나의 FCL로 변환하게 된다. 혼재업자는 혼재작업으로 적입하여 완성한 FCL을 CY로 반입한다.

그림 3. 수출화물의 컨테이너 적입(Vanning) 및 CY 반입

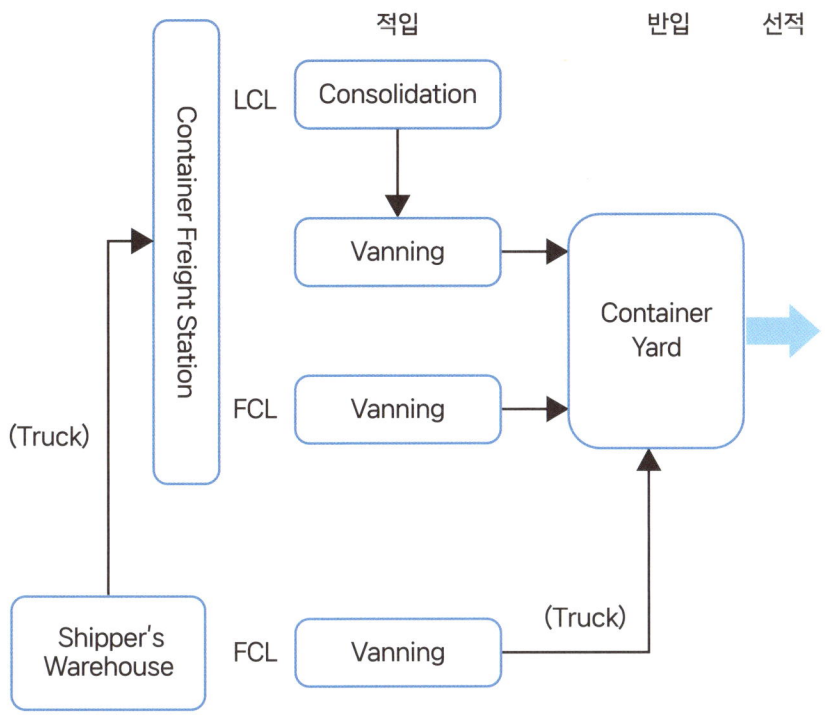

우리나라 컨테이너 수출화물의 97%가 FCL이고 LCL은 3%에 불과하다(무역통계진흥원). FCL의 운임은 적입된 품목과 무게에 관계없이 컨테이너 한 개당 단위로 운임을 받는다. 이를 품목무차별운임(Freight All Kinds)이라고 한다. 그에 비해 LCL은 수출화물의 부피 측정에 의한 부피톤(Volume Ton)과 무게 측정에 의한 중량톤(Weight Ton)을 비교해서 큰 숫자에 1톤당 운임을 적용한다. LCL에서 운임이 적용되는 부피톤 또는 중량톤을 운임톤(Revenue Tone)이라고 한다.

혼재업자는 LCL 각각의 부피와 무게를 고려하여 최대한 많은 수의 LCL을 혼재하여야 자신의 수익성을 극대화할 수 있다. 예를 들면, 부피가 큰 LCL에 중량톤 기준으로 운임을 부과하는 LCL을 적정하게 혼재하여 하나의 FCL을 완성하면 이미 정해진 품목무차별운임 하에서 최대의 운임톤이 될 수 있도록 하나의 FCL

을 완성하게 된다.

  컨테이너 선사는 운임 외에도 여러 종류의 부대비용을 화주에게 Surcharge로 받는다. 통상적으로 발생하는 Surcharge로 Demurrage와 Detention이 있다. Demurrage는 CY에 반입한 컨테이너를 일정한 허용기간(Free Time)을 지나서도 반출하지 않고 CY에 놓아 두면 Penalty 성격으로 화주에게 부과하는 Surcharge이다. 수입화물 컨테이너라면 수입자에게, 수출화물 컨테이너라면 수출자에게 Demurrage를 부과한다. 수출자와 수입자로부터 받은 Demurrage의 일부는 CY Operator에게 컨테이너 보관료로 지급한다. Detention은 화물의 적입 또는 적출을 위해 수출자 또는 수입자의 영업장으로 보낸 컨테이너를 허용기간이 지나도록 CY에 돌려주지 않는 경우 수출자나 수입자에게 부과하는 Penalty 성격의 Surcharge이다. 수입자가 화물을 적출한 후 빈 컨테이너의 반환(Reposition)을 지체하는 경우가 많고 이는 컨테이너화물의 운송사업에서 빈 컨테이너의 공급을 어렵게 만드는 요인이 되고 있다.

컨테이너화물의 선적일자는 언제?

  한편, CY에 반입한 컨테이너 수출화물은 예약한 컨테이너선에 선적(On-boarding) 한다. 컨테이너선은 항구에 입항한 후 선석에 접안하고 본선작업(On-boarding)을 수행한 후 출항한다. 화물을 하역(Loading/Unloading)하는 컨테이너 터미널의 Operator는 본선작업 상황을 컨테이너 선사에 실시간으로 Online 전송한다. 컨테이너 선사는 선적이 종료하면 일반적으로 선적종료 시점을 선적일(Shipment Date)로 하여 운송서류를 발행한다.

그림 4. 컨테이너선의 입항 및 화물 선적

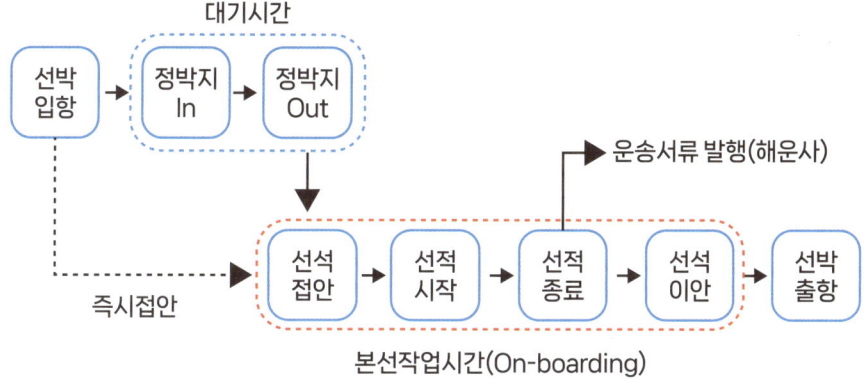

Source: Lee Jung-Hun and Nam-Kyu Park (2018), 일부 변경

최근 들어 컨테이너선이 초대형화 되면서 컨테이너선의 본선작업시간이 길어지고 있다. 심한 경우 본선작업시간에만 2~3일이 소요되기 때문에 후속 컨테이너선은 정박지에서 대기해야 하는 시간이 길어지는 구조가 고착되고 있다. 본선작업이 원활하게 이루어져서 빠르게 선박출항이 이루어지면 입항한 선박이 정박지에서 대기하지 않고 즉시 접안할 수 있다.[3]

우리나라 부산항에 입항하는 컨테이너선 가운데 20만 DWT(15,000TEU) 이상의 대형 컨테이너선 화물의 하역에 들어간 본선작업시간을 보면 점차 길어지고 있는 현상을 발견할 수 있다. 예를 들면, 2019년 한 해 동안 20만 DWT 이상의 크기를 가진 컨테이너선 69척이 입항하였는데 본선작업시간이 최소 15시간에서 최대 51시간까지 소요되었다.[4] 이에 비해 2022년에는 상반기 중에만 57척이 입항하였고 최소 15시간, 최대 93시간의 본선작업시간이 소요되었다. 2022년은 COVID 19가 창궐하던 시기이기 때문에 항만 작업이 원활하지 않았던 사정을 고려할 필요가 있으나 2019년을 보더라도 대형 컨테이너선의 본선작업시간이 2~3일간 소요되는 경우가 있다.

컨테이너선의 대형화는 2013년에 Maersk(덴마크)가 시작한 이래 MSC(스위스), CMA CGM(프랑스) 등이 대형 컨테이너선을 경쟁적으로 발주하면서 대형 컨테이너선의 선복량 비중은 크게 증가하고 있다. 2015년에는 18,000TEU 이상의 컨테이너선이 24척 운항하며 전 세계 컨테이너선 선복량의 2.4%를 차지(Alphaliner, May 2015) 하였으나 2022년 들어서는 18,000TEU 이상의 컨테이너선이 149척 운항 중이며 전 세계 컨테이너선 선복량의 12.3%를 점유(Alphaliner, July 2022) 하고 있다. 전 세계 조선소의 컨테이너선 수주잔량(Orderbook) 가운데 18,000TEU 이상의 컨테이너선이 차지하는 비중은 19.7%(Alphaliner, July 2022)에 달하여 현재 건조되고 있는 컨테이너선이 인도되면 대형 컨테이너선의 선복 비중은 더 높아질 전망이다. 대형화된 컨테이너선을 원활하게 수용할 수 있는 선석이 건설되지 않으면 컨테이너화물의 본선작업시간은 더 많이 소요되고 결과적으로 송하인(Shipper)은 자신의 화물을 예정했던 선적일자에 선적하지 못하는 상황에 직면할 수 있다.

컨테이너화물의 운송절차

컨테이너화물은 FCL이든 LCL이든 대부분 제3자 물류업자(3PL)에게 Total Outsourcing 된다. FCL을 수출하는 송하인은 자신의 Forwarder에게 선복 예약을 부탁한 후에 운송인이 작성한 Check B/L을 받아서 내용을 확인하고 이상이 없으면 Forwarder를 통해 Check B/L 확인 결과를 운송인에게 통지한다. 이후 Forwarder는 송하인의 화물을 육상운송으로 출발항의 CY에 반입하고 선적이 된 후에 운송인으로부터 운송서류를 발급받는다.

운송인이 운송서류를 실화주(수출자) 송하인에게 직접 발급할 수도 있고 Forwarder를 송하인으로 하여 Forwarder에게 발급할 수도 있다. 운송인이

Forwarder에게 발급하였다면 Forwarder는 자신이 운송인이 되면서 실화주 송하인에게 House B/L을 축차적으로 발행한다. 선박을 보유한 실제운송인(Actual Carrier)이 실화주 송하인에게 발행한 운송서류의 비중은 8%에 불과하고 나머지 92%는 Forwarder에게 발행한다.[5]

그림 5. FCL의 해상운송 및 운송서류의 흐름

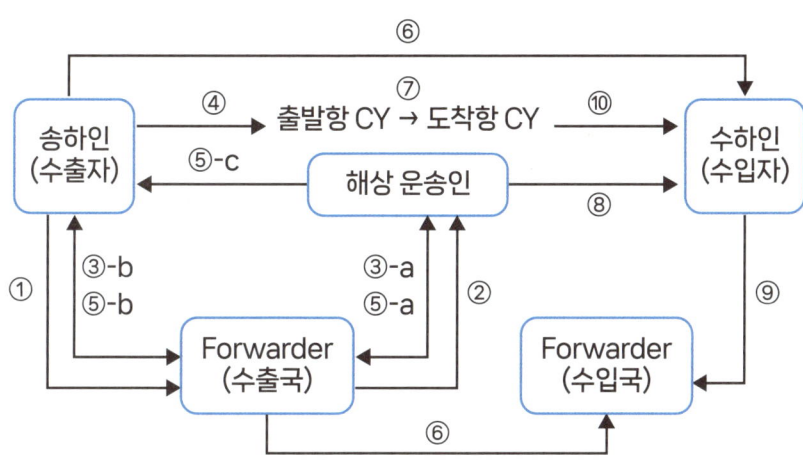

① 선복 예약 부탁(운송업무 Outsourcing)*
② 선적 Schedule 확인/선복 예약
③ -a 운송인이 Check B/L 발행
③ -b Check B/L 내용 점검(송하인)
④ FCL을 CY에 반입
⑤ -a 운송인이 On-board B/L 발급
⑤ -b Forwarder가 House B/L 발급
⑤ -c 송하인에게 B/L 직접 발급**
⑥ 운송서류 인도
⑦ 수출화물의 해상 운송을 수행
⑧ 화물 도착 통지
⑨ 화물 수령 부탁
⑩ 수입국 Forwarder가 화물을 수령하여 수하인의 창고에 입고

* 상업송장과 포장명세서 사본 인도
** 운송인이 송하인에게 운송서류를 직접 발급하는 경우에는 ⑤-a, ⑤-b의 절차는 발생하지 않는다.

운송서류를 발급받은 송하인과 Forwarder는 수입지에 있는 각각의 상대방인 수하인과 수입국 Forwarder에게 운송서류를 송부한다. 신용장거래와 같이 송하인이 은행을 통해서 운송서류를 수하인에게 보내는 경우를 제외하고는 송하인에게 발급된 운송서류도 대부분 수출국 Forwarder가 수입국 Forwarder를 통해 수입자에게 보내고 송하인이 수하인에게 운송서류를 보내는 절차를 생략한다. 수입지에 도착한 컨테이너화물을 수하인이 수령하는 업무 역시 대부분 수하인이 지명한 수입국의 Forwarder가 한다.

  LCL의 운송에서도 운송 업무가 Forwarder의 주도로 된다. 신용장거래와 같이 송하인이 은행을 통해서 수하인에게 운송서류를 보내야 하는 경우를 제외하고는 대부분 수출국 Forwarder가 수입국 Forwarder에게 운송서류를 보내고 송하인이 수하인에게 보내는 과정(그림 6의 점선 ⑤번)은 생략한다. LCL 운송에서는 대부분 Surrendered B/L을 발행한다.

그림 6. LCL의 해상운송 및 운송서류의 흐름

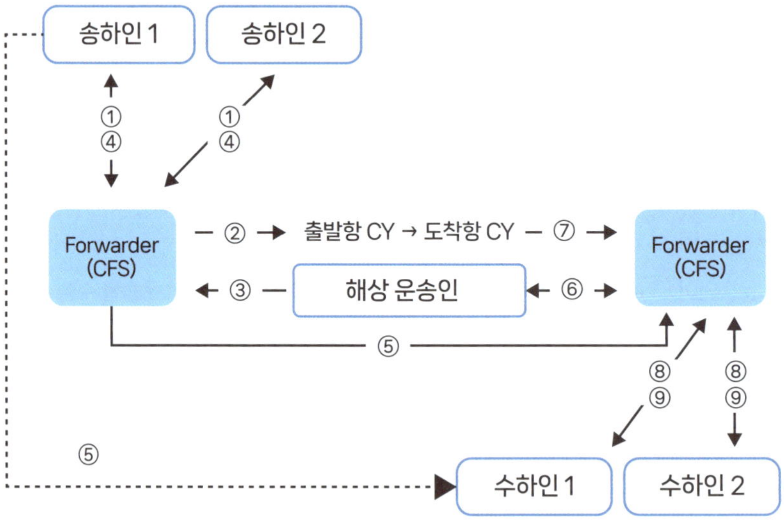

① LCL 화물 인도(송하인→포워더)
② 혼재작업 후 FCL 완성/CY 반입
③ 운송서류 발행
  · Master B/L
  · Sea Waybill
  · Surrendered B/L
④ 운송서류 발행(포워더→송하인)
⑤ 운송서류 인도
⑥ 화물도착 통지(운송인→포워더)/
  운송서류 제시(포워더→운송인)
⑦ FCL 화물 인수
⑧ 운송서류 제시(수하인→포워더)
⑨ LCL 화물 인도(포워더→수하인)

제3절
항공화물의 운송

　국제물류에서 항공운송의 이용에 있어서 화물의 특성과 크기에 제한이 있다. 그리고 항공운송 운임도 항공화물의 이용을 결정짓는 요인이다. 항공운항의 안전을 위해 위험성이 있는 화물은 탑재가 금지된다. 화물에 위험 물질이 소량 포함되어 있더라도 항공기 운항의 안전에 위협이 될 수 있으면 항공기에 탑재할 수 없다. 예를 들면 배터리가 장착된 화물은 배터리가 화물의 일부분에 불과할지라도 항공기의 운항에 위협이 된다고 판단하면 이 화물은 항공기에 탑재할 수 없다. 화물의 위험성은 여객기에 탑재되는 항공화물에는 더 강화된 안전기준을 적용한다. 여객기의 화물칸(Baggage Hold)에 탑재되는 화물은 높이의 제한을 받는다. 항공기마다 다르겠지만 Boeing 747 여객기의 경우 Baggage Hold에 탑재되는 화물의 최고 높이는 160cm이다. 같은 기종의 화물기(Dedicated Freighter)에는 화물의 높이 제한이 300cm이다.

　국제물류에서 항공화물의 절반은 여객기의 Baggage Hold에 탑재되어 운송되고 나머지 절반은 화물기가 담당하고 있다. 전 세계 상업용 항공기가 총 25,000대에 이르고 있으나 이 가운데 화물기는 2,000여 대에 불과하다. 그러나 화물기의 항공화물 분담률은 50%에 이르고 있다. 여객기의 Baggage Hold는 승객의 Check-in Baggage에 20% 정도 사용되고 나머지는 모두 항공화물 운송에 사용된다. 여객기는 주요한 노선에는 하루에도 2~3편이 운항히기 때문에 화물 배송의 편의성이 화물기에 비해 뛰어나다.

그림 7. 여객기의 Baggage Hold 사용

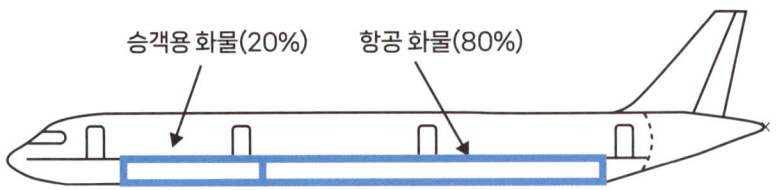

화물의 무게가 항공운송의 제한 요소는 아니지만 항공운송의 운임 산출에 중량무게(Gross Weight)가 반영되므로 운임의 부담 측면에서 화물의 무게가 항공운송 이용에 중요한 고려 요소가 된다. 항공운임은 운임산출중량(Chargeable Weight)의 계산에 의해 운임이 산출된다. 화물을 저울에 달아서 확인한 중량무게와 부피를 재서 확인한 부피무게(Volume Weight)를 비교해서 큰 숫자에 단위당 운임을 적용하여 운임을 계산한다.

예를 들면, 한 단위당 항공화물 운임이 U$3.50이고 항공화물의 무게는 820kg이며, 부피가 '280cm x 120cm x 140cm'라고 가정하면 항공운임은 아래와 같이 산출한다.

① 부피무게: (280cm x 120cm x 140cm) ÷ 6000cm^3 = 784kg
② 중량무게: 820kg
③ 운임산출중량: 부피무게(784kg)와 중량무게(820kg) 가운데 큰 숫자인 중량무게가 운임산출중량이 되고 운임은 820kg x U$3.50 = U$2,870.00이 된다.

부피(Volume)를 무게(Weight)로 변환하는 데에 사용하는 6000cm^{3}을 환산 요소(Converting Factor)라고 하는데 오랫동안의 항공화물 운송 경험에 의해 6000cm^{3}의 부피를 가진 항공화물은 1kg의 중량으로 산업현장에서 일반적으로 인정된 기준이 되었다. 국제항공운송협회(International Air Transport Association, IATA)도 이 환산 요소의 적용을 권장하고 있고 국제항공 물류에서 대부분의 운송인이 IATA의 권고를 따르고 있다.

항공운송의 운임 수준과 해상운송의 운임 수준을 비교해 보자. 최근 5년간 처음 약 3년은 항공운송 운임이 해상운송 운임에 비해 안정되게 12배 높은 수준을 유지했으나 이후 COVID 19 기간에는 최대 약 22배까지 일시적으로 확대된 후 5배 수준으로 하향 안정된 수준을 유지하였다.[6]

두 시장 운임 차이의 변동성은 해운산업 운임의 변동성으로 인해 발생하며 두 시장이 서로 경쟁하면서 발생한 것은 아니다. 항공운송과 해상운송은 동일한 국제물류에서 수요와 공급이 발생하고 있지만 서로 대체재의 경쟁관계라고 보기는 어렵다. 항공운송시장은 작고 가볍고 비싼 물품을 운송하는 시장이고 해상운송은 중후장대 및 대규모의 물품을 운송하는 시장이다. Kg 당 수출화물의 단가가 항공화물은 약 320달러인데 비해 해상화물은 2달러 미만(2020년, KITA trade brief No.4)이라는 차이를 보면 두 시장이 서로 독립된 시장이라는 것을 분명하게 알 수 있다.

항공화물 시장 안에서 항공사는 화물기 도입에 필요한 자본지출을 최소화하는 Cost Leadership 전략으로 경쟁하고 있다. 여객기를 10년 이상 사용한 후에 화물기로 전환하여 국제운송에 사용하는 경우 자본지출을 최소화할 수 있다. 예를 들면 Boeing 777을 새 화물기로 도입할 경우 3억 5천만 달러 정도의 대규모 자본이 필요한데 같은 기종의 중고 여객기를 화물기로 개조하면 5천만 달러 정도면 충분하다.[7] 또한 새 화물기를 제작하는 데에 2~3년이 소요되지만 중고 여객기를 화물기로 개조하는 데에는 1년 정도밖에 소요되지 않는다. 여객기를 화물기로 개조하면서 여객기의 인테리어를 모두 걷어 내고 화물 적재공간을 최대한 확장하고 엔진은 출력이 낮은 사양으로 교체한다.

화물 항공사가 보유하고 있는 항공기의 평균 연령과 여객 항공사가 보유하고 있는 항공기의 평균 연령을 비교해 보면 화물 항공사는 중고 여객기를 화물기로 개조해서 사용하고 있거나 새 비행기로 도입했던 것이라면 장기간 사용하면서 자본의 사용을 최소화하고 있다고 해석된다. Amazon은 2015년에 항공물류 사업을 시작하였지만 이미 항공기의 평균 연령이 25년을 초과한 것을 보면 화물기를 중고 항공기로 시작하였다고 볼 수 있다.

표 3. 항공사별 항공기 보유 현황

화물 항공사(Dedicated Freight Carrier)			여객 항공사(Passenger Carrier)		
항공사	보유 항공기	Fleet Age (평균)	항공사	보유 항공기	Fleet Age (평균)
FedEx	484	19.5	Korean Air	158	11.7
UPS	291	21.3	Japan Airlines	146	10.9
DHL	219	22.0	Emirates	264	9.6
Atlas Air	88	22.6	Delta	958	15.1
Amazon	93	25.3	China Airlines	88	10.0

자료: www.planespotters.net (2023년 6월 조회)

해상운송에서 해운사는 명성이 있는 조선소에서 건조하고 우수한 사양(Specification)과 낮은 선령을 가진 선박을 마케팅의 소구점(Appeal Point)으로 하고 있다. 예를 들면, 세계 최대 컨테이너선 전문선주(Shipowner) Seaspan Corporation은 120여 척의 컨테이너선을 여러 해운사에 임대(Charter-out)하고 있는데 평균 선령이 7년에 불과하다(회사 Annual Report 참조). 운송수단 도입을 위한 자본지출에 있어서 항공화물 운송산업과 해상화물 운송산업이 서로 다른 전략을 보인다. 항공운임이 워낙 비싸기 때문에 항공화물 시장을 조성하고 유지하기 위해 사업 참여자들이 비즈니스 전략으로 Cost Leadership을 선택한 것으로 보인다.

항공화물 운송시장에도 해상화물의 항해용선계약에 의한 운송처럼 화물기 한 대를 특정 구간에 대해 전용으로 임차(Charter-in)하거나 일부를 임차하여 화물을 운송하는 형태가 있다.

그림 8. 항공화물의 국제운송 흐름

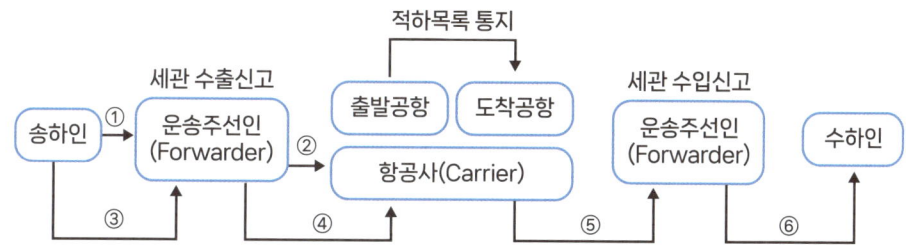

① 항공기 Space 예약을 부탁
② 항공기 Space 예약
③ 상업송장, 포장명세서, 화물을 인도
④ 화물을 항공사 보세창고에 입고
⑤ 도착화물을 운송주선인에게 인도
⑥ 운송주선인이 수하인 창고에 입고

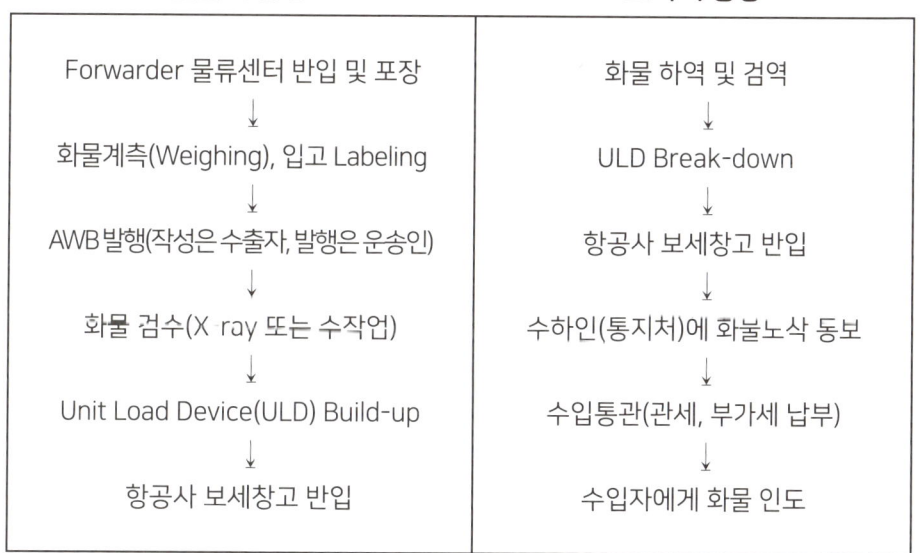

<출발지 공항>

Forwarder 물류센터 반입 및 포장
↓
화물계측(Weighing), 입고 Labeling
↓
AWB 발행(작성은 수출자, 발행은 운송인)
↓
화물 검수(X-ray 또는 수작업)
↓
Unit Load Device(ULD) Build-up
↓
항공사 보세창고 반입

<도착지 공항>

화물 하역 및 검역
↓
ULD Break-down
↓
항공사 보세창고 반입
↓
수하인(통지처)에 화물도착 통보
↓
수입통관(관세, 부가세 납부)
↓
수입자에게 화물 인도

항공운송의 절차는 해상운송에 비해 훨씬 간결하다. 여행객이 탑승할 항공기를 예약하는 절차와 동일하게 화물을 탑재할 항공기 편명을 예약하고 화물을 항공사의 보세창고에 반입한 당일에 대부분 운송이 바로 시작된다. 다만, 세관이 수출화물의 현품검사를 지정한 경우에는 해당 화물은 검사에 시간이 소요되므로 예약한 항공기에 탑재할 수 없고 다음 항공기로 일정을 변경해야 한다.

항공화물의 운송에서 운송인이 발행하는 운송서류는 항공화물운송장(Air Waybill, AWB) 한 종류뿐이다. 전 세계 대부분의 항공사는 국제항공운송협회(IATA: International Air Transport Association)가 만든 항공화물운송장의 양식을 사용한다. 수출자는 화물을 항공사 보세창고에 반입한 당일에 항공화물운송장을 작성하여 서명하고 항공사에 제출하면 항공사가 내용을 확인하고 운송인으로서 서명한다. 항공화물은 항공사의 보세창고에 반입되면 대개 당일에 항공기에 탑재되기 때문에 항공화물운송장을 발행한 날이 탑재일(On-boarding Date)로 인정된다.

항공사는 여러 수출자로부터 받은 화물을 항공기의 동체 모양에 맞게 결합하거나 항공기 동체 모양에 딱 맞게 제작된 ULD(Unit Load Device)에 화물을 적입(Build-up) 하여 항공기에 탑재한다.

제4절
운송서류

수출화물을 운송하기 위해 운송계약이 체결된다. 수출자와 수입자가 무역계약서에서 선택한 Incoterms에 따라서 수출자와 수입자 가운데 누가 운송인과 운송계약을 체결하여야 할지 결정된다. 운송서류(Shipment Document)는 운송계약을 증명하는 서류이고 동시에 화물이 운송인에 의해 수령되었다는 수령증의 역할을 한다. 운송서류는 운송방법에 따라 발행되는 종류가 다르다. 운송서류의 종류가 다른 만큼 서류의 기능과 기재되는 내용에도 차이가 있다. 운송서류에는 운송계약에 따른 운송인의 권리와 의무가 약관 형식으로 운송서류의 앞면과 뒷면에 인쇄되어 있다.

그림 9. 운송방법과 운송서류의 종류

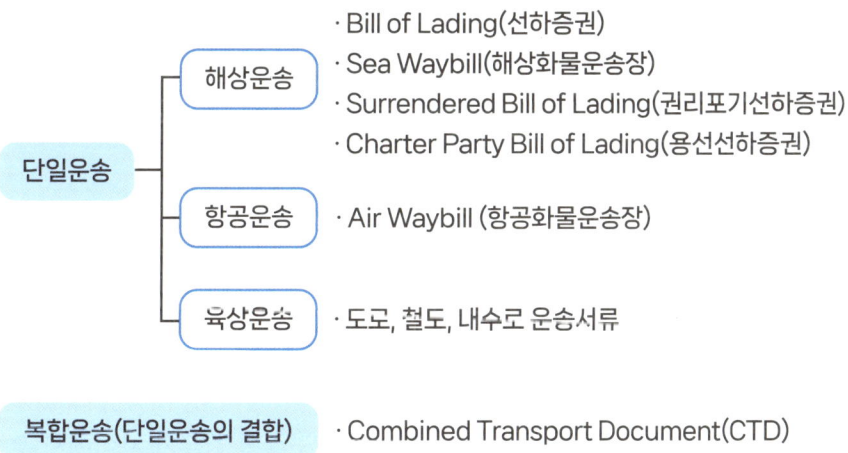

선하증권은 서류 자체에 화물의 권리가 담겨 있다는 점에서 다른 운송서류와 크게 차이가 난다. 선하증권의 권리 증권성(Document of Title)에 의해 선하증권의 원본 실물을 가지고 있으면 화물의 권리를 확보할 수 있고 선하증권을 매매하면 화물을 매매하는 효과가 있다. 선하증권의 수하인(Consignee)을 단순하게 지시식(To Order) 또는 기명 지시식(To Order of the Named Party)으로 발행하면 마치 자기앞 수표의 뒷면에 서명해서 유통하는 것처럼 선하증권의 뒷면에 서명해서 유통하는 것이 가능하다. 선하증권에 수하인을 특정 사람이나 회사를 써넣으면 그 사람이나 그 회사만 그 선하증권에 해당하는 화물의 권리를 갖게 되기 때문에 선하증권의 유통성이 사라진다. 이런 선하증권을 Straight B/L(기명식 선하증권)이라고 한다.

신용장 거래에서 신용장 발행은행과 서류 매입은행은 일정 기간 화물의 권리를 확보해야 하므로 선하증권은 신용장 거래에 안성맞춤이다. 예를 들어 신용장 발행 의뢰인인 수입자가 화물을 인도받기 전에 신용장 대금을 상환하지 않고 도산했다면 신용장 발행은행은 수입자로부터 신용장 대금을 받지 못할 위험에 빠지게 되는데 은행은 확보한 선하증권을 매각하여 못 받은 신용장 대금을 회수할 수 있다. D/A(Document against Acceptance)의 추심거래(Documentary Collections)에서도 선하증권이 필요하다.

선하증권의 권리 증권성은 수하인이 운송 중인 화물을 제3자에게 전매하기 위해 선하증권을 매매하던 영국의 상관습에서 비롯되었고 영국에서 여러 판례를 거친 후에 전 세계적인 제도로 굳어졌다.

해상화물운송장은 권리 증권성이 없는 운송서류이다. 1980년대 초부터 유럽을 중심으로 선하증권의 권리성을 제거한 새로운 운송서류의 개발을 위한 논의가 시작되었고 1991년 들어서 해상화물운송장에 관한 국제운송규칙 'CMI Uniform Rules for Sea Waybills'이 만들어졌다. 처음에는 소수의 전문가 사이에서 운송서류의 권리성이 필요 없는 거래를 위해 운송서류의 개발을 구상하였으나 나중에 국제해사법위원회(Comite Maritime International, CMI)가 논의를 주도하면서 새로운 해상운송서류 도입의 목적이 화물의 도착보다 더 늦게 도달하는 선하증권의 문제와 선하증권의 사기(Incidence of Fraud)를 해소하는 것으로 변화되었다.

'CMI Uniform Rules for Sea Waybills'에는 해상화물운송장의 수하인을 기명식으로 발행하며(제2조), 운송인이 도착지에서 기명된 수하인(The Named Consignee)의 신분을 확인(Upon production of proper identification)하고 화물을 인도(Delivery) 한다고 규정(제6조)하고 있다. 이 규정에 의해 화물의 도착보다 더 늦게 도달하는 선하증권의 문제를 해결하였다. 도착지에서 운송인은 Sea Waybill의 원본이 없더라도 수하인의 신분만 확인하면 화물을 인도할 수 있다.

선하증권의 사기 문제는 Sea Waybill에서도 제3자가 수하인으로 가장한 사기 행위가 있을 수 있기 때문에 해소되지 않는다.

화물을 담보로 무역금융을 융통한 경우에는 선하증권이 계속 필요하겠지만 그렇지 않은 경우라면 Sea Waybill로 운송서류의 목적, 즉 운송계약의 증거와 운송인이 화물을 수령했다는 확인이 충분히 가능하다.

권리포기선하증권은 국제적인 기준이나 규칙 없이 실무 관행으로 현장에서 통용되는 운송서류이다. 선하증권에 들어있는 화물의 권리를 제거한 운송서류이다. 선하증권이 발행된 후 수출지에서 송하인이 선하증권을 운송인에게 반환하면 운송인은 수하인을 수입자로 기재하고 전면에 'Surrendered'라고 표시한 스탬프를 찍거나 인쇄한 새로운 선하증권을 발행해서 송하인에게 교부한다. 권리포기선하증권이 발행된 거래는 도착지에서 선하증권의 원본이 없어도 운송인이 수하인의 신분을 확인하고 화물을 인도하게 된다. 운송 실무 현장에서는 실무의 편의를 위해 선하증권 원본의 발행 없이 곧바로 권리포기선하증권을 발행하기도 한다.

용선선하증권(Charter Party Bill of Lading)은 항해용선계약으로 철광석, 곡물, 원유와 같은 Bulk 화물을 운송할 때 발행하는 운송서류이다. 일반 선하증권과 동일하게 용선선하증권에도 화물의 권리가 들어가 있으나 그 권리성에 약간의 제약이 있다. 용선선하증권은 항해용선에서 용선자(Charterer)와 선주(Shipowner) 사이에 체결된 항해용선계약을 근거로 발행하기 때문에 용선선하증권에는 용선선하증권 소지자의 권리를 약화시키는 내용이 들어갈 수 있다. 항해용선계약은 용선자와 선주가 협상에 의해 체결되므로 협상에서 용선자가 불리한 입장에 있었다면 항해용선계약이 용선자에게 불리한 내용으로 체결될 수 있다. 용선자에게 불리한 항해용선계약의 내용이 그대로 용선선하증권에 편입되기 때문에 용선선하증권의 소지자가 화물에 대한 권리행사에 있어서 일반 선하증권에 비해 제약이 있을 수 있다.

표 4. 실제운송인 (Actual Carrier)이 발행한 운송서류의 종류(2021년)

구분	Bill of Lading (선하증권)	Sea Waybill (해상화물운송장)	Surrendered B/L (권리포기선하증권)
원양 정기해운사	17.3%	66.4%	16.3%
근해 정기해운사	11.0%	40.0%	49.0%

* 원양 해운: 미주, 유럽
* 근해 해운: 중국, 일본, 동남아(베트남, 태국, 인도네시아, 말레이시아 등)

표 4의 두 정기해운사의 사례에서 보면 운송서류 가운데 선하증권의 비중이 낮다는 점이 두드러진다. 선하증권(Bill of Lading)이 운송서류의 대명사처럼 운송에 있어서 자주 언급되지만 해상운송에 있어서 선하증권의 사용 비중이 낮고 오히려 해상화물운송장(Sea Waybill)과 권리포기선하증권(Surrendered Bill of Lading)이 많이 사용되고 있다. 선하증권의 비중이 이렇게 낮아진 데에는 운송 중인 화물의 권리를 은행이 확보해야 하는 신용장거래와 추심거래의 비중이 국제무역에서 축소되었고 정기해운사의 운송서류 발급 상대방이 수출자가 아니고 주

로 포워더이기 때문이다. 출발지 포워더는 도착지 포워더가 해운사로부터 화물의 수령이 편리하도록 해상화물운송장이나 권리포기선하증권을 발행받기를 선호한다. 해상화물운송장이나 권리포기선하증권이 발행된 수출화물을 도착지에서 수하인이 운송인으로부터 화물을 수령할 때는 원본 운송서류 없이 수하인의 신분만 확인이 되면 인도받는 편리성이 있다.

해상화물운송장이 발행된 거래에서 수출자는 화물을 수입자 앞으로 보낸 후 일정 시점까지 화물처분권(Right of Control)을 보유하는 장점이 있다. 화물의 처분권은 송하인이 화물의 운송 도중에 수하인을 변경하거나 화물을 회수할 수 있는 권한을 의미한다. 해상화물운송장의 화물처분권과 동일한 처분권이 항공화물운송장에도 있다(Right of Disposition of Cargo). 수출화물의 운송 도중에 수출자와 수입자 사이에 분쟁이 있거나 수출대금 미회수 위험이 발생하면 수입자가 도착지에서 화물인도청구권을 확보하기 전까지 수출자는 화물을 처분할 수 있는 권리를 보유하기 때문에 수출자는 수출화물을 회수하거나 수하인을 변경할 수 있다. 도착지에서 수하인의 화물인도청구권은 도착지에 화물이 도착한 후에 운송인에게 지급할 운임을 모두 지급한 때에 발생한다.

그림 10. 송하인의 화물처분권과 권리의 행사

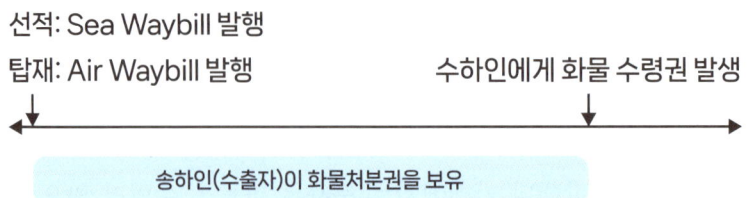

① 송하인의 화물처분권 행사 방법

Sea Waybill: 송하인은 수하인이 목적지에서 화물 수령을 요구하기 직전까지 서면을 통해 운송인에게 요청하여 언제든지 수하인 변경 가능하다(CMI 규칙 제6조).

Air Waybill: 송하인은 송하인용 항공화물운송장 원본을 운송인에게 제시하고 운송 도중에 항공화물운송장에 기재된 수하인을 변경하거나 도착지 공항에 착륙할 때까지 화물의 운송을 중단시킬 수 있다(몬트리올 협약 제12조).

② 수하인의 권리 보호 방법

Sea Waybill: 해상화물운송장이 발행되는 때에, 즉 운송인이 화물을 송하인으로부터 수령한 때에 화물처분권을 송하인이 수하인에게 양도하고 그 사실을 해상화물운송장에 기재한다.

Air Waybill: 송하인이 운송인에게 화물을 인도하고 송하인용 항공화물운송장 원본을 받으면 즉시 그 원본을 수하인에게 송부하게 한다.

권리포기선하증권에 해상화물운송장처럼 수출자가 화물처분권을 보유하는지는 관련된 법이나 국제규칙이 없으므로 명확하지 않다. 수출자가 운송인에게 화물의 운송을 맡기면서 '권리를 포기'하였으므로 수출자에게 화물처분권이 없다고 보는 것이 합리적인 해석이 아닐까? 원양 정기해운에 의해 수출화물이 운송되는 경우 항해 일수가 30~40일 걸리므로 화물처분권이 있는 해상화물운송장이 수출자에게 유리하고, 근해 정기해운인 경우 항해 일수가 일주일 이내이므로 화물처분권의 실익이 상대적으로 줄어들기 때문에 권리포기선하증권의 비중이 높은 것이 아닌가 싶다.

항공화물운송장의 특성은 해상화물운송장과 비슷하다. 항공화물운송장은 운송계약의 증거이며 운송인이 화물을 수령했다는 수령증의 역할을 한다. 항공화물운송장 역시 해상화물운송장처럼 권리증권이 아니다. 화물의 권리자는 화물의 수하인으로 기명된 그 당사자 또는 그의 대리인으로 한정되기 때문에 유통(Negotiable)될 수 없다.

송하인이 수출화물을 항공사에 맡기면서 항공화물운송장의 양식을 작성하고 항공사는 작성된 항공화물운송장의 내용을 확인하고 발행한다. 실무에서는 포워더가 송하인의 운송 업무를 위임받기 때문에 포워더가 송하인을 대신해서 작성해서 서명하고(Signature of Shipper or its Agent), 동시에 같은 포워더는 항공사의 대리인이기 때문에 발행인으로서 항공화물운송장에 서명하고 발행한다(Signature of Issuing Carrier or its Agent). 무역실무 현장에서 사용하고 있는 항공화물운송장은 국제항공운송협회 IATA(International Air Transport Association)가 만든 표준양식이다.

운송서류는 아니지만 파손화물보상장(Letter of Indemnity, L/I)과 수입화물선취보증서(Letter of Guarantee, L/G)를 살펴보자. 운송인은 수출자로부터 받은 화물의 포장상태나 외관(Appearance)에 문제가 있는 경우에는 수출자에게 사고선하증권(Foul B/L)을 발행한다. 그러나 신용장거래에서는 은행이 무사고선하증권(Clean B/L)만 인정(신용장통일규칙 제27조) 하므로 수출자는 은행에 선하증권을 제시(Presentation)하기 위해서는 무사고선하증권을 운송인으로부터 발급받아야 한다. 화물의 포장상태 또는 화물의 외관에 문제가 있는 경우에 수출자는 운송인에게 사고선하증권 대신 무사고신하증권의 발행을 부탁하고 나중에 운송인에게 문제가 발생하면 수출자 자신이 운송인의 손해를 배상한다는 내용의 보증서를 운송인에게 발행한다. 이 보증서를 파손화물보상장이라고 한다.

수입화물선취보증서는 신용장거래에서 도착지에 화물은 도착하였는데 선하증권이 아직 도착하지 않아 수하인이 화물을 찾지 못하는 상황에서 수하인이 선하증권의 원본 없이 화물을 찾고자 할 때 운송인에게 제출하기 위해 신용장 발행은행으로부터 발급받는 보증서를 말한다. 수하인은 선하증권의 원본 대신 수입화물선취보증서를 운송인에게 제출하고 화물을 수령한다. 수입화물선취보증서에는 '운송인에게 제3자가 선하증권의 원본을 제시하게 될 경우 운송인이 그 제3자에게 배상해야 할 손해를 보증서 발행은행(신용장 발행은행)이 대신 부담하겠다'고 약속하는 문언이 있다.

표 5. 파손화물보상장과 수입화물선취보증서

서류 종류	발행자	발행 시기	발행목적
Letter of Indemnity (L/I) 파손화물보상장	수출자	수출화물 선적	무사고선하증권을 발행하여 매입은행에 제시
Letter of Guarantee (L/G) 수입화물선취보증서	신용장 발행은행*	수출화물 도착	선하증권이 신용장 발행은행에 도착하기 전에 도착한 화물을 수입자가 즉시 수령

* 수입화물선취보증서는 신용장 발행은행과 수입자가 연대하여 발행한다.

제5절
운송약관

송하인과 운송인, 또는 수하인과 운송인 사이에 체결하는 운송계약에서 계약 당사자의 책임과 권리를 규정하는 것은 운송서류의 앞면과 뒷면에 있는 약관이다. 해상운송에서 이 약관의 준거법(Governing Law)은 대개 Hague-Visby Rules이다.

'운송약관의 가장 윗부분에 배치된 조문'을 의미하는 'Paramount Clause'라고 하는 지상약관은 운송인의 책임과 권한의 준거법을 나타내고 있다. 대부분의 선하증권은 Hague-Visby Rules를 준거법으로 삼는다. 국제무역에 참여하는 대부분의 국가가 Hague-Visby Rules를 비준하거나 자국의 법률에 편입 또는 반영하고 있다.

해상운송의 역사에서 그동안 운송계약 약관의 준거법이 되는 국제규칙은 Hague Rules(1924년) → Hague-Visby Rules(1968년) → Hamburg Rules(1978년) → Rotterdam Rules(2008년)의 순으로 발전해 왔으나 대부분의 선하증권은 아직 Hague-Visby Rules(1968년)를 준거법으로 삼는다. Hague Rules(1924년)를 Hague-Visby Rules(1968년)로 개정한 배경에는 당시에 국제운송에 새롭게 등장한 컨테이너 운송이 있다. Hague-Visby Rules(1968년)에 컨테이너화물의 운송 관행이 반영되었다. Hamburg Rules(1978년)와 Rotterdam Rules(2008년)는 비준 국가가 각각 20개 국가와 4개 국가에 불과하여 현실적으로 적용되지 않고 있다. Hague-Visby Rules(1968)은 화주와 운송인 사이에서 운송인에게 더 우호적인 면이 있다. Hague-Visby Rules(1968)에서 규정하고 있는 운송인의 권한과 책임을 몇 가지만 열거하면 다음의 표 6과 같다.

표 6. Hague-Visby Rules에 의한 운송인의 권한과 책임

① 17개 면책 목록 – 면책에 해당하는 사유로 물품이 손상을 입거나 멸실되더라도 운송인은 면책된다. 면책사유 중에는 선장이나 선원의 항해과실에 의해 발생한 화주의 손해가 면책되는 항해과실면책도 포함된다.
② 선주의 감항성 주의의무 제한 – 선주는 선박이 출항하기 직전까지만 감항성(Seaworthiness)을 유지하면 감항성 주의의무를 다한 것으로 본다.
③ 운송인의 책임 제한 – 운송인에게 책임이 있는 물품의 손상 또는 멸실이 있는 경우 운송인의 배상책임은 물품의 포장 단위당 667SDR 또는 1kg당 2SDR 중 큰 금액을 한도로 제한한다.
④ 운송인이 책임지는 손해 – 손상과 멸실로 한정 (지연에 의한 손해는 운송인의 책임에서 배제)
⑤ 화주의 손해통지 기한 – 화물 인도(Delivery) 시에 즉시. 단 육안으로 손상 확인이 불가능한 때에는 물품 인도일로부터 3일 이내에 운송인에게 서면으로 알려주어야 한다. 기한을 경과한 통지는 무시한다.
⑥ 화주의 제소 기한 – 화주는 물품 인도 후 1년이 지나면 운송인을 상대로 소송을 걸 수 없다.

오늘날 해상운송의 주요한 형태는 컨테이너 운송이다. 컨테이너화물의 특성상 운송인이 화물의 포장상태나 외관을 확인할 수 없다. 그러한 가운데 무사고운송서류(Clean Transport Document)를 발행해야 한다. 이러한 컨테이너화물의 조건에서 운송인이 자신을 보호할 목적으로 수령조항(Note)과 부지약관(Unknown Clause)을 두고 있다.

운송인이 화물을 '양호한 상태(in apparent good order and condition)'로 받았다고 선언하는 수령조항은 이어서 '송하인이 적입하고 수량을 확인하였다(Shipper's Load and Count)'라고 표현되는 부지문언(Unknown Notation)과 함께 선하증권의 앞면에 표시된다. 화물을 양호한 상태로 받은 운송인은 무사고선적선하증권(Clean On-board B/L)을 발행한다. 그리고 선하증권 전면에 'Said to Contain, Shipper's Load and Seal, Shipper's Load and Count'와 같은 부지문언을 추가한다.

선하증권의 뒷면에는 부지문언에 따라 컨테이너 안의 화물이나 포장상태에 대해 운송인은 알 수 없으므로 책임질 수 없다는 취지의 부지약관(Unknown Clause)이 포함된다. 도착지에서 화물의 파손이 발견되었다면 부지문언과 부지약관을 근거로 운송인은 화물의 포장과 컨테이너 적입 시점에 발생한 것이라고 주장할 수 있다. 운송 중에 화물의 파손이 있었다는 것은 송하인이 증명하여야 한다. 결과적으로 수령조항은 부지문언과 부지약관에 종속되는 결과가 된다. 화물의 파손이 운송 전에 발생한 것인지 운송 중에 발생한 것인지를 판단하는 것은 검수인(Inspector)의 몫이다.

갑판적재자유약관(Liability for Deck Cargo) 역시 컨테이너화물의 운송에서 비롯된 약관이다. 선박의 갑판에 적재되는 화물은 모두 싫어한다. 운송인은 갑판에 적재되는 화물을 Hague-Visby Rules의 적용 대상에서 배제하고, 은행원은 갑판에 적재된 화물을 신용장거래에서 배제하고 있다. 적하보험은 화주가 추가 보험료를 납부하지 않으면 가입 대상에서 제외한다. 화주 또한 자신의 화물이 해수나 빗물에 침수되기 쉬운 갑판에 적재되는 것을 좋아할 이유가 없다. 그렇다면 대부분의 화물이 갑판(On-deck)이나 갑판 위(Above-deck)에 적재되는 컨테이너화물은 어떻게 되는가?

컨테이너 선사는 화주로부터 수령한 화물을 갑판이나 갑판 위에 적재할 수 있는 권리를 보유한다는 갑판적재자유약관을 선하증권의 뒷면에 두고 있다. 갑판적재자유약관에는 화물을 갑판 또는 갑판 위에 적재하더라도 '갑판적재 운송(On-deck Carriage)'의 표시를 B/L에 하지 않는다는 내용이 포함된다.

컨테이너화물은 대부분 실제로 갑판 또는 갑판 위에 선적되지만 선하증권에 '갑판적재 운송(On-deck Carriage)'이라는 표시를 하지 않는다. 이러한 갑판적재자유약관에 의해 컨테이너화물이 Hague-Visby Rules의 적용 대상이 되며, 은행과 적하보험회사도 선창(Cargo-hold)에 식재된 화물과 동일하게 취급한다. 갑판적재가 갑판적재자유약관에 의해 물리적으로(Physically) 선창적재로 변경되지 않고 해수나 빗물의 침수위험에 그대로 노출된 상태이다. 그런데도 은행과 적하보험회사가 갑판 또는 갑판 위에 선적된 화물을 대상으로 신용장을 발행하고 적하보험을 인수하는 이유는 컨테이너선 운송화물의 상업성 때문이라고 본다. 국제무역에서 컨테이너선이 차지하는 국제운송의 비중 20%는 자신들의 사업 대상에서 제외하기에는 너무 큰 시장이다.

1 KITA, 2021, 2020년 항공 및 해상 수출물류 동향과 시사점, trade brief No.4.

2 UNCTAD, 2022, Review of Maritime Transport.

3 Lee, Jung-Hun and Nam-Kyu Park, 2018, "A Study on the Gap between Theoretical and Actual Ship Waiting Ratio of Container Terminals : The Case of a Terminal in Busan New Port", Journal of Korea Port Economic Association, 34(2), 69-81.

4 이경래·이서영, 2022, "단기수출보험의 연속수출 면책약관에 관한 연구." 무역학회 47 (5):59-74.

5 김해석·장석훈, 2015, "국제 물품매매계약에서 INCOTERMS 2010의 사용 현황과 실무적 적용의 문제점." 한국정보통신학회 19(12), 2993-3002.

6 IATA, 2021, Economics' Chart of the Week, May 28.

7 CNBC, 2022, How Airlines Fly Cars, Sharks, and Other Goods under Passengers. Oct 15.

3장

수출입 화물의 분실과 손상 보상 보험

Cargo Insurance

제1절
적하보험이 왜 필요한가?

적하보험은 국제 무역거래를 하면서 물품이 운송 중에 분실되거나 손상되어 화주에게 발생한 손실을 보상해 주는 보험이다. 운송인이 물품을 운송하면서 분실했거나 손상을 입혔다면 운송인이 운송계약을 위반한 것이므로 운송인으로부터 배상을 받으면 될 일을 왜 굳이 적하보험에 가입하여야 할까?

해상운송에 있어서 운송인의 실수에 의해 운송 화물의 분실이나 손상이 발생하더라도 운송인의 배상책임을 면제시켜 주거나 경감시켜 주는 전통이 있다. 아마도 선박 건조기술과 항해술이 발달하지 않았던 과거에 자신의 목숨과 선박 파손의 위험을 무릅쓰고 거친 바다를 항해해야 하는 선주(Shipowner)에게 항해에 적극 나서도록 독려하기 위해서 운송계약 위반, 즉 운송 중에 화물의 분실이나 손상이 발생하더라도 배상책임을 면제하거나 경감하지 않았을까? 해상운송의 이런 전통에 따라 항공운송에도 운송인에게 배상책임을 면제해 주거나 경감시켜 준다.

운송인에게 손해배상의 책임을 면제시켜 주거나 경감시켜 주는 근거는 해상운송의 경우에는 Hague-Visby Rules, 항공운송의 경우에는 Montreal Convention과 같은 국제운송 규칙에 있다. Hague-Visby Rules에는 '항해 또는 선박의 관리에 있어서 선장, 선원, 도선사 또는 운송인이 고용한 사용인의 작위, 부작위 또는 과실' 때문에 운송 화물의 손상이나 분실이 발생한 경우에는 운송인의 배상책임은 면제된다고 규정하고 있다.[1] 그밖에도 운송인의 과실이나 고의가 없이 발생한 화재에 의한 화물의 분실이나 손상에 대해서도 해상 운송인은 면책된다.

운송인이 책임을 지는 화물의 분실이나 손상도 배상할 책임의 범위를 제한하고 있다. 해상운송의 경우 운송인이 배상책임을 지는 사고에 대해서는 운송물의 포장 단위당 666.67SDR의 금액과 화물 중량 1킬로그램당 2SDR의 금액 중 큰 금액을 한도로 운송인이 손해배상의 책임을 진다.[2] 항공운송의 경우 운송인의 손해배상책임은 손해가 발생한 해당 운송물의 1킬로그램당 19SDR의 금액을 책임 한도로 하고 있다.

위와 같은 운송인의 면책과 책임제한 외에도 운송인으로부터 화물의 손해를 배상받기 위해서는 운송인의 고의나 과실이 있었는지 여부를 가리는 분쟁해결 과정을 거쳐야 하므로 배상을 받기가 난망하다. 따라서 보험사업자로부터 보험약관에 의해 화물의 손실을 보상받는 적하보험 가입이 필수적이다.

국제무역에서 적하보험은 런던보험자협회(ILU)가 만든 약관과 영국의 로이즈 시장협회(LMA)와 국제보험협회(IUA)가 합동으로 만든 약관을 기본약관으로 해서 보험계약을 체결한다. 전자의 약관을 구약관이라고 하고 후자를 신약관이라고 한다. 구약관이 1963년부터 국제무역에서 사용되어 오다가 1982년에 신약관이 만들어지게 된다. 다수의 판례와 관습을 알아야 내용을 이해할 수 있는 구약관의 문제점이 런던의 보험업계에서 꾸준히 제기되었다. 그래서 구약관을 보다 단순화하여 신약관을 만들었고, 신약관을 만든 후에는 구약관의 사용 중단을 권고하였으나 무역실무에서 아직도 구약관이 이용되고 있다. 구약관의 적하보험에 익숙한 수출자나 수입자가 계속 사용하는 바람에 현재는 구약관과 신약관이 시장에서 동시에 사용되고 있다. 구약관(1963)과 신약관(1982)에 미세한 차이가 있으나 보험자나 피보험자의 상업적 관점에서 보면 차이가 없다.

적하보험의 약관이 런던의 보험산업 전문가들에 의해 만들어졌기 때문에 영국의 관습과 영국법을 적하보험 약관의 준거법(Governing Law)으로 삼고 있다. 적하보험 약관의 준거법이 되는 영국의 대표적인 법은 영국의 해상보험법(Marine Insurance Act)이다.

다음 표 1에 나열한 약관의 종류 가운데 구약관에서 모든 위험을 커버하는

ICC(A/R)은 신약관의 ICC(A)와 커버 범위가 동일하다. 위험을 커버하는 담보범위는 ① 〉 ② 〉 ③ 순이다.

표 1. 구약관과 신약관의 종류 (기본조건)

구약관(1963)			신약관(1982)
① ICC(A/R)	All Risks	=	① ICC(A)
② ICC(WA)	With Average	=	② ICC(B)
③ ICC(FPA)	Free from Particular Average	=	③ ICC(C)

손실의 원인이 되는 위험의 유형은 보험과 관련해서 두 가지이다. 보험으로 커버하는 담보위험과 보험으로 커버하지 않는 면책위험이다. 담보위험은 보험계약자가 보험료를 내고 커버하는 위험이다. 면책위험은 보험 운영의 경제적인 원리 또는 윤리적인 이유 때문에 보험으로 커버하지 않는 위험이다. 전쟁위험은 보험사고가 한 번 발생하면 보험회사의 존립을 위협할 만큼 거대한 보험금의 지급사태를 초래하므로 보험운영의 경제적 원리에 의해 면책위험에 속한다. 피보험자의 고의적인 불법행위(Willful Misconduct)의 위험은 윤리적인 이유로 면책위험으로 분류한다.

담보위험과 면책위험은 경계가 분명하지 않다. 담보위험 가운데 피보험자의 보험료 부담을 낮추기 위해 담보위험에 속하는 일부 위험을 비담보위험으로 빼면 이 비담보위험은 보상 대상이 아니므로 경제적인 결과에 있어서는 면책위험과 동일하다. ICC(A)는 모든 위험을 커버하는 약관인 것에 비해 ICC(B)는 약관에서 13가지의 담보위험을 열거하고 있고 ICC(C)는 9가지의 담보위험만을 열거하고 있다.

그림 1. 적하보험의 가입과 관련한 위험의 종류

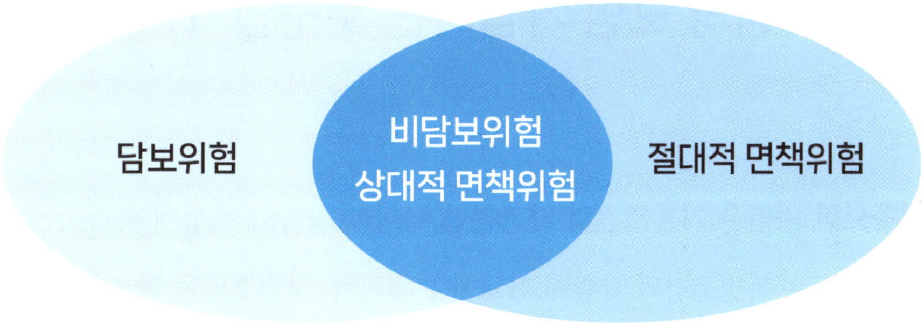

담보위험 / 비담보위험 상대적 면책위험 / 절대적 면책위험

한편, 면책위험 가운데 보험계약자가 추가보험료를 납부하면 담보위험으로 전환하는 위험이 있다. 전쟁위험이 대표적이다. 추가보험료에 의해 담보위험으로 전환될 수 있는 면책위험을 상대적 면책위험이라고 한다. 불법행위의 위험은 추가보험료를 내고서도 담보위험으로 전환되지 않는다. 보험료 추가지급에 의해 담보위험으로 전환할 수 없는 위험을 절대적 면책위험이라고 한다.

제2절
적하보험의 보험 가입자는 누구인가?

　적하보험 가입은 기본조건의 약관뿐만 아니라 물품의 특성에 따라서 추가로 부가조건 또는 특별조건의 약관에 가입하여야 한다. 보험계약은 담보위험과 보험기간을 핵심으로 하고 있다. 담보위험은 보험에 의해 커버되는 위험을 말한다. 모든 경우에 일률적으로 적용되는 약관을 기본조건의 약관이라고 한다. 기본조건의 약관에 담보위험을 추가하거나 보험기간을 연장해 주는 조건을 가진 약관을 부가조건의 약관 또는 특별조건의 약관이라고 한다. 담보위험을 추가한다는 의미는 기본조건의 약관에서 비담보위험 또는 면책위험에 해당하는데 이 위험을 담보위험으로 추가한다는 의미이다. 물론 부가조건과 특별조건의 약관은 피보험자가 추가보험료를 납부하여야 한다. 보험의 목적물, 즉 수출상품의 특성에 따라, 그리고 운송이 시작되는 시점(지점)과 운송이 종료되는 시점(지점)에 따라 보험계약자가 추가보험료를 내고 부가조건의 약관 또는 특별조건의 약관에 가입한다.

　모든 위험을 커버하는 ICC(A/R) 또는 ICC(A)에 가입하였다고 하여 문자 그대로 모든 위험을 커버하는 것은 아니다. 예를 들면, 유리제품을 운송하면서 발생할 수 있는 파손위험(Breakage)은 ICC(A/R) 또는 ICC(A)에서도 커버하지 않는다. 물품 고유의 특성 때문에 발생한 위험으로서 면책위험에 해당하기 때문이다. 따라서 유리제품을 적하보험에 가입할 경우에는 파손위험을 담보하는 부가조건의 약관을 추가로 구매하여야 한다. 전쟁위험과 동맹파업위험 역시 면책위험이지만 추가보험료를 납부하고 전쟁약관(Institute War Clause)과 동맹파업약관(Institute Strike Riots & Civil Commotions Clause)에 가입하면 담보위험에 포함된다. 도착지까지 해상운송을 완료한 후에 육상운송이 이어진다면 내륙운송

연장담보약관(Inland Transit Extension Clause)에 추가로 가입하여 보험기간을 연장해야 한다.

적하보험은 수출자와 수입자 가운데 누가 가입을 해야 할까? 계약자유의 원칙에 의해 수출자와 수입자가 서로 합의하면 그에 따라서 수출자이든 수입자이든 보험에 가입하면 된다. 그러나 무역계약서에 적하보험 가입자를 지정해서 무역계약을 체결하는 경우는 없다. 대신 인코텀즈에 의해 보험 가입자가 결정된다. FOB, CIF 등 11개의 인코텀즈 가운데 보험 가입자를 명시적으로 지정하고 있는 인코텀즈는 CIP와 CIF 두 가지뿐이다. 나머지 아홉 개의 인코텀즈는 수출자가 수입자에게 위험을 이전(Transfer)하는 지점(포인트)을 규정하고 있을 뿐 위험을 커버하는 적하보험의 가입 의무자를 규정하고 있지 않다. 운송구간에 있는 위험의 이전 지점을 기준으로 수출자와 수입자가 각각 맡은 위험 구간에 대해 필요하면 적하보험에 가입한다.

CIP와 CIF 조건에서는 '수출자와 수입자가 계약이나 관행에 의해서 적하보험의 가입자가 결정되는 관계가 아니라면 수출자가 적하보험에 가입한다'고 정하고 있다.

CIP 조건이면 수출자는 가장 우량한 조건을 가진 적하보험에 가입하여야 한다. 다시 말해 CIP 조건에서는 수출자는 위험의 커버 범위가 가장 넓은 ICC(A/R) 또는 ICC(A) 약관으로 적하보험에 가입하여야 한다.

ICC(A/R) 또는 ICC(A)에서 보상하는 위험 외에 추가하여 다른 위험을 담보위험에 포함하려면 수입자가 이를 수출자에게 요청하여야 한다. 담보위험 추가에 의해 추가보험료가 발생하면 수입자가 부담한다.

CIF 조건을 포함하여 무역계약을 체결하였다면 수출자가 적하보험에 가입하고 보험료도 수출자가 납부하여야 한다. CIF에서 가입하는 적하보험의 종류는 최소한의 담보범위를 가진 보험이면 충분하다. 즉 ICC(FPR) 또는 ICC(C) 약관으로 적하보험에 가입하면 된다.

CIP와 CIF 조건의 무역계약에 각각 최대 담보범위의 보험과 최소 담보범위의 보험으로 차이를 둔 이유는 국제무역에서 CIP와 CIF의 용도를 다르게 인식하고 있기 때문이다. CIP는 컨테이너 화물의 매매에, CIF는 석탄, 철광석과 같은 Bulk 화물의 매매에 사용될 것으로 보고 각각 다른 수준의 담보범위를 가진 적하보험의 가입을 권고하고 있다. 컨테이너 화물은 제조가공품의 고가 화물 선적이 많고 Bulk 화물은 단위 부피당 화물의 가치가 낮기 때문에 그에 상응하게 보험료가 낮은 최소 담보범위를 가진 기본조건의 보험에 가입하여도 괜찮다고 본 것이다.

무역계약에서 담고 있는 그 밖의 인코텀즈는 적하보험 가입의 주체를 규정하고 있지 않지만 화물의 인도지점(Delivery Point)을 고려하여 적하보험에 가입하는 주체가 결정된다. EXW, FCA, CPT, FAS, FOB, CFR는 수출지에서 인도가 이루어지므로 수입자가 적하보험에 가입한다. DAP, DPU, DDP는 수입지에서 인도가 이루어지기 때문에 수출자가 적하보험에 가입한다.

수출자의 창고로부터 수입자의 창고까지 전체 운송구간에서 수출자와 수입자가 화물의 손실 위험을 부담하는 운송구간은 각각 어느 구간인가? 화물의 인도지점을 기준으로 수출자와 수입자는 자신이 부담하는 구간의 위험을 커버할 적하보험에 가입하면 된다.

그런데 CIP와 CIF는 위험의 이전 지점 및 화물의 인도 지점과 관계없이 수출자가 적하보험에 가입한다. CIP는 수출자가 수출하물을 운송인에게 인도한 시점부터 수입자가 지정한 도착지의 어느 장소까지의 구간을 커버하고, CIF는 수출화물을 해상 운송수단에 적재한 때부터 도착항까지 의무적으로 커버해야 한다. 그래서 운송구간 중간에 수출자와 수입자 사이에 위험을 커버 받는 주체가 전환된다. 화물이 수출자의 창고를 출발하는 때부터 출발지의 선박이나 항공기에 적재하기 직전까지는 수출자가 적하보험의 피보험자이고 그 이후부터는 수입자가 피보험자가 된다. 그러므로 수출자는 적하보험에 가입하고 수입자에게 보험증권을 양도해서 수입자가 피보험자로서 위험을 커버할 수 있게 해야 한다.

보험증권의 양도에 따라 하나의 적하보험 증권에 운송구간에 따라 수출자가 피보험자일 때가 있고 수입자가 피보험자일 때가 있다. 피보험자의 전환이 발생하는 경우 기존 피보험자는 새로운 피보험자가 보험의 권리를 확보할 수 있도록 보험증권을 양도해 준다. 보험증권의 양도는 증권에 배서를 하거나 수입자 또는 신용장 발행은행을 피보험자로 한 보험증권을 다른 수출서류와 함께 수입자 또는 신용장 발행은행에 보내는 방법으로 양도한다.

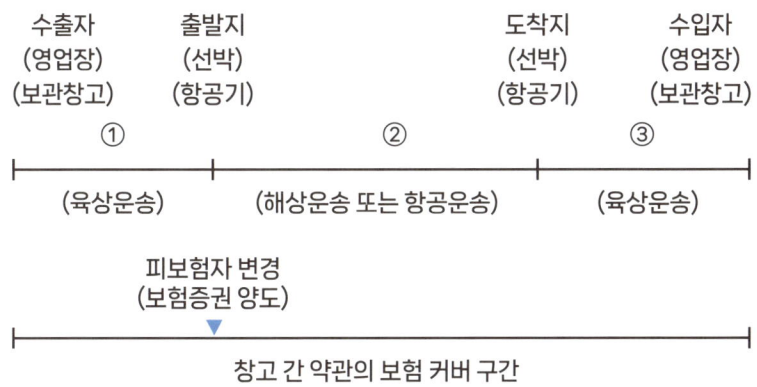

그림 2. 운송구간과 적하보험 커버 구간

창고간 약관(Warehouse to Warehouse Clause)은 수출자의 창고로부터 수입자의 창고까지 커버하는 적하보험 약관으로서 운송의 전 과정이 커버된다. 무역실무에서는 해상운송 또는 항공운송이 되는 구간을 커버하는 약관을 기본으로 하고 있고 수출지 또는 수입지의 육상에서 운송되는 구간은 담보구간을 육상으로 확장하고 추가보험료를 납부하여야 한다.

CIP와 CIF 조건의 무역계약에서 수출자는 적하보험에 가입할 때 도착지에 Agent나 지점이 있는 보험회사에 가입하는 것이 좋다. 그렇게 해야 보험사고가 발생한 경우 수입자가 도착지에서 보험금을 수령하기 편하다.

적하보험을 해상운송 또는 항공운송의 구간만 가입하는 경우 수출자는 육상운송(① 구간)에 대해 육상보험을 별도로 가입해야 한다. 수입자도 수입자의 육상운송 구간(③ 구간)에 대해 육상보험에 가입한다.

제3절
보험계약과 보험료

적하보험에는 보험계약자(Policyholder)의 개념이 없다. 우리나라의 상법에는 보험계약자를 '보험을 청약하는 자', '보험료를 납부할 자' 등으로 정의하고 있는데 적하보험의 준거법이 되는 영국의 해상보험법(Marine Insurance Act)에는 보험계약자라는 용어가 없다. 대신 '피보험자(The Assured)'라는 용어를 사용하며 '피보험이익을 가진 자', 다시 말해서 보험사고가 발생하면 보험금을 받을 자라고 정의한다. 그래서 적하보험은 '피보험이익을 가진 자 또는 그의 대리인(Agent)'이 가입하고 보험료를 납부한다.

적하보험에서 보험에 가입하는 금액은, 다시 말해 보험사고가 발생하면 보상받게 될 최대 금액인 보험금액은 어떻게 되는가? 모든 보험에서 보험금액은 목적물의 경제적 가치와 동일하게 하거나 더 작게 보험에 가입한다. 전자의 보험을 전부보험(Full Insurance)이라고 하고 후자를 일부보험(Under Insurance)이라고 한다. 전부보험의 부보율은 100%이다. 일부보험의 목적은 보험자와 피보험자가 위험을 분담할 목적으로 보험금액을 목적물 가치의 90%, 80% 등과 같이 보험에 가입하는 비율, 즉 부보율을 100% 미만으로 제한한다. 일부보험에서 보험사고가 발생하면 보험 가입자는 보험에 가입하지 않은 부분은 보상받지 못하므로 보험사고가 발생하지 않도록 적극적으로 위험을 관리하게 된다.

그런데 적하보험에서는 보험에 가입하는 금액이 초과보험(Over Insurance) 상태이다. 적하보험의 보험금액은 수출금액의 110% 이상이다. 즉, 부보율이 최소 110%이어야 하는데 이는 초과보험(Over Insurance) 상태로 적하보험에 가입한다는 의미이다. 수출자와 수입자가 합의하면 부보율을 얼마든지 상향시킬 수 있고, 수출자이든 수입자이든 자신의 위험관리 측면에서 부보율을 높이고 싶다면 얼마든지 상향시킬 수 있다. 실무 관행은 대부분 부보율을 110%로 한다. 보험금액의 기준이 되는 수출금액은 FOB 금액[3]에 운송료와 적하보험료를 포함한 금액이다.

  수출실무에서는 100%를 초과하는 10%를 기대이익이라고 하는데 이는 정확한 설명이 아니다. 보험사고가 발생하여 보험자로부터 보상을 받기 위해서는 적어도 사고가 난 시점에 피보험이익, 즉 기대이익이 존재해야 한다. 적하보험은 운송 도중에 보험사고가 발생하므로 사고 시점까지 기대이익은 존재하지 않는다. 그러므로 적하보험에서 초과한 부보율 10%는 기대이익이 될 수 없다. 더욱이 신용장거래의 경우 신용장 발행은행이 운송 중인 화물을 양도담보[4]로 확보하면서 적하보험의 부보율을 최소 110%로 하라고 수출자와 수입자에게 요구하고 있는데, 보험사고가 발생하면 신용장 발행은행이 적하보험으로부터 기대이익을 챙기겠다는 의도로 부보율을 110%가 되게 부보하라고 지시한 것이라고 보기 어렵다.

  적하보험에서 부보율을 110%로 한 연원(Origin)은 알 수 없고 단지 해상운송의 과거 관행에서 비롯되었을 것이라고 추정한다. 현실적인 관점에서 적하보험의 110% 부보율 관행을 해석해 보면 보험사고가 발생하고 보험금을 받기까지 잔존화물의 처리 등 보험사고로 인해서 피보험자가 부담할 비용을 보전할 목적으로 10%의 초과보험을 허용한 것이 아닌가 하고 추정한다. 신용장 거래의 경우 신용장 발행은행이 수출물품에 양도담보권을 실행해야 하는 상황인데 마침 보험사고가 발생했다면 보험금을 받는 때까지 발생할 이자를 보전할 목적으로 초과보험을 허용한 것이 아닌가 하고 추정해 본다.

  일반론적으로 적하보험과 같은 손해보험에서는 초과보험을 금지하고 있다. 초과보험 상태에서 보험사고가 발생하였고 보험금액 전부를 보험금으로 지급한다면 손해보험에서 금지하고 있는 '이득금지의 원칙'을 위반한 결과가 되기 때문이다. 보험을 통해서 이익을 보면 안 된다는 의미이다.

보험계약을 체결하는 방식에는 두 가지가 있다. 선적이 있을 때마다 하나하나 보험계약을 체결하는 개별보험(Specific Policy)이 있고 연간 발생하는 선적을 전부 보험에 가입하기로 약정하는 포괄보험(Open Policy) 방식이 있다.

개별보험을 기준으로 보험계약을 체결하는 절차는 이렇다. '보험계약자(피보험자)가 여러 보험회사 문의(Tapping) → 보험자가 보험료 견적(Quotation) → 피보험자가 청약(적하보험 청약서 작성 및 제출) → 보험자의 심사(Underwriting) → 보험자의 승낙(보험계약의 체결) → 피보험자의 보험료 납부 → 보험자의 증권 발급'의 과정을 거친다. 피보험자가 Tapping 하는 과정은 몇 개의 보험회사에 부보율, 보험료 등 보험가입 조건을 문의하여 비교하는 절차인데 거래 규모가 수백만 달러에 달하는 화물이면 보험중개회사(Insurance Broker)을 통해서 Tapping 하는 것이 효과적이다. 컨테이너 화물과 같이 한 선적당 금액이 크지 않은 거래이면 대개 운송업무를 대행하는 포워더가 적하보험의 가입 업무까지 대행한다.

적하보험의 청약서에 기재하는 사항은 피보험자, 보험금액, 적재 선박명 및 출항 예정일, 항로(선적항, 양륙항, 최종창고), 화물의 명세(HS Code), 부가조건(예: 유리제품의 파손담보), 특별약관(예: 전쟁 및 동맹파업 약관) 등이다.

피보험자가 보험자에게 납부하는 보험료는 '상업송장 금액 x 부보율(대개 110%) X 보험 가입일의 전신환매도율 X 보험료율(%)'에 의해 산출된다. 보험료율은 피보험자가 선택한 기본조건, 운송구간, 화물의 종류(HS Code), 화물의 특성, 화물의 포장 상태, 갑판적(On-deck Cargo) 여부, 부가조건 및 특별약관, 피보험자의 과거 적하보험 손해율(Loss Ratio), 선박의 상태 등을 반영하여 결정된다. 적하보험 약관의 기본조건은 'ICC(FPA) 〈 ICC(WA) 〈 ICC(A/R)'순으로 보험료가 높다. 운송구간이 길어지면 보험료는 높아진다. 화물의 종류에 따라서 위험의 성질이 달라지고 보험요율도 차등적으로 적용된다. 적재 선박의 노후상태(선급이라고 한다)에 따라 보험료가 달라진다.

보험료는 보험증권 발급과 함께 현금으로 납부하는 것이 원칙이지만 보험에 가입하는 횟수와 보험료 합계액이 월평균 일정 수준 이상이면 보험료 정산특약을 맺고 신용카드 대금 결제방식으로 보험료를 납부할 수 있다. 한 손해보험회사의 경우 매달 발행된 보험증권이 평균 25건 이상이고 보험료 합계액이 500만 원 이상이면 보험료 정산특약을 맺을 수 있는 기준을 가지고 있다. 보험료 정산특약을 맺으면 특정 달에 발행된 보험증권에 해당하는 보험료는 그다음 달 10일까지 총액을 일괄 납부한다.

보험계약 체결방식에 있어서 포괄보험은 피보험자와 보험자가 적하보험이 필요한 모든 무역거래를 전부 보험에 가입하기로 연간 단위의 예정보험(Open Policy) 계약을 체결하는 방식이다. 우리나라 손해보험회사는 대체로 연간 적하보험료가 1천만 원 이상을 납부하는 피보험자와는 포괄보험 방식으로 보험계약을 체결한다. 포괄보험 방식에서 피보험자는 월간 단위로 선적명세서를 보험자에게 통지(Declaration)하는 방법으로 적하보험에 가입한다. 포괄보험 계약 방식은 피보험자에게는 보험가입 절차가 효율적이고 보험자에게는 우량 고객을 1년간 안정적으로 확보하게 된다. 우리나라 대부분의 적하보험이 포괄보험 계약에 의해 가입되고 있다.

제4절
보험계약의 일생

　피보험자의 청약에 보험자가 승낙하면 적하보험의 계약이 체결된다. 보험자는 승낙에 앞서 심사(Underwriting)를 하면서 담보위험의 범위, 부보율, 보험료 등 보험조건을 결정한다.

　보험자는 피보험자로부터 받은 보험계약을 자체적으로 보유(Retention)하거나 재보험 회사에 넘긴다(Reinsurance). 보험계약을 보유한 경우에 보험사고가 나면 보험자 자신의 자금으로 피보험자에게 보험금을 지급한다. 출재(Reinsurance)한 경우 보험사고가 나면 재보험회사로부터 보험금을 받아서 피보험자에게 보험금을 지급한다. 보험자가 자본적정성(Capital Adequacy)을 유지할 수 없을 때, 또는 위험의 분산을 통한 위험관리의 목적으로 출재한다. 우리나라 손해보험회사는 보유하고 있는 자본금의 규모와 역량에 따라서 적하보험의 출재비율이 20%~90%로 편차가 크다.

　피보험자는 보험계약이 체결된 후에 '계약 후 알릴 의무'를 이행하여야 한다. 계약 후 알릴 의무를 통지의무라고도 하는데 보험계약을 체결한 후에 선박이 당초 항로를 벗어났다든지 적재 선박이 변경된 경우 등 위험의 변경이 발생하면 보험자에게 이를 알려야 한다.

　피보험자는 보험사고가 발생하면 먼저 운송인에게 피해 사실을 통지한다. 이와 같은 통지의 의미는 '피해가 발생하여 지금 손해배상을 청구하여야 하지만 나중에 적하보험의 보험회사가 대신해서 손해배상을 청구할 예정이다'라고 통지하는 절차이다. 이를 '손해배상청구권 유보 통지'라고 한다. 운송서류의 뒷면에 기재된 운송약관 또는 국제운송규칙에서 정한 통지 기일을 넘겨서 통지하면 운송인에게 손해배상을 요구할 수 없게 된다.

해상운송에 널리 적용되는 국제규칙 Hague-Visby Rules에 의하면 손해배상청구권 유보 통지는 화물을 인수하면서 즉시 서면으로 해야 한다. 화물을 인수하는 현장에서 파손을 확인할 수 없으면 3일 이내에 통지한다. 항공운송의 경우에는 화물 수령일로부터 14일 이내에 운송인에게 이의를 제기하여야 한다

피보험자는 운송인에게 손해배상청구 유보통지를 하면서 동시에 보험회사에 사고발생 통지를 한다. 화물이 일부만 파손되었는데 그 화물의 수리에 화물 대금보다 더 많은 비용이 발생하는 경우에는 화물의 소유권을 보험회사에 넘기면서 전부 파손된 것으로 처리하여 보험금을 청구하는 위부(Abandonment) 제도를 이용한다. 피보험자가 보험자에게 위부를 신청하면 보험자는 심사를 거쳐 위부를 승낙한다.

보험자는 사고의 원인을 조사하고 보험금 지급액을 산정하기 위해 손해사정 과정을 거친다. 대개 보험회사는 손해사정 업무를 손해사정 전문회사에 위탁한다. 보험자는 보험금을 지급한 후 피보험자로부터 화물과 관련된 권리를 양도받아서 보험자 대위권(Subrogation)을 행사한다. 피보험자가 운송인에 대하여 가지고 있는 손해배상청구권을 양도 받아서 운송인에게 손해배상을 청구하여 배상금을 받고 수익으로 잡는다. 피보험자가 화물을 수령한 때에 유보했던 손해배상청구권을 보험자가 피보험자를 대신해서 행사한다.

이처럼 피보험자가 제3자에게 가지고 있는 권리를 양도받는 대위권을 구상권 대위라고 한다. 그리고 피보험자가 통제하고 있는 보험 목적물의 권리를 양도받는 대위권은 목적물 대위라고 한다. 위부계약에 의해 보험금을 지급했다면 보험자는 보험 목적물의 소유권까지 양도받는 소유권 대위를 하게 된다.

한편, 손해배상 책임을 지는 운송인은 자신이 가입한 책임보험 또는 선주배상책임조합(P&I)으로부터 보험금을 받아서 배상금을 지급한다.

보험사고를 당한 화주가 보험금을 받기 위해 적하보험회사에 제출하는 기본서류는 적하보험증권, 상업송장, 포장명세서, 선하증권, Claim Notice 사본이다.

그림 3. 적하보험의 보상 절차

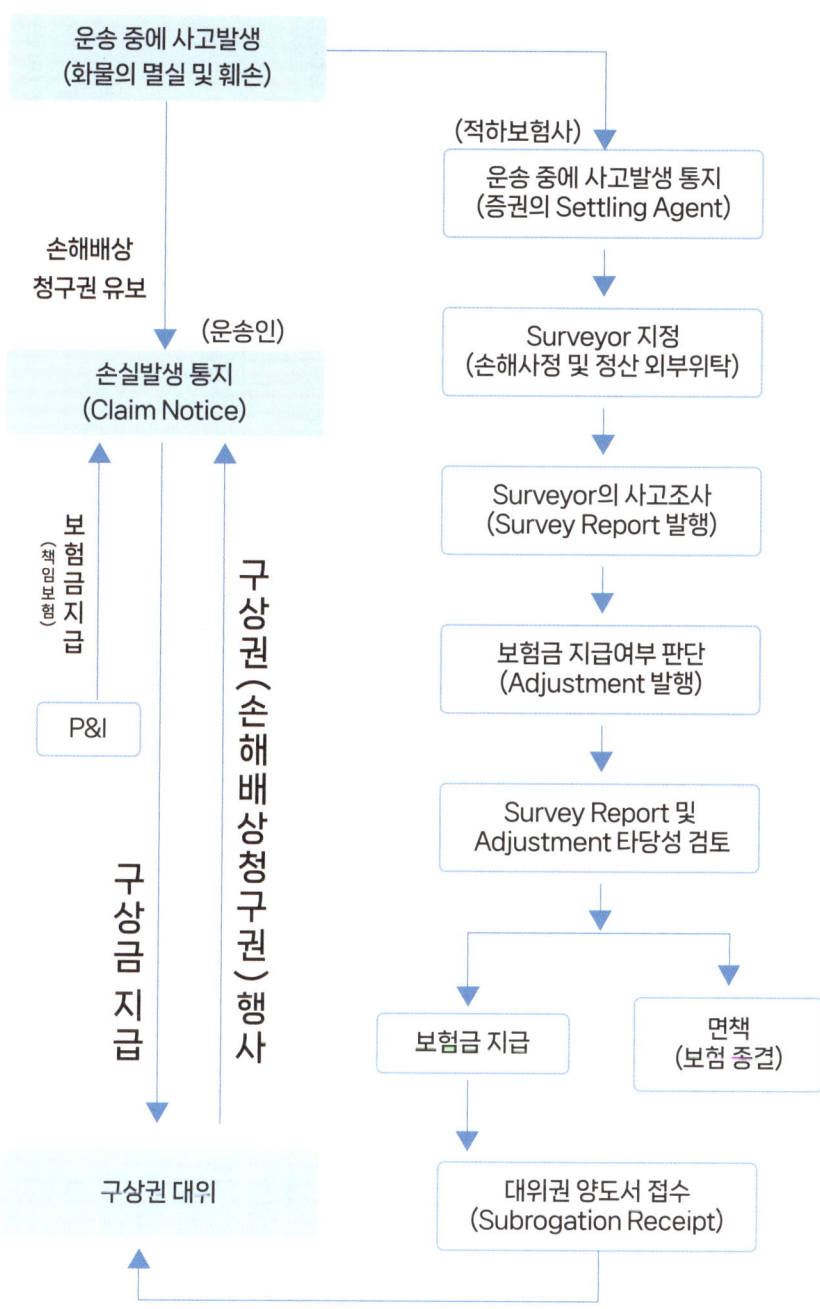

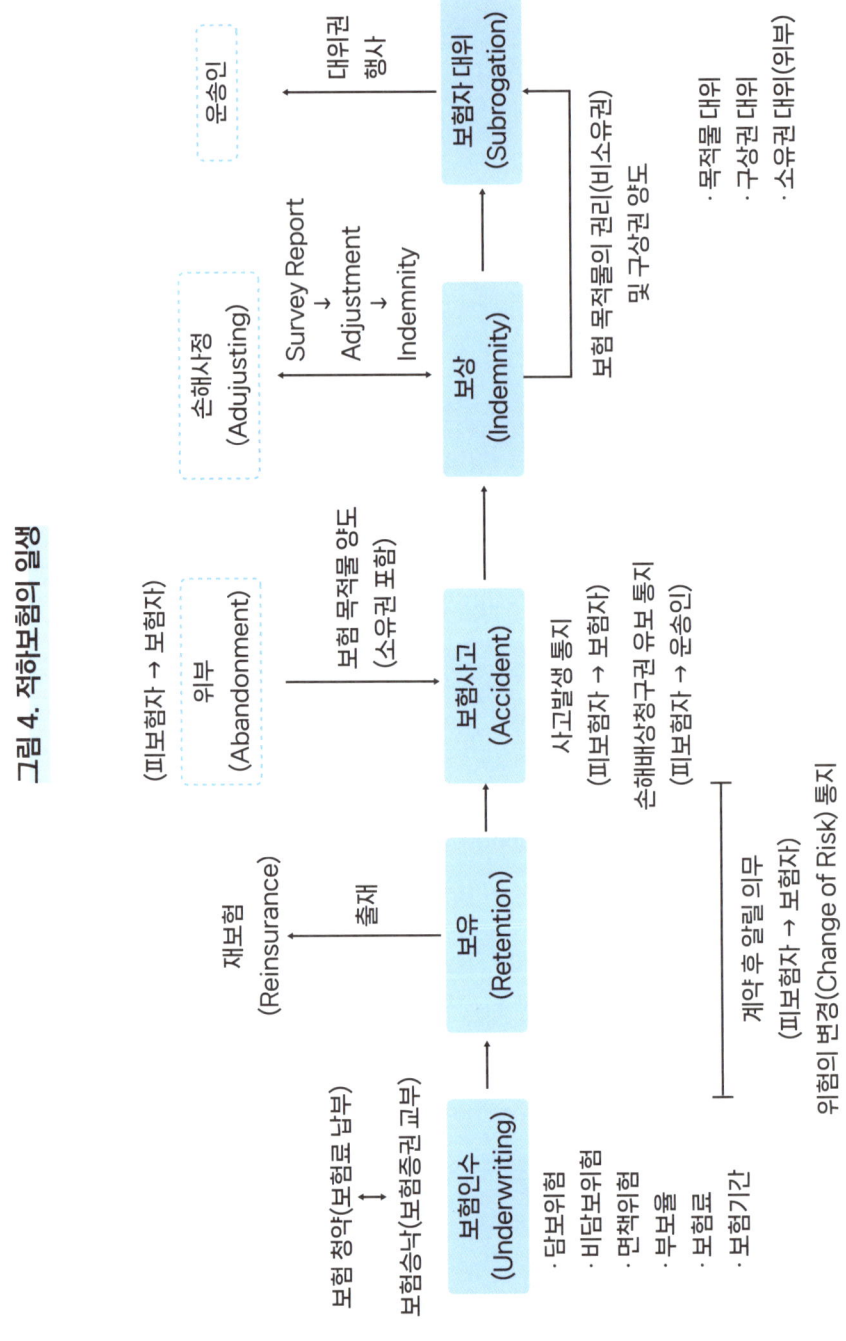

그림 4. 적하보험의 일생

제5절
선박의 쌍방과실충돌

해상 적하보험은 해상운송의 전통과 역사에서 비롯된 쌍방과실충돌 조항을 두고 있다. 이 조항의 요지는 화물을 실은 선박이 선장이나 선원의 실수로 다른 선박과 충돌한 경우 자신의 화물을 실은 선박이 책임져야 할 부분을 화주가 대신 배상하는 제도이다. 화주는 충돌한 선박에 화물을 실었다는 이유만으로 자신의 책임이 전혀 없는 선박의 충돌에 화주가 경제적인 손실을 부담하는 결과가 너무나 불합리하다. 그렇지만 이는 해상운송 약관 또는 용선계약에 의해 그렇게 하기로 한 것이니 쌍방과실충돌약관의 구조를 이해할 필요가 있다. 이해의 편의를 위해 수출화물을 선적한 선박이 선원의 실수로 상대 선박과 충돌한 경우를 단순화하여 아래와 같이 그림 5로 나타낸다.

그림 5. 쌍방과실에 의한 선박의 충돌과 보상 도해

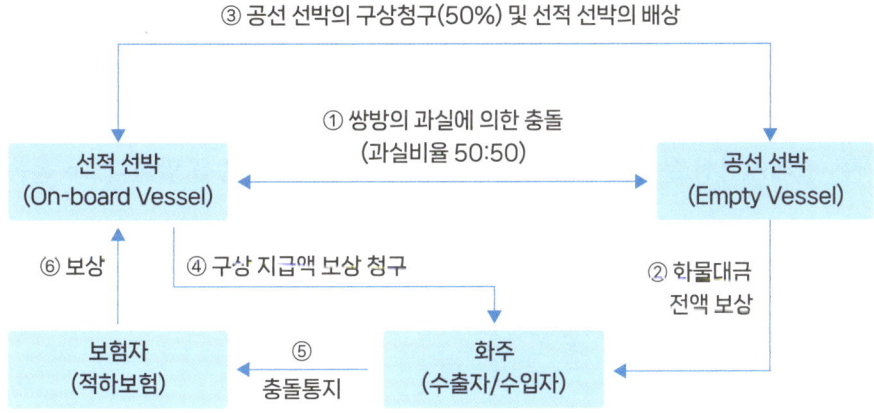

• 가정) 선박의 충돌에 의해 선박의 피해는 없고 선적화물만 전손(Total Loss) 발생

쌍방과실충돌약관에 의한 화주의 배상책임은 전통적으로 해상 운송인이 화주에 대해 항해과실에 의한 화물의 멸실이나 손상을 면책하기 때문에 발생한다. 운송인의 항해과실면책이란 항해(Navigation) 또는 선박의 관리(Vessel Management)와 관련하여 운송인이 고용한 선장, 선원, 도선사 또는 운송인이 고용한 사용인의 과실에 의해 운송화물이 멸실되거나 손상을 입게 되는 것을 운송인이 책임지지 않는다는 의미이다. 불합리한 운송인의 면책이다. 그렇지만 화주(수출자 또는 수입자)는 이와 같은 항해과실면책이 포함된 운송계약을 운송인과 체결한다.

앞의 그림 5에서 화주의 화물이 실린 선적 선박(On-board Vessel)과 상대 선박인 공선(空船) 선박(Empty Vessel)이 50:50의 과실비율로 서로 충돌하였고 그 결과 선적 선박에 실린 화주의 화물이 전부 파손되어 전손(Total Loss)이 발생하였다. 선적 선박의 과실은 선장의 항해 실수가 원인이다. 공선 선박의 선주가 화주에게 화물 대금을 전액 배상하고 선적 선박에 과실비율 50%에 해당하는 금액을 구상 청구하게 된다. 그렇지만 선적 선박의 운송인은 화주에 대해 항해과실면책에 의해 화주의 손실을 배상할 책임이 없다. 따라서 선적 선박의 운송인은 공선 선박의 구상에 대해 자기 과실 비율만큼 배상하고 동일한 금액을 운송약관 또는 용선계약의 쌍방과실충돌 조항에 의해 화주에게 구상 청구한다.

다음의 표 2에 있는 쌍방과실충돌조항은 항해용선계약과 컨테이너 화물 운송을 위한 개품운송계약에 포함된 사례이다. 항해용선계약은 화물 운송을 위해 부정기선 해운의 선박 전체 또는 일부를 임차하여 화물운송을 위탁하는 것이고 개품운송계약은 컨테이너선 운송인에게 화물의 운송을 위탁하는 운송을 말한다. 두 운송계약 모두 동일하게 쌍방과실충돌의 경우 화주의 보상책임을 규정하고 있다.

표 2. 운송계약에 포함된 쌍방과실충돌조항 사례

① 쌍방과실충돌 조항 (BIMCO Gencon 항해용선계약)
  본 선박이 타 선박의 과실과 본 선박의 항해과실에 의해 서로 충돌하였을 경우에 상대 선박이 본 선박에 선적된 화물의 소유자에게 그 충돌로 인한 화물의 멸실, 손상에 대해 배상하고 본 선박에 구상청구하면 **화물의 소유자는 본 선박에 보상하여야 한다.** (요약)

② 선하증권의 쌍방과실충돌약관 (컨테이너 화물 개품운송계약)
  타 선박의 과실과 본선의 항행이나 운항상 선장 등 본선 사용인의 행위, 과실이나, 해태의 결과로 본선이 그 타 선박과 충돌하였을 경우 타 선박의 소유자가 본선의 화주에게 배상하고 본선에 구상 청구하면 본선의 **화주는 본선 선주에게 보상해야 한다.** (요약)

한편, 적하보험 약관에는 운송계약의 쌍방과실충돌조항에 의해 화주, 즉 적하보험 피보험자의 보상책임이 발생하면 보험자가 화주를 대신하여 운송인에게 보상한다는 조항이 있다. 적하보험은 원래 화주의 물적손해를 보상하는 제도인데 화주의 보상책임까지 대신 보상하는 내용으로 보상 범위가 확장되었다.

화주는 선적 선박(On-board Vessel)으로부터 보상 요구를 받으면 그 사실을 보험회사에 통지한다. 이에 보험회사는 화주를 대신하여 운송인에 대해 화주의 권리를 보호하는 활동을 하며 적하보험 계약에서 정한 보험금액을 한도로 운송인에게 보험금을 지급한다.

표 3. 적하보험의 쌍방과실충돌약관

② ICC (A) 제3조 쌍방과실충돌약관(Both to Blame Collision Clause)
  이 보험은 운송계약의 "쌍방과실충돌약관"에 의한 피보험자(화주)의 부담액 가운데 이 보험증권 상에서 보상받을 수 있는 손해에 관한 부분을 지급해 준다. (요약)

제6절
공동해손과 단독해손

한 차례의 항해에는 선박을 제공한 선주와 화물을 제공한 화주가 항해단체를 구성한다. 이 항해단체가 항해를 수행하던 중에 위험을 만나서 손실을 당할 상황이 되면 손실을 축소하기 위해 서로 협력적으로 조치를 해야 하는데 이러한 조치를 공동해손 행위(General Average Act)라고 한다. 공동해손 행위 중에 발생한 손실과 비용은 항해단체가 공동으로 부담하는데 이를 공동해손이라고 한다.

운항 중에 선박에 화재가 발생했다면 화재가 확산하여 선박과 화물 전부를 소실시킬 수 있으므로 발화지점의 화물을 바다로 투하하여 화재의 확산을 막고 동시에 소방선을 불러서 화재를 진압한 활동은 공동해손 행위이다. 바다에 던져진 화물(Jettison)의 손실은 공동해손희생(G/A Sacrifice)이고 소방선에 지불하는 비용은 공동해손비용(G/A Expenditure)이다. 화주가 공동해손을 당하게 되면 화주가 부담하는 손실과 비용은 적하보험에서 보상한다.

공동해손과 비교되는 손해가 단독해손(Particular Average)이다. 적하보험에서 해손(Average)은 '부분적인 손해'를 의미한다. 보험 목적물이 완전히 파괴되어 복구할 수 없는 상태의 손해를 전손(Total Loss)이라고 하고 일부만 훼손된 상태를 분손(Partial Loss)하고 하며 이를 해손(Average)이라고 한다.

공동해손과 단독해손을 다음 표 4에서 비교한 두 사례를 보고 그 차이를 파악해 보자. 선박이 항해 중에 좌초(Stranded) 사고가 발생하여 선박과 적재된 화물이 손상을 입었다면 이는 선박과 화물에 각각 단독해손이 발생한 것이며 각각의 보험자로부터 손상에 대해 보상받는다. 한편 좌초된 선박을 이초(Afloating)하기 위해 선박의 엔진 출력을 의도적으로 과도하게 높이면서 발생한 엔진 손상은 선주와 화주 공동의 이익과 안전을 위한 것이므로 공동해손에 해당하며 공동해손희생손이다. 선박을 끌어내기 위해 Tug Boat와 중장비를 투입하기 위해 비용을 지출하였다면 이 또한 공동해손에 해당하며 공동해손비용손이다.

표 4. 공동해손과 단독해손의 비교

(사례 1)	
우연한 좌초(Stranded)로 선박 및 화물에 손실 발생	단독해손
구조작업을 위한 의도적인 화물의 투하	공동해손(희생손)
이초(Afloating)를 위해 선박의 엔진을 의도적으로 과도하게 사용하여 엔진에 손상 발생	공동해손(희생손)
Tug Boat와 중장비 투입하여 구조 (구조비 지출)	공동해손(비용손)

(사례 2)	
우연적인 선박 화재로 선박과 화물에 손해 발생	단독해손
화재진압을 위해 살포한 소방수로 인한 침수 손해	공동해손(희생손)
화재가 확산하지 않도록 화염지역에 있는 화물 투하	공동해손(희생손)
인근 항구에 소방선 출동 부탁(구조비 지출)	공동해손(비용손)

해상운송에서 공동해손은 종종 발생한다. 2018년에는 중국 상하이항을 출발하여 유럽으로 항해 하던 Maersk Line의 Honam호가 싱가포르을 지다던 중에 선창에서 화재가 발생하였고 약 8주간의 구조 활동 끝에 진화하였다. 싱가포르교통안전국이 사고를 조사하였지만 원인을 확정하지 못했다. Maersk는 공농해손을 선언하였고 공동해손 분담금(Contribution)을 계산한 결과 화주는 화물가치 U$10,000 당 U$5,400을 Maersk Line에 지급해야 화물을 수령할 수 있었다.

2021년에는 Suez운하를 항해하던 초대형 컨테이너선 Evergiven호가 선장의 운전실수에 의해 운하의 제방 양쪽 모래톱에 선수(Bulbous Bow)와 선미(Stern)가 처박히는 사고(Grounding)가 발생하여 약 일주일간의 구조작업이 있었다. 구조작업에는 대형 굴착기와 다수의 Tug Boat와 준설선(Dredger)이 동원되었다. 일주일간의 구조작업 끝에 Evergiven호는 모래톱에서 탈출할 수 있었다. 구조작업 완료 후에 Evergiven호의 선주는 공동해손을 선언하였다. 화주와 선주가 부담할 공동해손 분담금의 계산 결과는 알려지지 않았다.

선주나 운송인이 공동해손을 선언하면 공동해손정산인(GA Adjuster)이 임명되고 공동해손정산인은 항해단체의 구성원이 부담할 공동해손 분담금을 계산한다. 공동해손 분담금을 계산하는 데에 길면 수년이 걸리기도 한다. 화주는 공동해손 분담금 계산에 의해 분담금을 납부하겠다는 공동해손분담보증장을 제출하고 화물을 우선 찾을 수 있다. 공동해손분담보증장은 적하보험을 인수한 보험회사에서 발행한다.

표 5. 공동해손 선언 및 처리 절차

공동해손 선언(선주) → 공동해손정산인 임명 → 공동해손서약서 제출(General Average Bond) → Invoice (FOB이면 운임청구서와 적하보험료 통지서 포함) 제출 → 공동해손분담보증장 제출(Underwriter's Letter of Guarantee) → 화물 인출 → 공동해손분담금 계산 [① 항해단체의 목적물 총액 산정 → ② 공동해손분담률 산정 → ③ 개별 공동해손분담금 확정] → 적하보험 보험자의 보험금 지급

선주가 공동해손분담금을 계산한 후에 운송계약의 약관에 의해 화주에게 청구한다. 화주가 납부할 공동해손분담금을 적하보험의 보험자가 대신 지급한다. 운송계약과 적하보험의 공동해손 조항이 유기적으로 연결되어 공동해손이 발생하면 적하보험이 화주를 보호하고 있다.

표 6. 운송계약에 포함된 공동해손조항

① 공동해손조항 (BIMCO Gencon 항해용선계약)
  공동해손은 런던에서 정산한다. 화물의 소유자는 공동해손 비용이 선박소유자가 고용한 사용인의 부주의나 과실에 기인한 경우에도 공동해손 비용에 대한 화주의 분담액을 지급하여야 한다. (요약)

② 선하증권의 공동해손약관 (컨테이너 화물 개품운송계약)
  공동해손은 운송인이 선택한 항구 또는 장소에서 정산하고 해결한다. 현금 공탁과 같은 담보는 화물 인도 전에 운송인에게 제공되어야 한다. 운송인이 화주가 부담할 공동 해손비와 구조 분담금을 직접 지급한다면, 화주는 운송인에게 공동해손 및 구조와 관련한 모든 권한을 양도하였다고 본다. (요약)

표 7. 적하보험계약에 포함된 공동해손약관

ICC (A) 제2조 공동해손약관(General Average Clause)
이 보험은 공동해손 및 구조비를 담보한다. 공동해손 및 구조비의 정산 또는 결정은 해상운송 계약, 준거법, 관례에 따른다. (요약)

공동해손분담금의 계산은 다음의 표 8의 가상 사례를 보고 좀 더 이해해 보자. 화물을 적재한 선박에 화재가 발생하여 표 8에 나열된 항목의 손실이 항해단체의 구성원과 항해단체에 발생하였다. 화재에 의해 구성원이 개별적으로 입은 손실, 즉 화재 손실(a)과 선박 수리비(c)는 각자 부담하여야 한다. 그러나 항해단체의 공동 이익을 위해 소방선을 이용하여 발화지점과 그 주변에 소방수를 뿌려서 화물에 침수가 발생한 것과 소방선에 지급할 이용료는 공동해손에 해당한다. 공동해손희생(소방수 침수, b)과 공동해손비용(소방선, d)은 각각의 분담률에 따라 항해단체 구성원이 분담한다.

표 8. 공동해손 분담금 계산 가상 사례

손실액 항목	합계	선주	화주 1	화주 2	화주 3
화재 손실(a)	1,800,000	1,000,000	500,000	300,000	-
소방수 침수(b)	1,300,000	-	900,000	-	400,000
선박 수리비(c)	1,000,000	-	-	-	-
구조비(소방선)(d)	1,500,000	-	-	-	-
선박/화물 가치(e)	35,500,000	29,000,000	3,000,000	2,000,000	1,500,000

① 항해단체 목적물(선박 화물가치) 총가액 산출(35,500,000)

② 희생손 분담률 3.66% (소방수 침수 손해액 (b)/ 선박 화물가치 총액 (e))
　비용손 분담률 4.23% (구조비(소방선) (d)/ 선박 화물가치 총액 (e))

③ 개별 분담금(선주와 각 화주의 재산 가치에 희생손 및 비용손의 분담률 적용)

공동해손 희생손	1,300,000	1,061,972	109,859	73,239	54,930
공동해손 비용손	1,500,000	1,225,352	126,761	84,507	63,380
합계	2,800,000	2,287,324	236,620	157,746	118,310

1 The Hague-Visby Rules Article 4.2. Neither the carrier nor the ship shall be responsible for loss or damage arising or resulting from:

(a) Act, neglect, or default of the master, mariner, pilot, or the servants of the carrier in the navigation or in the management of the ship.

2 상법 제5편(해상) 제797조(책임의 한도). 우리나라 상법의 해상편은 Hague Visby Rules의 내용을 반영하여 규정되어 있으므로 우리나라 상법에서 규정하고 있는 해상 운송인의 면책과 책임의 제한은 Hague Visby Rules와 유사하다. SDR(Special Drawing Rights)은 IMF에 자본금 성격의 기여금을 납부한 회원국이 IMF로부터 자금을 인출할 때 적용하는 환율이며 대개 1SDR은 1.5 US Dollar 정도 된다.

3 수출화물의 원가에 수출통관을 대행하는 관세사 비용, 선적항까지의 육상 운송료 등이 포함된 금액이고 해상 운송료와 적하보험료는 포함되지 않는다.

4 양도담보는 채무자가 채무를 이행하지 못할 경우, 채권자가 담보물을 매각하여 대금을 받을 수 있게 담보물의 소유권을 채권자가 양도받는 제도이다. 신용장 거래에서 채무자는 수입자이고 채권자는 신용장 발행은행이다. 수입자가 신용장 대금을 발행은행에 지급하지 않으면 은행은 수출화물을 매각하여 신용장 대금을 회수한다.

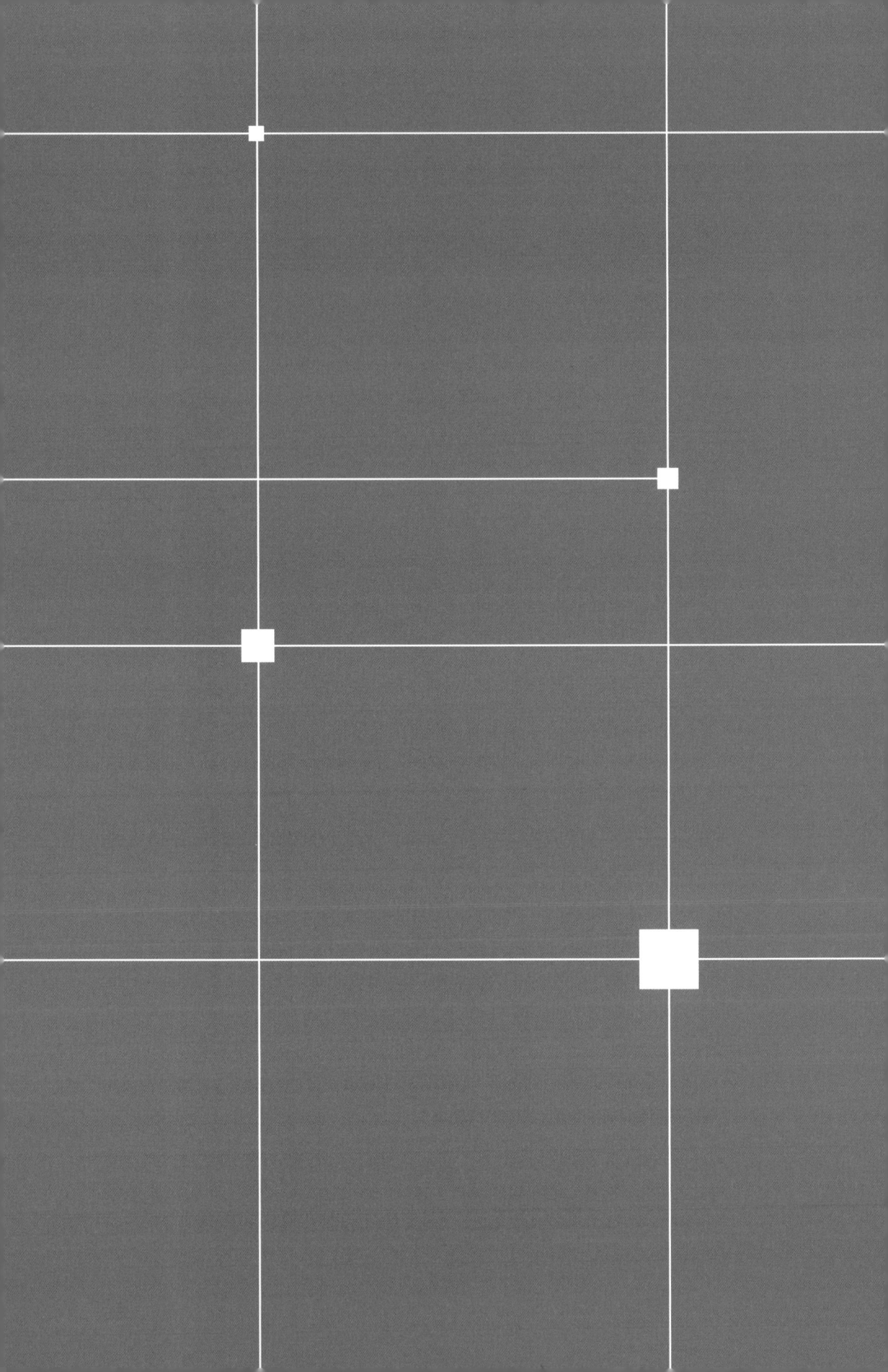

4장

수출입 대금의 결제

Payment Method

제1절
결제방법의 종류

무역계약서에 Payment Terms 또는 Payment Conditions라고 표시되는 대금결제는 하나의 무역거래를 완결 짓는 마지막 단계이다. 국제거래에서 대금결제는 크게 신용장(Letter of Credits, L/C)과 무신용장(Non-L/C) 결제방법으로 구분된다. 신용장방식은 수출자와 수입자 사이에 신용장 발행은행(L/C Issuing Bank)이 개입해서 수출자가 갖는 수출대금 미결제 불안을 해소 시켜준다. 동시에 수입자가 느낄 수 있는 화물의 인도(Delivery) 불안을 신용장이 해결한다고 하지만 신용장의 이 기능은 그렇게 뚜렷하지 않다.

신용장에 의한 결제방법은 일람불 신용장(Sight L/C)과 기한부 신용장(Usance L/C) 두 종류가 있다. 일람불 신용장은 신용장의 명칭에 내포된 의미대로 수출자가 수출화물을 선적한 직후에 선적서류를 은행에 제출하면 은행이 서류를 보는 즉시 (at sight) 신용장 대금을 지급하는 신용장이다. 기한부 신용장은 선적한 후 일정한 기한이 지나고 나서 신용장 대금을 지급하는 결제방법이다. 신용장거래의 약 40%가 일람불 신용장이다.[1]

기한부 신용장이라고 하더라도 수출자는 은행의 '선적서류 매입(Negotiation)' 또는 '신용장 대금 선지급(Prepay)'에 의해 신용장 대금을 선적 직후에 은행으로부터 받기 때문에 수출자가 수출대금을 받는 시기에 있어서는 일람불 신용장과 기한부 신용장 사이에 차이점이 없다. 은행이 선적서류를 매입하거나 신용장 대금을 선지급한다는 의미는 신용장 발행은행이 신용장 대금을 지급하기 전에 매입은행이 선적서류를 받고 수출자에게 수출대금에 해당하는 자금을 제공하는 것을 말한다(신용장통일규칙 제2조와 제12조).

신용장의 종류는 신용장 개설은행이 신용장 대금을 지급하는 방법에 따라 좀 더 구체적으로 지급신용장(Sight Payment), 매입신용장(Negotiation), 연지급신용장(Deferred Payment), 인수신용장(Acceptance)으로 나누어지는데, 신용장을 사용하는 수출자의 입장에서 차이점을 인식하기는 쉽지 않다. 실무 현장에서 사용하고 있는 신용장은 매입신용장이 약 75%로 대부분을 차지하고 있다.

　무신용장은 추심방식(Documentary Collections)과 송금방식(Remittance)으로 나누어진다. 추심방식은 수출자가 자신의 거래은행과 수입자의 은행을 통해서 환어음(Bill of Exchange)과 선적서류를 수입자에게 인도하고 수출대금을 받는 방법이다. 추심의 의미는 '수입자에게 가서 수출대금을 받아오는 것'을 의하는데 수출자가 은행을 시켜서 수출대금을 받아오는 방법이라고 할 수 있다.

　추심방식은 인수인도방식의 D/A(Document against Acceptance)와 지급인도방식의 D/P(Document against Payment)로 나누어진다. D/A는 수출자가 은행을 통해서 환어음과 선적서류를 수입자에게 보내면 수입자가 은행에서 선적서류를 찾아서 상품을 인수한 후에 일정한 외상기간이 지나면 대금을 결제하는 방법이다. 그에 비해 D/P는 수출자가 은행을 통해서 환어음과 선적서류를 수입자에게 보내는 것은 D/A와 동일한데 수입자가 자신의 거래은행에서 선적서류를 수령하기 위해서는 은행에 수출대금을 지급하여야 한다. 선적서류가 은행에 도착한 후에 즉시 수입자가 결제하는 방법이 D/P at sight이고 서류 도착 후 일정한 기간(Usance) 이내에 결제하는 방법이 D/P Usance이다. D/P가 D/A보다 수출자에게 더 안전한 결제방법이지만 실무에서 D/P의 사용 비중은 우리나라의 수출에서 0.3%, 수입에서 0.2%에 불과하다.

　송금방식은 수출자가 수입자에게 직접 선적서류를 보내고 결제 대금은 수입자가 직접 수출자의 은행 계좌로 송금하는 결제방법이다. 송금방식은 수출대금이 결제되는 시기에 따라 사전결제 방식, 동시결제방식, 사후결제방식으로 구분한다.

표 1. 국제무역에서 사용되는 결제방법 일람

대분류	중분류		소분류	
신용장	신용장 Letter of Credits	일람불 신용장 (Sight L/C)	지급신용장(Sight Payment)	
			매입신용장(Negotiation)	
		기한부 신용장 (Usance L/C)	연지급신용장(Deferred Payment)	
			인수신용장(Acceptance)	
무신용장	추심방식 Documentary Collections	D/A(Document against Acceptance)		
		D/P(Document against Payment)	D/P at sight	
			D/P Usance	
	송금방식 Remittance	사전결제	CIA (Cash in Advance = Cash with order, CWO)	
		동시결제	CAD (Cash against Document)	
			COD (Cash on Delivery)	
		사후결제	O/A (Open Account = Telegraphic Transfer, T/T)	
			NET	

사전결제는 수출자가 상품을 선적하기 전에 수입자로부터 수출대금을 미리 받는 결제방법이고 사후결제방식은 수출자가 상품을 선적한 후에 일정 기간의 외상 기간이 지난 뒤에 수출대금을 받는 방법이다.

동시결제는 수출자가 수입자에게 선적서류를 인도함과 동시에 수출대금을 받거나 상품을 인도함과 동시에 수출대금을 받는 결제방법이다. 전자의 결제방법이 서류상환 결제방식이라고하는 CAD(Cash against Document)이고 후자는 화물인도 결제방식이라고 하는 COD(Cash on Delivery)이다.

사후결제는 수출실무 현장에서 T/T(Telegraphic Transfer)라고 부르는, 그러나 국제적으로는 O/A(Open Account)라고 하는 사후송금방식의 결제방법이다. 사후결제방법의 하나로 NET은 수출자가 수입지 창고에 물품을 보관하고 있다가 수입자의 주문이 있으면 곧바로 물품을 인도하는 거래방법이며 수입자는 일정한 외상기간 후에 대금을 수출자의 은행 계좌로 송금하는 방법으로 대금을 결제한다.

송금방식은 국내에서 판매자와 구매자 사이에 은행 계좌를 통해 온라인 송금으로 판매대금을 결제하는 방법과 동일하다. 단 하나의 차이점은 무역결제를 위해 환전이 필요하다는 점이다. 우리나라 수출의 약 80%가 미국 달러로 결제되고 원화로 결제되는 비중은 3% 미만이다.

결제방법별로 수출대금이 결제되는 시기를 나타내면 다음의 그림 1과 같다.

그림 1. 무역대금 결제방법과 결제 시기

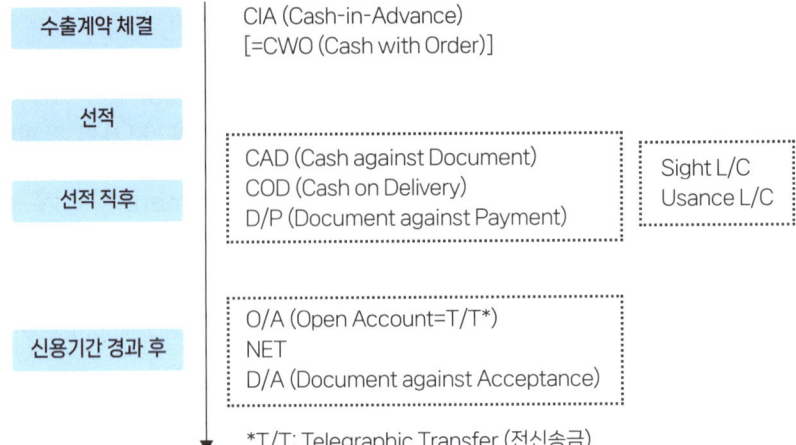

제2절
신용장 결제방법

신용장이란 신용장에서 지시한 조건에 일치하는 선적서류를 수출자가 제시(Complying Presentation)하면 신용장 발행은행이 신용장 대금을 지급할 것을 취소불능적(Irrevocable)으로 확실하게 약속(Definite undertaking)하는 서류이다. 즉 신용장은 '일치하는 서류제시'가 있으면 신용장 대금을 지급하는 조건부 약속이다. 은행이 수출대금을 지급할 수 있는 조건에 해당하는 '일치하는 제시'가 신용장 대금을 받는 데에 있어서 필수적인 선행 요소이다.

'일치하는 서류의 제시'는 수출자가 선적서류의 종류와 형식, 서류의 기재 내용, 그리고 제출기한을 해당 거래의 신용장 조건과 신용장통일규칙(UCP 600), 그리고 국제표준은행관행(ISBP 745)에서 규정한 조건에 정확히 일치시켜서 은행에 제출하는 것을 말한다. 일치하는 서류의 제시가 있었다는 의미는 수입자가 요구한 대로 수출자가 수출을 이행했다는 것을 의미한다. 수출자는 '일치하는 서류의 제시'를 이행하였다면 신용장 발행은행의 신용에 근거하여 신용장 대금의 지급이 확실히 이루어질 것이라는 신뢰를 할 수 있다.

수출자는 수입자가 요구한 대로 상품을 선적한 후에 신용장에서 지시한 대로 선적서류를 갖춰서 은행에 제시(Presentation)하면 은행은 선적서류를 매입(Negotiation) 또는 신용장 대금을 선지급(Prepay)하면서 수출대금에 해당하는 자금을 수출자에게 지급한다.

한편, 신용장거래가 수입자에게는 무역계약에서 정한 대로 상품이 선적되고 선적서류가 인도되는 것을 보장한다. 수출자가 신용장 대금을 지급받기 위해 '일치하는 서류의 제시'를 해야 하므로 수출자가 일치하는 서류를 준비하면서 수입자가 요구하고 지시한 대로 수출을 이행하게 된다. 신용장의 이러한 작동 원리에 의해 수입자는 무역계약에서 정한 대로 상품이 선적되고 선적서류가 인도되는 것을 보장받는다. 그러나 근본적으로 수출화물의 품질은 '일치하는 서류의 제시'로 보장할 수 없다. 수입자는 선적서류를 은행을 통해서 전달받으면서 신용장 대금을 은행에 지급하고, 이어서 수입국 공항이나 항구에 운송서류를 제시하고 상품을 찾으면서 하나의 무역거래가 완결된다.

만일 은행에 제시한 서류가 신용장의 조건과 다르게 작성되었다면, 다시 말해서 수입자가 요구한 대로 해당 상품이 제날짜에 선적되지 않았거나 선적서류가 신용장에서 요구한 대로 작성된 서류가 아니라면 수입자는 신용장 발행은행에 지급거절(Unpaid)를 요구할 수 있다. 신용장 발행은행은 수입자의 요구대로 지급을 거절해야 한다. 혹시 수출자의 거래은행인 매입은행이 수출자에게 매입대금을 이미 지급했더라도 신용장 발행은행이 신용장 대금 지급을 거절할 수 있다.

그림 2. 신용장거래 도해

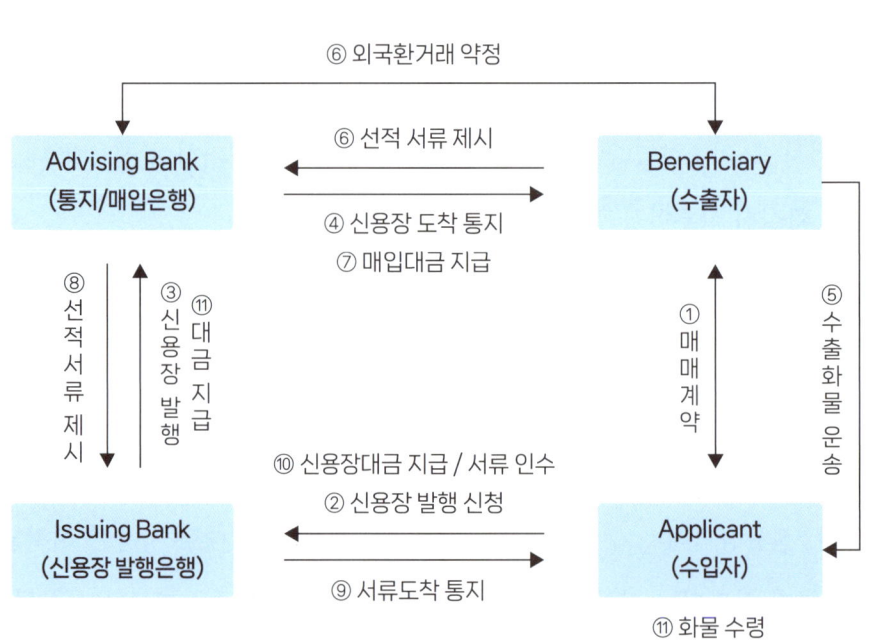

신용장의 종류가 많다

신용장은 네 종류 즉, 지급신용장(Sight Payment), 매입신용장(Negotiation), 연지급신용장(Deferred Payment), 인수신용장(Acceptance) 등 각각의 종류별로 신용장 대금이 결제되는 절차에 차이가 있다. 신용장 발행은행이 매입은행이나 인수은행 등 수출자의 거래은행에 신용장 대금을 지급하는 시기에 차이가 있다. 그리고 수출자가 제시할 서류에 환어음이 반드시 포함되는지 여부에도 차이가 있다. 또한 수출자가 서류를 제시할 은행이 신용장에 특정되어 있는지 여부도 신용장 종류별로 차이가 있다. 수출자는 서류를 은행에 제시하면서 매입(Negotiation)이나 선지급(Prepayment)에 의해 신용장 대금에 해당하는 자금을 미리 받기 때문에 신용장의 종류를 크게 인식하지 않고 사용한다.

표 2. 신용장의 종류별로 결제시기와 지정은행의 특정, 환어음의 발행 차이

신용장 종류		특정 지정은행* (Nominated Bank)	환어음 발행
일람불 Sight	지급신용장 Sight Payment	특정된 지정은행이 신용장 대금을 수출자에게 즉시 지급	Yes or No
	매입신용장 Negotiation	매입제한 신용장-특정된 지정은행이 선적서류 매입 자유매입 신용장-매입은행이 특정되어 있지 않고 어떤 은행도(Any Bank) 매입 가능	Yes or No
기한부 Usance	인수신용장 Acceptance	특정된 지정은행이 환어음을 인수하고 즉시 또는 만기에 신용장 대금을 수출자에게 지급	Yes 반드시 발행
	연지급신용장 Deferred Payment	특정된 지정은행이 신용장 대금의 연지급을 확약하고 즉시 또는 만기에 신용장 대금을 수출자에게 지급	Yes or No

* 신용장에 표시된 은행으로서 해당 신용장을 사용할 수 있는 은행

지급신용장(Sight Payment)은 전부 일람불 신용장(Sight L/C)이고 수출자가 은행에 서류를 제시하면 그 즉시 신용장 대금을 지급한다. 신용장 대금을 지급하는 은행은 신용장 발행은행의 수출국 지점이거나 예치환거래은행(Depositary Corresponding Bank)이다. 예치환거래은행은 서로 파트너십 관계에 있는 은행이 상대 은행에 자신의 예금계좌를 개설해 두고 일정액의 예금 잔액을 유지하고 있다. 그렇기 때문에 수출자로부터 선적서류를 제시받은 지정은행은 신용장 대금을 신용장 발행은행의 계좌에서 인출해서 즉시 수출자에게 지급한다. 전 세계에서 발행되는 신용장의 약 10%가 지급신용장이다.

매입신용장(Negotiation)은 일람불 신용장(Sight L/C)과 기한부 신용장(Usance L/C)이 반반 정도이다. 매입(Negotiation)이란 신용장 발행은행이 신용장 대금을 상환하기 전에 매입은행이 신용장 대금에 상응하는 자금을 수출자에게 확정적으로 미리 지급하는 것을 의미한다. 그리고 매입은행은 신용장 대금 지급기일에 신용장 발행은행으로부터 상환 받는다. 수출자가 은행에 선적서류를 제시하면서 받는 자금이 지급신용장의 경우에는 신용장 대금이고 매입신용장의 경우에는 신용장 대금에 상응하는 매입대금이라는 차이가 있다.

매입신용장은 매입이 특정 은행으로 지정(Restricted Negotiation) 된 매입제한 신용장과 어떤 은행에서도 매입이 가능한(Free Negotiation) 자유매입 신용장으로 구분된다. 대부분의 매입신용장은 자유매입 신용장이다. 전체 신용장 가운데 매입신용장의 비중은 약 75%로 절대다수의 신용장이 매입신용장이고 그 가운데에서도 대부분이 자유매입 신용장이다. 매입신용장에서 수출자가 환어음을 발행한다면 환어음의 지급인(Drawee)은 신용장 발행은행이 된다.

인수신용장(Acceptance)은 전부 기한부 신용장(Usance L/C)이고 수출자가 은행에 제시하는 서류에 반드시 환어음(Draft)[2]을 포함하여야 한다. 인수신용장의 명칭은 수출자가 발행한 환어음을 특정된 지정은행이 인수(Acceptance)한다는 의미에서 파생된 이름이다. 수출자가 발행하는 환어음은 일정한 신용기간이 있는 기한부 환어음(Time Draft)이어야 하고 어음의 지급인(Drawee)은 인수은행이 된다. 인수은행의 '환어음 인수' 의미는 환어음의 만기에 환어음 대금을 지급하겠다고 확약한다는 뜻이다. 인수은행은 환어음 대금을 환어음의 만기에 지급할 수도 있고 환어음과 선적서류를 구매(Purchase)하면서 환어음 대금에 해당하는 자금을 즉시 지급할 수도 있다. 인수은행은 수출자에게 지급한 환어음 대금을 환어음의 만기에 신용장 발행은행으로부터 상환 받는다. 인수신용장은 전체 신용장 가운데 7% 수준에 불과하다.

연지급신용장(Deferred Payment)은 수출자로부터 선적서류를 제시받은 연지급확약은행이 신용장 대금 결제기일에 신용장 대금을 지급할 것을 확약(Deferred Payment Undertaking, DPU) 하고 만기에 이르러서 해당 신용장 대금을 수출자에게 지급하는 신용장이다. 그리고 신용장 발행은행으로부터 신용장 대금을 상환 받는다. 연지급신용장에서도 인수신용장과 같이 연지급을 확약한 은행이 선적서류를 제시받은 즉시 신용장 대금에 해당하는 자금을 수출자에게 선지급(Prepay)할 수 있다. 연지급신용장은 전체 신용장 가운데 9% 정도 된다.

신용장거래에서 환어음은 인수신용장을 제외하고는 발행될 수도 있고 그렇지 않을 수도 있다. 신용장통일규칙(UCP 600)을 만든 국제상업회의소(ICC)는 인수신용장을 제외하고는 환어음을 발행하지 말도록 은행에 권고하였다. 그럼에도 거의 모든 신용장 거래에서 환어음이 발행된다. 이처럼 환어음이 계속 발행되고 있는 이유는 수입자가 신용장 발행은행에 제출하는 '신용장 발행신청서' 양식(Formality)에 환어음이 포함되어 있기 때문이라고 ICC는 설명한다. 국제거래의 많은 규칙을 만들고 수정하는 역할을 하는 ICC가 국제무역에서 지도력(Leadership)과 권한(Authority)이 없기 때문에 불편한 업무관행이 계속되고 있다. 수출자가 환어음의 만기(Maturity)를 잘못 기입하면 서류불일치(Discrepancy)에 해당하기 때문에 환어음은 신용장 대금의 지급거절(Unpaid) 위험을 증가시키는 원인이 되기도 한다.

표 3. 신용장 종류별 결제조건과 은행의 역할

결제 기간	결제조건의 표시 사례	신용장 종류	수출자 거래은행 역할	환가료* 부담 주체
일람불	· L/C at sight	Sight Payment 지급신용장	즉시 신용장 대금 지급	수입자
기한부	· L/C 90 days from B/L date · L/C 60 days after sight · L/C 30 days from Nego date	Negotiation 매입신용장	선적서류와 환어음 매입 및 매입대금 지급	수출자
		Acceptance 인수신용장	환어음 인수 후 신용장 대금 선지급 또는 만기에 지급	수출자/수입자**
		Deferred Payment 연지급신용장	연지급 확약 후 신용장 대금 선지급 또는 만기에 지급	은행이 선지급하는 경우에 수출자가 이자에 해당하는 할인료 부담

* 환가료는 신용장 발행은행이 신용장 대금을 지급하기까지 걸리는 기간에 대해 매입은행, 인수은행, 연지급 확약은행이 부과하는 이자에 해당한다.
** Usance 기간에 발생한 이자를 Shipper's Usance에서는 수출자가 부담하고 Banker's Usance에서는 수입자가 부담한다.

신용장의 사용 절차

신용장거래에서 선적서류가 수입자에게 인도(Hand-over) 되는 경로는 '수출자 → 매입은행(지급은행, 인수은행 또는 연지급확약은행) → 확인은행(있는 경우) → 신용장 발행은행 → 수입자'이다. 때에 따라서는 매입은행(인수 또는 연지급 은행)을 거치지 않고 곧바로 신용장 발행은행에 서류를 제시할 수도 있다. 수출자로부터 신용장 발행은행까지 각각의 단계별로 선적서류가 전달되는 과정이 모두 서류제시(Presentation)의 과정이므로 각각의 단계가 모두 '일치하는 서류의 제시(Complying presentation)'이어야 한다. 선적서류가 제시되는 여러 경로를 도해하면 그림 3과 같다.

그림 3. 수출자의 선적서류 제시(Presentation)

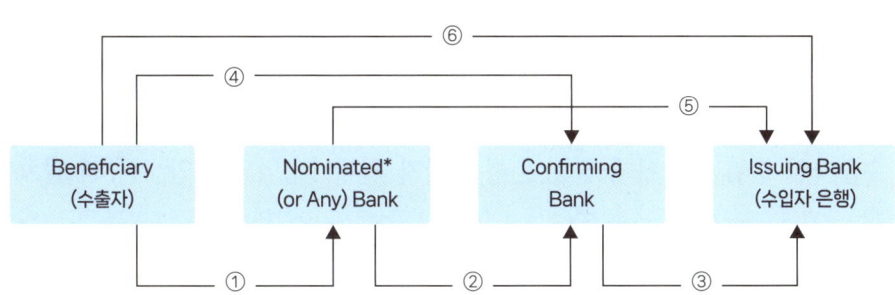

* Nominated Bank(지정은행)는 지급신용장이면 지급은행의 역할을, 매입신용장이면 매입은행, 인수신용장 연지급확약신용장이면 각각 인수은행과 지급확약은행의 역할을 한다.

〈선적서류 제시 경로〉
- 순차적인 경로: [①+②+③]
- 매입은행(지급은행, 인수은행, 연지급은행)을 건너뛰고 확인은행에 제시: [④+③]
- 확인은행이 없는 경우 경로: [①+⑤]
- 발행은행에 직접 제시하는 경로: [⑥]

수출자가 신용장 발행은행에 직접 서류를 제시하는 경로(위 그림 3의 ⑥번 경로)는 설명이 필요하다. 신용장 발행은행은 수입국에 소재하므로 수출자가 신용장 발행은행을 직접 접촉하는 제시는 처음부터 예정되어 있지 않다. 그런데 특정된 지정은행(Nominated Bank)이 자신의 역할을 하지 않는 경우 수출자가 발행은행에 직접 서류를 제시해야 한다.

첫째, 지급신용장(Sight Payment)인데 지급은행으로 특정된 지정은행이 지급하지 않는 경우, 둘째, 인수신용장(Acceptance)인데 인수은행으로 특정된 지정은행이 환어음을 인수하지 않는 경우, 셋째, 연지급신용장(Deferred Payment)인데 연지급을 확약 할 은행으로 특정된 지정은행이 연지급 확약(DPU)을 하지 않는 경우, 넷째, 매입제한이 있는 매입신용장(Negotiation)인데 매입은행으로 지정된(Nominated) 은행이 매입하지 않는 경우 등 네 가지 경우이다. 인수신용장과 연지급신용장에서 지정은행이 각각 환어음 인수와 연지급 확약을 한 후에 환어음의 만기와 신용장 대금 지급기일에 지급하지 않는 경우에도 수출자는 발행은행을 직접 접촉하여 환어음 대금과 신용장 대금을 청구하게 된다.

수출자와 수입자 사이에 있는 은행은 각자 최대 5영업일 동안 서류의 일치를 확인하는 심사를 한다(신용장통일규칙 제14조). 실무 현장에서 은행이 5영업일을 꽉 채워서 서류심사를 하는 경우는 많지 않지만 불일치 서류가 발견되면 심사기간을 최대로 사용하면서 문제 해결에 나서게 된다. 매입은행, 신용장 발행은행 등 선적서류를 제시받은 은행들이 서류심사에 여러 날을 소비하게 되면 수입자가 수입지에서 선적서류를 건네받는 데에 들어간 기간이 화물의 운송기간보다 더 걸리게 될 때에 문제가 심각해진다.

근해 해상운송은 항해일수가 짧기 때문에 은행이 선적서류를 심사하는 동안 물품은 이미 도착항에서 하역을 마치고 화물의 인도를 기다리는 상황이 된다. 부산항에서 일본의 대도시 동경, 오사카, 요코하마로 가는 컨테이너선은 하루나 이틀이면 도착하고 부산항에서 베트남의 하이퐁까지는 4~5일 정도 소요된다. 신용장거래의 선적서류 인도 절차 때문에 도착항에 이미 도착한 화물을 수입자가 수령하지 못하고 물품의 재고비용을 부담하는 결과가 되거나 화물을 판매할 수 있는 기회를 놓칠 가능성이 있다.

신용장거래에서 선적서류의 인도가 지체되어 나타나는 문제는 항공운송에서 더욱 극명하게 나타난다. 항공운송은 세계 어느 지역이든지 이틀이면 화물을 도착지까지 운송을 완료한다. 수출금액 기준으로 우리나라 수출의 약 35%는 비행기로 운송한다.[3] 선적 건수 기준으로 보면 항공운송이 전체 선적의 절반 이상이다. 신용장거래의 선적서류 인도 절차는 항공운송의 신속성과는 잘 어울리지 않는다.

그림 4. 신용장거래의 진행 과정 가상 사례

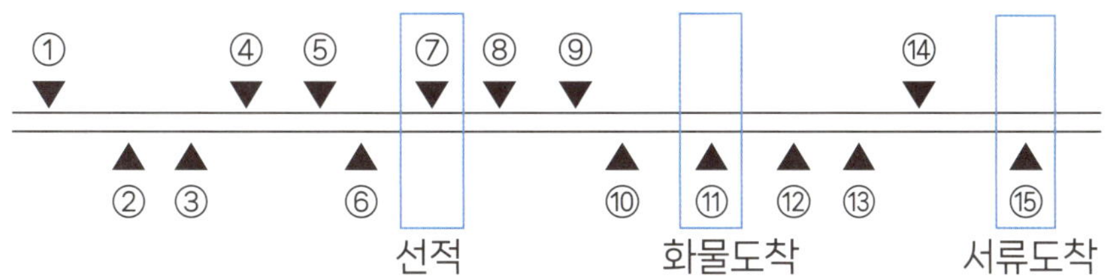

① 수출자와 수입자가 매매계약 체결 (결제조건 L/C at sight)
② 수입자가 자신의 거래은행에 신용장 발행 신청
③ 은행이 신용장을 발행하여 수출자의 은행에 통지
④ 수출자 은행이 수출자에게 신용장이 도착하였다고 통보
⑤ 신용장의 선적일자와 유효기일이 촉박하여 수출자와 수입자는 기간연장을 위한 신용장 조건변경 합의
⑥ 수입자가 조건변경 신청한 대로 변경하고 수출자 은행에 통보
⑦ 수출자가 수출화물을 선적
⑧ 수출자가 선적서류를 모두 챙겨서 은행에 제시하고 매입 신청
⑨ 은행은 선적서류의 하자를 발견하고 발행은행에 Waiver 요청
⑩ 발행은행은 수입자의 Waiver 승낙을 받고 매입은행에 통보
⑪ 매입은행이 선적서류를 심사하는 동안 화물이 도착항에 도착
⑫ 수입자는 B/L 없이 화물을 수령하기 위해 발행은행에 수입화물선취보증서(L/G) 발행을 신청하였고 은행은 L/G를 발행
⑬ 수입자는 운송인의 도착항 대리점에 L/G를 제출하고 화물 수령
⑭ 매입은행은 매입대금을 수출자에게 지급하고 선적서류는 발행은행으로 특송
⑮ 발행은행은 선적서류를 수령하여 수입자에게 인도하고 신용장 대금을 수납한 후 매입은행에 신용장 대금을 송금

신용장의 결제시기를 일람불(Sight)과 기한부(Usance)로 나눈다고 했다. 무역계약서와 신용장에서 표현되는 결제조건은 일람불은 'L/C at sight'로, 기한부는 'L/C 90 days after sight' 또는 'L/C 90 days after B/L date'와 같이 표시된다. 기한부의 결제조건에 포함되는 'days'는 수출자와 수입자가 합의해서 결정한 신용기간이다. 일람불 조건이든 기한부 조건이든 수출자는 선적서류를 은행에 제시하고 곧바로 자금을 받는다고 이미 설명하였다.

한편, 수입자는 일람불 신용장이면 신용장 발행은행에서 선적서류를 찾으면서 즉시 신용장 대금을 은행에 납부한다. 기한부 신용장이면 신용기간이 지난 다음 날에 신용장 대금을 납부한다. 그런데 수출자는 수입자가 신용장 대금을 발행은행에 납부하기 전에 매입은행에 선적서류를 제시하고 자금을 받는다. 이는 선적서류를 제시받은 은행이 수출자에게 매입대금(Negotiation) 또는 선지급금(Prepayment)을 제공한 것이다.

신용장의 사용에는 많은 비용이 든다.

수출자는 신용장 발행은행이 신용장 대금을 아직 보내지 않았는데도 매입대금 또는 선지급금을 받았으므로 이 자금을 받으면서 이자 성격의 환가료를 은행에 납부한다. 단, 수출자와 수입자가 미리 합의해서 수입자가 이자를 부담하기로 하였다면 수출자는 환가료를 부담하지 않는다. 수입자가 신용장을 Banker's Usance로 발행했다는 의미이다.

매입은행이 수출자에게 매입대금을 지급한 날부터 신용장 발행은행이 신용장 대금을 지급한 날까지의 기간을 다음 그림 5로 살펴볼 수 있다.

그림 5. 신용장 결제조건별로 환가료 계산 기간 예시

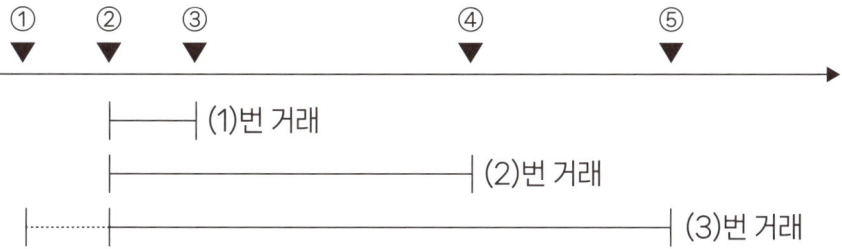

① 선적일(Shipment Date)
② 매입일(Nego Date): 수출자가 선적서류 제시 후 매입대금을 받은 날
③ L/C at sight, 발행은행이 신용장 대금을 매입은행에 보낸 날
④ L/C 60 days after sight, 발행은행이 신용장 대금을 매입은행에 보낸 날
⑤ L/C 90 days after B/L date, 발행은행이 신용장 대금을 매입은행에 보낸 날

  환가료는 '수출금액 x 환가료율 x 신용장 대금 결제기간 일수/360일'의 계산식으로 산출한다. 환가료율은 수출대금이 달러로 결제되는 경우를 기준으로 보면 은행이 달러 대출에 적용하는 기준금리에 일정 수준의 Margin을 가산한 요율이다. 신용장 대금 결제기간은 매입은행이 매입대금을 수출자에게 지급한 날부터 신용장 발행은행이 매입은행에 신용장 대금을 보낸 때까지의 기간을 말한다. 그림 5에서 (1)번 거래는 L/C at sight의 거래를 가정한 것인데 ②번부터 ③번까지의 기간으로 약 10일간의 환가료 기간이 적용된다. 신용장 발행은행이 선적서류를 받는 데에 걸리는 약 10일간의 우편일수가 환가료 기간이 된다. (2)번 거래는 L/C 60 days after sight를 가정한 결제조건인데 ②번부터 ④번까지의 기간이 환가료 기간이다. 신용기간 60일과 선적서류를 보내는 데에 필요한 우편일수 약 10일을 더한 기간이 환가료의 기간이 된다. (3)번 거래는 L/C 90 days after B/L date를 가정한 결제조건이다. 수출자와 수입자가 합의한 신용기간은 ①번부터

⑤번까지인데 결제기간은 ②번부터 ⑤번까지이다. (3)번 거래는 신용장 대금을 지급하는 날짜가 선적일 다음 날부터 90일째 되는 날로 확정이 되어 있으므로 환가료 기간을 산정하는 데에 우편일수는 따로 더하지 않는다.

신용장거래는 복잡한 서류인도 절차와 함께 결제 과정에 드는 비용도 신용장 거래를 기피하게 하는 요소이다. 수입자가 신용장 발행은행에 발행 수수료와 지급보증 수수료를 지급하여야 하고, 수입자의 신용도에 따라 어떤 경우에는 일정한 담보를 은행에 제공해야 한다. 수출자는 매입수수료, 신용장의 내용을 수정할 경우 조건변경 수수료, 하자서류 문제를 해결하기 위해 매입은행과 신용장 발행은행이 SWIFT를 사용한 경우 SWIFT 사용료 등의 비용을 부담한다. 예를 들면, 신용장거래에서 하자서류(Discrepancy)의 제시는 흔하게 발생하는데 신용장 발행은행은 하자 한 건당 U$20에서 U$100의 Penalty Charge를 공제하고 신용장 대금을 매입은행으로 송금한다.

표 4. 신용장거래의 발생 비용

〈수출자가 부담하는 비용〉	〈수입자가 부담하는 비용〉
통지수수료(Advice Commission), 확인수수료(Confirmation Charge), 신용장 양도수수료, 우편료 및 전신료(SWIFT)와 추심수수료, 조건변경 수수료, 수출환어음매입취급수수료, 하자 수수료(Discrepancy Charge)	수입신용장 개설수수료, Term Charge, 인수수수료(Acceptance Commission), 조건 변경 수수료(Amend Charge), 우편료, 전신료(SWIFT), Corres Charge, L/G 발급수수료, L/G 보증료, 수입업무 대체료

자료: 은행회계 해설 (2018년)

환가료는 수출자가 수출을 이행하고 선적서류를 매입은행에 제시(Presentation)하면서 받는 자금에 대한 이자에 해당한다고 보기 때문에 신용장 결제와 관련된 수수료 비용은 아니다. 그러나 수출자가 하자서류를 제시하여 하자 Nego를 한 경우에는 환가료 요율에 2%p 내외의 할증 요율이 부가된다. 하자 Nego에 의해 추가된 환가료는 수출자의 부담을 가중하는 비용에 해당한다. 실제로 설문조사를 한 결과를 보면 중소 수출자들은 무역현장에서 신용장거래를 축소하고 송금방식으로 결제방법을 전환한 이유로 신용장거래의 복잡한 절차와 비용부담을 꼽았다.[4]

이처럼 복잡하고 비용부담이 큰 신용장거래를 누가 왜 할까? 신용장을 결제방법으로 선택하는 무역거래의 유형을 정리하기는 쉽지 않다. 다만, 수출실무 현장에서 관찰한 몇 가지 사례를 들어서 신용장거래의 유형을 몇 가지 살펴보자.

첫째, 소액의 수출금액이면서 우리나라와 교역규모가 크지 않은 국가로 수출되는 거래에서 수출자는 신용장을 결제방법으로 선택한다. 특히 이와 같은 거래가 첫 거래이면 수출자는 더욱더 신용장 거래를 선호한다. 둘째, 특정 국가의 수입자에 대해서는 수출자가 관행적으로 신용장 결제를 고수하는 경우이다. 수출자가 어떤 국가의 법체계나 사회 저변의 신용도가 미비하다고 의심하는 경우 해당 국가의 수입자에 대해서는 신용장 결제방법을 고수하게 된다.

셋째, 수출자가 수입자의 전략적인 공급자이고 수입자의 신용이 양호한 경우 수입자는 수출자의 무역금융 사용을 지원하기 위해 신용장으로 결제한다. 수입자가 양호한 신용을 바탕으로 낮은 보증수수료를 부담하고 신용장을 발행할 수 있다면 수출자는 그 신용장을 근거로 선적전 무역금융을 좀 더 쉽게 사용할 수 있다. 넷째, 외환이 부족한 국가에서 외환 사용을 통제할 목적으로 신용장 발행은행을 지정해서 수입을 전부 신용장으로 결제하는 경우에 신용장 거래가 발생한다. 이란과 쿠바가 한 때 외환 사용을 통제하기 위해 신용장으로 수입거래를 제한하였다. 네팔은 현재 수입대금 U$35,000 이상의 수입거래는 반드시 신용장으로 결제해야 하는 법규를 유지하고 있다.

수출자가 신용장을 결제방법으로 선택하는 목적은 수출대금 결제의 안전성을 확보하기 위해서다. 그렇다면 수출자는 신용장을 결제방법으로 선택하는 대신 간편한 사후송금방식(O/A)을 선택하고 수출대금 미결제 위험은 무역보험공사의 단기수출보험에 가입하면 신용장거래와 비슷한 수준의 안전성을 확보할 수 있다. 사후송금방식은 수입자에게 편의를 제공하는 결제방식이므로 수출자는 반대급부로 마진을 높이거나 추가거래의 기회를 붙잡을 수 있다.

제3절
추심 결제방법

D/A(Document against Acceptance) 거래를 인수인도조건 또는 인수도조건이라고 한다. 인수인도조건은 수입자가 수입지 은행에서 환어음을 '인수'하면 도착항에서 물품을 찾는 데에 필요한 선적서류를 '인도'하는 방식의 결제방법을 의미한다. '인수인도조건' 또는 '인수도조건'은 무역실무 교과목이나 학술자료에서 쉽게 찾아볼 수 있지만 무역실무 현장에서 사용하는 Jargon은 'D/A'이다. 'Document against Acceptance'도 '인수인도'의 의미를 담고 있다. 즉 수입자가 환어음을 'Acceptance(인수)'하면 수출화물을 찾는 데에 필요한 'Document'를 수입자에게 인도한다.

D/A 결제방법을 추심방식(Receivables to be collected)의 결제조건이라고 한다. 수출자가 은행을 통해서 수출대금에 해당하는 환어음을 보내고 수입자는 환어음을 인수한 후에 일정한 신용기간이 지나면 환어음 대금을 지급하는 방법으로 결제가 이루어지는 절차를 보면 수출자가 은행의 채권추심 과정을 거쳐서 수출대금을 회수하기 때문에 추심방식이라고 한다. '추심'의 의미는 '가서 가져온다'의 의미인데 수출자가 수입자에게 가서 수출대금을 받아온다는 의미의 추심이 아니고 은행 채널을 통해서 환어음을 대신 보내서 환어음 대금을 은행 채널을 통해서 받아 내는 과정을 '추심'으로 해석할 수 있다.

그림 6. D/A 거래의 추심(Receivables to be collected) 절차

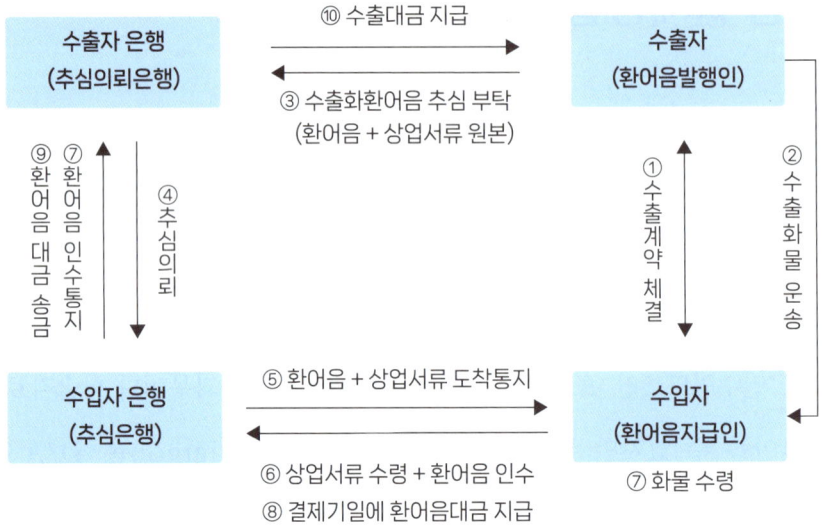

무역계약에서 D/A 거래의 결제조건은 'D/A 60 days after sight', 'D/A 90 days after B/L date' 등과 같이 결제방법 'D/A'와 신용기간을 나타내는 '60 days after sight'와 같은 표현이 결합하여 수출계약서에 'Payment Terms' 또는 'Payment Conditions' 항목에 표시된다.

수출자는 상업송장, 포장명세서, 선하증권 등 상업서류(Commercial Documents)와 환어음(Bill of Exchange)을 함께 거래은행에 제출하면서 추심을 부탁한다. 선하증권은 대개 세 통이 발행되는데 이 세 통 전부를 은행에 제출해야 한다.

선하증권 세 통 전부를 포함한 상업서류가 환어음과 함께 은행에 제출되었다는 것은 물품의 권리가 환어음에 결합된 상태라고 할 수 있는데 이러한 환어음을 화환어음(Documentary Bill of Exchange)이라고 한다. 수입자는 도착지에서 물품을 운송인으로부터 받기 위해서는 선하증권 원본이 있어야 하는데 선하증권을 받기 위해서는 도착지 은행에 선하증권과 함께 온 환어음을 인수하여야 한다. 수입자는 환어음을 인수하면, 다시 말해 환어음에 서명을 하면 곧바로 환어음 대금의 수취인(Payee), 즉 환어음 대금을 받을 권리가 있는 추심의뢰은행의 어음 채무자가 된다.

수입자를 추심의뢰은행의 어음 채무자로 전환해서 수출대금을 더욱 효과적으로 받을 목적으로 D/A 결제방법이 사용된다. 수취인은 수출자가 아니므로 어음 채무자인 수입자는 물품의 품질불량과 같은 Claim을 이유로 환어음 대금의 지급을 거절할 수 없다. D/A는 결제방법의 구조와 이론으로만 본다면 꽤 안전한 결제방법이라고 할 수 있지 않은가?!

수출자가 은행에 추심을 부탁하면서 선하증권 원본 한 통을 빼서 수입자에게 직접 보냈다면 수입자는 굳이 환어음을 인수(그림 6의 ⑥번 절차) 하지 않고도 화물을 수령할 수 있게 된다. 추심의 목적은 수입자로 하여금 환어음에 인수(Acceptance)를 하게 하여 수출대금 회수를 더욱 확실하게 하자는 목적인데 운송서류 원본을 추심은행을 거치지 않고 수입자에게 직접 보내면 이 목적을 실현할 수 없다. 실무 현장에서는 수입자 편의를 위해 수출자가 수입자에게 선하증권 원본 한 통을 직접 보내는 관행이 많은 편이다.

수입자의 편의를 위해 운송서류를 선하증권이 아닌 해상화물운송장(Sea Waybill)이나 권리포기선하증권(Surrendered B/L)을 사용하면 역시 추심의 목적을 실현할 수 없다. 해상화물운송장이나 권리포기선하증권을 운송서류로 사용하는 경우에는 도착지에서 원본 운송서류가 없더라도 수하인의 Identity만 확인되면 수입자는 화물을 찾을 수 있기 때문에 환어음을 굳이 인수할 필요가 없다. 환어음 추심의 목적이 실현될 수 없는 결과가 된다.

수입국 추심은행에 도착한 상업서류와 환어음을 수입자가 확인하고 환어음의 뒷면에 날짜를 적고 서명한 후에, 다시 말해 환어음을 인수한 후에 환어음은 추심은행에 돌려주고 상업서류는 받아서 도착항에 있는 운송인의 대리인으로부터 화물을 수령한다. 추심은행은 수입자가 환어음을 인수했다는 통지(Acceptance Advice)를 추심의뢰은행에 보낸다. 환어음 만기에 수입자가 환어음 대금을 결제하면 추심은행은 U$100 안팎의 추심 수수료를 공제하고 추심의뢰은행에 송금한다. 추심의뢰은행이 어음대금 송금액을 수출자에게 수출대금으로 지급하면 D/A 거래의 한 사이클이 완결된다.

D/A 거래에서 수입자가 환어음 대금을 결제하는 결제기일(Due Date)은 어떻게 산출할까? '90 days after B/L date'에서 'B/L date'와 같이 신용기간 계산의 기준이 되는 날짜가 확정된 경우에는 수출대금 결제기일을 미리 확정하기가 쉽다. B/L date, 즉 화물을 선적하고 선하증권을 발행한 날에 90일을 더한 날짜가 결제기일이다. 그러나 'after sight'는 수입자가 환어음을 '보고(at sight) 나서 인수한 날'이 신용기간 계산의 기준일이 되는데 수입자가 실제로 환어음에 서명하고 인수할 날은 환어음 인수전까지는 알 수 없다. 그래서 서류를 보내는 데에 소요되는 10일간을 더해서 임시로 결제기일을 추정하고 추심은행으로부터 환어음 인수통지(Acceptance Advice)가 도달하면 그때 결제기일을 확정한다.

D/A 거래에서 추심의뢰은행과 추심은행은 국제상업회의소가 만든 '추심에 관한 통일규칙(Uniform Rules for Collections 522, URC 522)을 기준으로 추심 업무를 한다. URC 522는 추심 과정에 추심의뢰은행과 추심은행이 따라야 하는 절차적인 규칙을 나열하고 있을 뿐이며 수출대금 결제에 어떤 책임도 규정하고 있지 않다. D/A 거래에서 추심의뢰은행과 추심은행은 수입자의 환어음 대금 미결제에 어떤 책임도 없다.

D/P(Document against Payment) 거래도 추심방식의 결제방법이며 D/A와 동일하게 환어음이 발행된다. D/P 거래에서는 수입자가 환어음 대금을 지급하면 상업서류를 수입자에게 인도하는 결제방법이다. D/P 거래의 구조상 대금결제 조건은 'D/P at sight'가 원칙이다. 즉 화환어음이 추심은행에 도착하면 수입자는 곧바로 환어음 대금을 지급하고 상업서류를 수령한다. 그러나 화물을 운송하는

선박의 항해 기간이 오래 걸리는 경우에는 수입자는 무역대금을 지급하고 화물이 도착하도록 화물을 수령하지 못하고 기다려야 하는 단점이 있다. 이에 D/P 거래에서 'D/P 30 days after B/L date'와 같이 신용기간을 추가하는 사례가 가끔 있다. 화환어음이 추심은행에 도착하더라도 화물이 목적지에 도착할 때까지 신용기간 동안 지급을 지연시킬 수 있다. 실무 현실에서 이처럼 D/P 거래에서 신용기간을 추가하는 사례는 전체 D/P 거래의 10% 이내의 극히 일부분에 불과하다.

D/A 거래에서 수입자가 환어음의 인수를 거절하거나 D/P 거래에서 환어음 대금의 지급을 거절하면 수출자는 선적한 상품을 수입국의 제3자에게 매각하거나 국내로 다시 들여와야 한다.

제4절
송금방식의 결제방법

| O/A(Open Account)

O/A는 국내 거래에서 판매자와 구매자가 외상으로 거래를 한 후에 외상기간, 즉 신용기간이 끝나면 은행 계좌로 물품대금을 보내고 받는 결제방법과 동일하다. Open Account의 의미는 'an account which remains to be paid'라고 정의할 수 있는데 결제방법의 명칭 'Open Account' 자체가 '외상' 거래를 의미한다.

수출자가 수출물품을 선적한 후에 상업송장(Commercial Invoice), 포장명세서(Packing List), 운송서류(Transport Document), 원산지증명서(Certificate of Origin), 보험서류(Insurance Document) 등 상업서류를 은행을 거치지 않고 수입자에게 직접 보낸다. 상업서류를 받은 수입자는 운송인으로부터 물품을 인수하여 사용 또는 판매하고 결제기일에 수출자의 은행 계좌에 무역대금을 전신송금(Telegraphic Transfer) 하면 하나의 거래가 완결된다. 무역실무 현장에서는 O/A를 T/T로 부르는 이유가 이 전신송금에서 왔다. 정확하게는 T/T는 대금을 보내는 수단을 의미한다. 수출대금의 결제방법으로서 T/T는 정확한 표현은 아니다. 무역실무 현장에서 일상적으로 원칙과 변칙이 뒤섞여 있는 한 사례이다.

O/A 결제방법은 결제 과정에 은행이 개입하지 않기 때문에 수출자와 수입자에게 동일하게 매우 간편하고 U$30 내외의 송금수수료 외에는 어떤 비용도 발생하지 않는다. 그러나 수입자가 수출채권 자체를 부인하며 대금결제를 거절할 경

우 D/A에서 사용하는 환어음과 같은 채무의 증빙서류가 없으므로 수출자에게 채권 회수에 어려움이 가중된다는 단점이 있다. 또한 결제 절차를 규정하는 국제규칙이 없으므로 무역대금 분쟁이 발생하면 처리 기준이 불명확하다는 단점도 있다. 이러한 단점에도 불구하고 우리나라 수출과 수입의 절반 정도가 O/A의 결제 방법으로 거래가 이루어지고 있다.

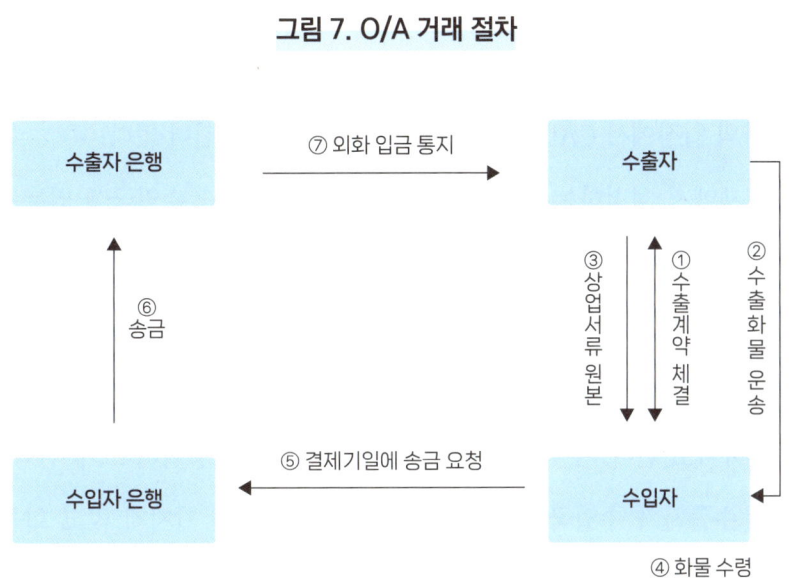

그림 7. O/A 거래 절차

CAD(Cash against Document), COD(Cash on Delivery)

서류상환 결제방식이라고 하는 CAD와 물품인도 결제방식이라고 하는 COD는 동시결제방식(Concurrent Payment)으로 분류한다. 수출자의 서류인도 또는 물품인도와 동시에 수출대금의 결제가 이루어진다는 의미에서 동시결제이다. 그러나 국경간 무역거래에서 물리적으로 동시결제는 있을 수 없다.

CAD는 수출자가 선적서류를 수입자에게 송부하거나 수출지에 있는 수입자의 지사나 대리인에게 선적서류를 인도하고 송금방식으로 즉시 결제를 받는 거래형태이다. 실무 현장에서는 수출지에 있는 수입자의 지사나 대리인에게 선적서류를 인도하는 경우는 찾기 힘들다.

실무에서 CAD는 수출자가 선적서류 사본을 수입자에게 이메일로 보내면 수입자가 대금을 입금하고, 수출자는 입금을 확인하고 선적서류 원본을 수입자에게 송부하는 절차로 거래가 이루어진다. 대부분의 무역실무 교재는 CAD 거래의 과정을 도해하면서 선적서류가 수출지에 있는 수입자의 지사나 대리인에게 인도되는 것으로 설명하고 있으나 무역 현장에서는 이런 유형의 CAD는 찾아보기 어렵다. 수출자의 입장에서 CAD는 수출대금 미회수 위험이 전혀 없다.

대학 교재에서 설명하는 COD의 결제방법은 수출자가 수입국에 있는 수출자의 지사나 대리인에게 선적서류 보내고 그 지사나 대리인이 화물을 통관한 후에 수입자에게 화물을 인도하고 수출대금을 수령한다. 중소 수출기업은 수입국에 지사나 대리인을 둘 여건이 아니므로 수입국의 Forwarder가 수출자의 대리인 역할을 수행하기도 한다. 무역실무 현장에서는 COD 결제방법이 크게 변형되어서 발생한다. 수출자가 수입국의 대리인이나 Forwarder를 거치지 않고 화물과 원본 선적서류를 수입자에게 직접 보내고 수입자가 화물을 수령한 후에 즉시 수출대금을 송금방식으로 결제하는 절차로 거래가 이루어진다. 이런 형태의 COD는 신용기간이 없는 O/A의 거래라고 할 수 있다. COD의 수출대금 미회수 위험은 O/A와 동일하다.

종종 실무 현장에서 CAD와 COD 결제방법에 'CAD 30 days after sight', 'COD 30 days after sight'와 같이 신용기간이 추가되는 경우가 있으나 CAD와 COD의 거래 구조상 이 신용기간은 의미가 없다. CAD와 COD에서는 신용이 발생하지 않는다.

NET

　NET 거래는 수출자가 수입국의 창고에 물품을 재고로 가지고 있다가 수입자의 주문이 있으면 물품을 수입자에게 인도하고 일정한 신용기간 후에 수출대금을 은행 계좌로 송금 받는 거래를 말한다. NET거래는 1990년대 말에 우리나라의 유력 전자제품 제조업체가 해외 현지에 재고를 쌓아두고 수입자의 수요에 즉시 공급하는 방법으로 시장경쟁에 나서면서 우리나라에 도입된 결제방법이다. 우리나라 수출기업의 Global 수준이 심화하면서 사용되기 시작한 결제방법이다.

　수출실무 현장에서는 절차마다 변칙적인 업무처리가 많은데 NET 결제방식의 거래에서도 그렇다. 국내에서 선적된 거래로서 일정한 신용기간이 지난 후에 수출대금을 결제 받는 거래의 무역계약서에 결제조건을 'NET'으로 부정확하게 표시하는 경우가 많다.

그림 8. NET 거래의 도해

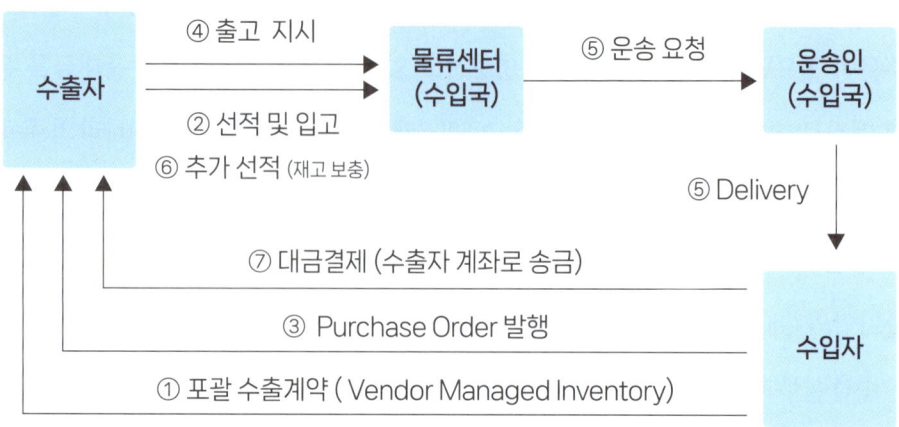

① 수출자와 수입자 사이에 VMI 방식의 포괄적인 수출계약 체결
- Vendor Managed Inventory(VMI)는 수입지 창고의 재고량을 주기적으로 관리하며 수입자의 물품 조달에 필요한 Lead Time을 최소화하는 방법

② 수출자는 수출화물을 선적하여 수입지의 창고에 보관

③ 수입자는 화물이 필요한 때에 Purchase Order(P/O, 주문서)를 발행하여 수출자에게 보내서 주문하고 결제조건은 아래와 같이 표시한다.

- 결제조건 표시 예): NET 30 days after invoice date
  NET 60 days after delivery date

④ 수출자는 창고에 물품 출고를 지시

⑤ 창고 관리자는 물품을 출고하고 운송인에게 운송을 요청해서 물품을 인도

⑥ 수입지 창고에 재고가 일정 수준 이하로 떨어지면 수출자는 화물을 추가로 선적하여 재고를 보충

⑦ 수입자가 수출자의 은행 계좌로 송금하여 결제 완료 (신용카드 대금의 결제처럼 일정 기간의 Delivery 분량을 모아서 정기적으로 일괄 결제)

제5절
결제방법의 구성

물품을 선적하기 전에 수입자가 무역대금을 먼저 결제하는 사전결제 방법(Cash in Advance, CIA)은 우리나라 전체 수출의 약 15% 정도 된다. 어떤 거래는 전부 선수금을 받고 선적하고 어떤 거래는 일부분을 선수금으로 받고 나머지를 다른 결제조건으로 받기도 할 텐데, 우리나라 전체 수출을 놓고 보면 약 15% 정도가 사전결제 방법으로 결제된다.

IMF가 2009년에 무역금융을 공급하는 전 세계 주요 상업은행을 조사하여 추정한 선수금 결제의 비중은 19~22% 정도이다.[5] IMF가 조사한 시기는 세계적인 투자은행 Leman Brothers, 세계 최대 자동차 기업 GM, 손해보험회사 AIG 등이 파산하거나 파산 직전까지 내몰리던 때이었기 때문에 무역거래에서 신용이 축소되던 시기였다. 따라서 정상적인 상황을 고려한다면 선수금 결제의 비중은 19~22%보다는 낮은 수준이라고 할 수 있다.

해외건설공사나 플랜트와 같은 자본재 수출에서는 선수금 결제가 반드시 포함되는데 이때 선수금 비율은 15%가 평균적인 수준이고 표준이라고 할 수 있다. 이런 여러 사정을 보면 수출거래에서 선수금 비중은 15% 정도라고 추정한다.

동시결제방법(COD, CAD)으로 수출은 10% 정도, 수입은 7% 정도 된다. 무역거래에서 전통적인 결제방법이라고 할 수 있는 추심방식과 신용장방식의 결제 비중은 다른 결제방법에 비해 낮다.

표 5. 우리나라 무역의 결제방법 구성 (2022년)

결제 방법	사전결제	동시결제	사후결제			위탁판매 무상거래	합계
	CIA	CAD COD	추심 (D/A · D/P)	신용장	O/A (T/T)		
수출	15.0%	10.4%	8.5%	6.8%	48.9%	10.4%	100%
수입	15.0%	7.2%	2.0%	12.2%	54.8%	8.8%	100%

자료: 한국무역통계진흥원(사전결제 비중은 저자 추정)

추심결제방법 가운데 D/P로 결제되는 수출과 수입은 각각 0.3%와 0.2%에 불과하다. 국제무역에서 D/P는 소멸하는 결제방법이다. D/A 방식으로 결제되는 거래 역시 크게 감소한 가운데 어떤 거래가 D/A의 결제방법으로 이루어지고 있을까? 신용기간이 있는 무신용장의 거래는 D/A 또는 O/A의 결제방법을 선택해야 하는데 D/A의 결제구조가 안전하다고 믿는 수출자는 D/A로 무역계약을 한다. D/A와 O/A의 거래구조만을 비교해 보면 D/A가 O/A보다 안전한 결제방법이다. D/A가 O/A보다 실제로 안전하다고 할 수는 없지만 이론적으로는 그렇다. 그리고 과거부터 사용하던 결제방법이 D/A이었기 때문에 관행으로 D/A 거래를 고수하는 경우도 있다.

우리나라 굴지의 대기업 중 일부는 본사가 해외지사로 수출하는 본지사 거래를 D/A의 결제방법으로 한다. 은행이 대기업의 본지사 거래에 선적후 무역금융을 제공할 때 D/A 거래를 추심전 매입(Bills Purchased)[6]의 방법으로 하면 쉽고 간편하게 업무를 처리할 수 있는 장점이 있다. D/A로 결제되는 비중에 있어서 수출이 수입에 비해 훨씬 더 많은데 이 차이는 바로 이들 대기업의 본지사간 D/A 거래 때문이 아닌가 하고 추정한다.

SWIFT Message의 통계를 바탕으로 전 세계의 추심방식 결제 비중을 보면 약

1%에 불과하다. 우리나라는 전 세계 10대 수출국 가운데 추심방식을 이용하는 비중이 타 국가에 비해 독보적으로 높은 편이다. 그에 비해 수입은 10대 수입국 가운데 추심방식을 이용하는 비중이 가장 낮은 국가 그룹에 속해 있다.[7]

신용장방식에서는 수출보다는 수입에서 사용 비중이 더 높다. 이런 차이는 우리나라가 신용장방식의 수출을 선호하는 중국과 일본에서 수입을 많이 하기 때문이다. 중국은 수출신용장을 많이 받은 국가 순위 1위이고 일본은 5위이다.[8] 우리나라가 중국으로 수출하는 거래에서 신용장으로 결제된 비중이 7.8%이지만 수입 거래에서 신용장으로 결제한 비중은 10.2%이다. 우리가 일본으로 수출하는 거래에서 신용장으로 결제된 비중이 4.2%인데 일본에서 수입한 거래의 결제에서 신용장이 차지한 비중은 무려 15%에 이른다(2022년, 한국무역통계진흥원).

우리나라의 무역결제에서 사후송금방식(O/A)은 수출과 수입에서 50% 내외로 절대적인 비중을 차지하고 있다. 추심방식과 신용장방식의 결제 비중은 꾸준히 감소하고 있지만 사후송금방식의 비중은 그동안 지속해서 증가하여 50% 안팎에 이르러서 최근 5~6년 사이에는 큰 변화 없이 현재의 수준이 유지되고 있다.

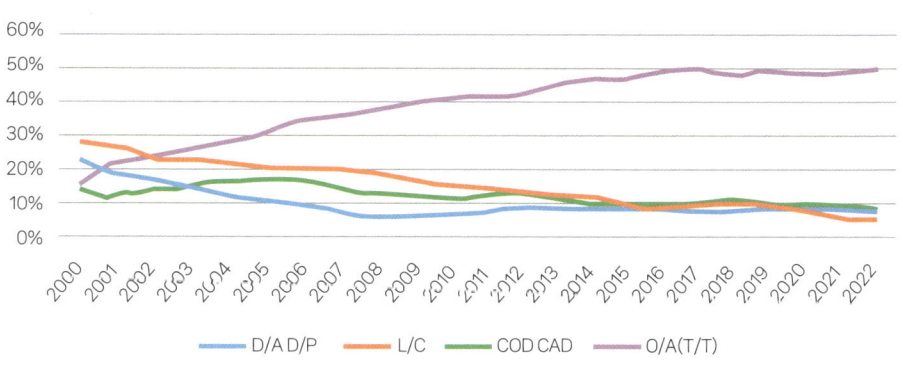

그림 9. 결제방법의 변화 추이(수출)

자료: 한국무역통계진흥원

사후송금방식의 비중이 이렇게 높아진 데에는 우리나라 기업의 세계화(Globalization) 심화와 인터넷에 기반을 둔 정보통신기술(ICT)의 발달이 원인이라고 할 수 있다. 과거에는 수출자가 특정 상품 또는 지역, 특정 거래선에 대한 정보를 독점하면서 상당한 기간 초과이윤을 거둘 수 있었다. 그렇지만 세계화와 인터넷에 의해 전 세계가 단일시장(One single market)이 되고 각 분야의 세계 경쟁자 사이에 모든 정보가 공유되면서 초과이윤의 기회는 사라지고 기본적이 경쟁요소인 가격과 품질, 인도(Delivery) 세 요소만으로는 더 이상 경쟁우위를 가지기 어려운 상황에 이르게 되었다.

이에 수출자는 수입자에게 재정적 편의는 물론 결제 절차도 단순한 결제방법을 제공하고, 여기에 더하여 신용기간도 자유로이 제공할 수 있는 결제방법을 제시하는 경쟁 양상을 보이게 되었다. 수출자들이 결제조건을 경쟁요소로 사용하면서 수입자가 가장 선호하는 결제방법인 사후송금방식의 비중이 매년 크게 증가하고 있는 것으로 보인다.

세계화의 진전에 의해 우리나라 기업도 해외 직접투자를 확대하였기 때문에 기업내무역(Intra-firm Trade)의 비중도 증가하고 있다. 기업내무역에 의한 수출대금은 본지사간 거래이므로 결제 절차가 가장 간편하고 결제 과정에 소요되는 비용이 거의 없는 사후송금방식을 주로 사용한다. 한 연구 자료에 의하면 우리나라 총수출의 30% 이상을 기업내무역이 차지한다.[9] 세계화가 촉진한 해외 직접투자의 확대에 의해 사후송금방식의 결제 비중은 더욱 높아지고 전통적인 결제방법인 추심방식과 신용장방식은 상대적으로 비중이 점차 축소되고 있다.

제6절
결제방법의 선택

　사전결제 방식으로 수출대금을 받으면 수출자는 정말 좋겠지?! 수출도 하기 전에 돈부터 받는 결제방법, 즉 사전결제(Cash in Advance, CIA) 방식으로 수출하면 수출기업에는 너무나 좋다. 사전결제 방법의 수출거래에서는 수출자가 물품을 선적하기 전에 수입자가 수출대금의 전부 또는 일부를 먼저 결제한다. 수출금액이 수천 달러 정도 되는 소규모 거래에서는 거래금액이 전부 선수금으로 결제되는 경우를 흔히 볼 수 있으나 일반적인 거래 규모에서는 사전결제가 그리 흔한 결제방법은 아니다. 사전결제 방법을 실무에서는 선수금 결제라고 하며 영어 표현으로 Advance Payment(AP) 또는 Prepayment라고 한다. IMF와 국제상업회의소(ICC)에서 발간하는 보고서에는 선수금 결제를 Cash in Advance(CIA)로 표현한다. 이 책에서는 IMF와 국제상업회의소의 사용 예를 따라서 Cash in advance(CIA)로 표현한다.

　무역거래에서 결제조건의 결정은 대개 수입자가 주도한다. 수출자가 어떤 물품에 독특한 특허를 가지고 있거나 Brand Power, 또는 경쟁력이 있는 가격에 의해 일정한 시장 지배력이 있지 않는 이상 거래의 주도권은 수입자가 갖기 때문에 무역계약서의 결제조건은 수입자의 편의 측면에서 결정된다.

　그러나 수입자가 제안한 결제조건을 그대로 받을 것인지는 최종적으로 수출자의 의사에 달려 있다. 수입자가 제안한 결제조건을 수출자가 수용할지 여부는 결제의 안전성, 무역금융의 조달 가능성, 결제 절차의 편리성과 비용, 그리고 수입자와 추가적인 사업 가능성을 평가한 후에 결정한다.

표6. 결제방법 선택을 위한 고려 요소

결제방법 평가요소	유리 ←　　　수출자의 시각에서 평가　　　→ 불리					
결제의 안전성	CIA	L/C	CAD	D/P	COD	D/A O/A
무역금융 조달	CIA	L/C	D/P	CAD COD		D/A	O/A
결제의 간편성 및 비용	CIA O/A		CAD COD		D/A D/P	L/C
추가 사업기회	O/A	D/A	CAD COD	D/P	L/C	CIA

* NET 결제방법은 모든 평가요소에서 O/A와 동일

　　결제의 안전성은 정해진 기한 안에 수출자가 수입자로부터 수출대금을 전부 받게 되는 것을 말한다. 수출자가 바다 건너 해외의 수입자와 수출계약을 체결하면서 받는 가장 큰 스트레스는 결제의 안전성이다. 이론의 여지가 없이 사전결제 방식(CIA)이 가장 안전한 결제방법이다. 결제의 안전성 측면에서 사전결제 방식은 수출자에게 가장 유리한 결제방법이다. 그에 비해 D/A와 O/A는 결제의 안전성 면에서 수출자에게 가장 불리한 방법이다.

　　수출자로서는 수출계약을 체결하고 수출화물을 제조하거나 가공하기 위해 운전자본(Working Capital)이 필요하다. 수출화물 준비에 필요한 자금을 금융기관으로부터 빌리는 자금을 '선적전 무역금융'이라고 한다.

　　이 선적전 무역금융은 수출화물을 선적하면 곧바로 상환해야 한다. 그러나 D/A나 O/A처럼 일정한 외상기간이 있는 결제방법에서는 수출자가 수출화물을 선적하더라도 수입자의 결제 대금은 외상기간이 끝나는 때에 지급되므로 선적전 무역금융을 수입자의 결제 대금으로 곧바로 상환할 수 없다. 무역금융 조달 측면에서 보면 D/A나 O/A는 매우 불리한 결제방법이다. 그에 비해 선수금방식은 수입자가 결제한 자금으로 수출화물을 생산하거나 구매할 수 있기 때문에 무역금융 조달 측면에서도 가장 유리한 결제방법이다.

결제의 간편성과 비용 역시 수출자가 고려하는 요소이다. 수출자와 수입자가 수출대금을 주고받는 과정에 은행이 개입한다든지 선적서류의 형식과 내용의 정확성을 까다롭게 요구한다면 그 결제방법은 수출자에게 불리한 결제방법이다. 또한 어떤 결제방법에서는 수출대금을 결제하는 절차가 오래 걸리고 비용이 많이 든다면 그 결제방법 역시 수출자에게 불리한 결제방법이다. 신용장거래의 특성을 결제의 간편성과 비용 측면에 비춰보면 신용장방식은 수출자에게 최악의 결제방법이다. 선수금방식은 결제의 간편성 측면에서도 수출자에게 최선의 결제방법이다. O/A는 외상기간이 있기 때문에 결제의 안전성 면에서는 수출자에게 가장 불리한 결제방법이지만 선적서류를 은행에서 심사하는 과정도 없고 대금결제는 만기에 은행의 전신송금으로 간단하게 결제되기 때문에 결제의 절차나 비용 측면에서 선수금과 동일하게 수출자에게 유리한 결제방법이다. D/P와 D/A는 환어음이 발행되고 은행 채널을 통해서 수입자에게 선적서류가 전달되는 과정을 고려해 보면 O/A에 비해서 크게 불편하고 CAD, COD에 비해서도 분명히 수출자에게 불리한 부분이 있다.

수출대금 결제방법을 선택하는 데에 있어서 고려되는 '추가 사업기회'는 무역계약에서 수입자에게 편의를 최대한으로 제공하는 결제방법을 수출자가 수용하면서 추가 사업기회를 기대하는 것을 의미한다. 수출자에게 유리한 결제방법은 수입자에게는 불리하다. 수출자가 자신에게 유리한 결제방법을 주장하면서, 다시 말해서 수입자에게 불편을 끼치면서 수출거래가 계속 이어지기를 기대하기는 어렵다.

국제무역에서 가격과 품질, 인도(Delivery)는 당연한 경쟁요소이고 모든 기업이 사활을 걸고 경쟁우위를 차지하기 위해 노력한다. 여기에 더해서 결제조건이 새로운 경쟁요소로 추가되면서 수출자는 수입자에게 가장 유리한 결제조건으로 시장을 개척하고 유지하며 확대하고 있다. 이런 면에서 선수금은 수출자에게 가장 불리한 결제방법이고 O/A는 가장 유리한 방법이다. D/A도 O/A처럼 수입자에게 신용기간을 허용하고 있지만 D/A 거래에서 수입자는 은행을 방문하여 환어음을 인수(Acceptance)하고 선적서류를 받아야 하므로 수입자에게 불편을 끼치는 요소가 있다. 수입자가 환어음을 인수하고 환어음의 만기에 어음대금을 지급하지 않는다면 거래은행이 수입자의 신용상태에 의문을 가질 수 있는 힌트를 주게 된다는 점도 수입자에게는 불편한 결제방법이라고 할 수 있다.

수출자가 수출대금의 결제방법을 선택하는 데에 있어서 모든 경우에 최선인 결제방법은 없다. 수출자는 위의 결제방법 평가요소 네 가지를 종합적으로 고려해서 최적의 결제방법을 선택한다. 수출거래를 단기수출보험에 가입하면 '안전성'의 제약요소를 제거할 수 있으므로 최적 결제방법의 선택은 보다 쉬워진다. 단기수출보험으로 안전성이 확보된 수출은 은행에서 수출채권 매입거래[10]를 하는 데에도 유리하기 때문에 무역금융 조달 요소의 제약도 완화할 수 있다. 수출자가 결제방법 선택에 있어서 단기수출보험 가입을 고려하면 의사결정이 훨씬 쉬워진다.

제7절
국제무역에서 환어음과 수표의 사용

환어음의 기원과 발달

환어음은 중세 시대(AD 10세기 ~ 18세기)의 중반에 무역거래에서 처음으로 사용되기 시작하였다. 무역이 대상(Caravan)에 의해 이루어지던 시기에는 대상이 물품을 들고 이동하면서 팔거나 새로운 물품으로 교환하던 방식이므로 무역대금 결제는 거래 현장에서 이루어졌다.

중세 시대의 중반기에 이르러서 해양 무역이 등장하면서 대상에 의한 국제무역이 소멸하고 수출자와 수입자가 자기 거주지에 그대로 머무르면서 거래하는 정주무역(Sedentary Trade)으로 변화하였다. 국제무역의 형태가 바뀌면서 유럽 안에서 해외 현지의 네트워크에 의존한 국제무역이 대세를 이루어 갔다. 유럽의 정주무역이 북유럽에서는 한자동맹(Hanseatic League)에 의해, 남유럽에서는 이탈리아 상인들에 의해 활발하게 이루어졌다. 외국 현지에 있는 네트워크는 외국에서 수출자를 위해 필요한 업무를 봐주는 Agent 역할을 하였다. 이런 정주무역의 환경에서 환어음이 사용되기 시작하였다.[11]

환어음이 국제무역에서 사용되기 시작한 초기에는 이탈리아 상인들의 네트워그 안에서 배타적으로 사용되었다. 다음의 그림 10은 1399-1400년도 사이에 이탈리아의 피렌체 상인들 사이에 있었던 무역거래에서 환어음을 사용한 거래의 구조를 보여주고 있다. 이 구조를 보면 환어음은 선적전 무역금융을 위한 채무증서의 기능을 가지고 있으면서 수출대금을 추심하는 도구로 사용되고 있다.

그림 10. 중세 시대 환어음 거래 구조

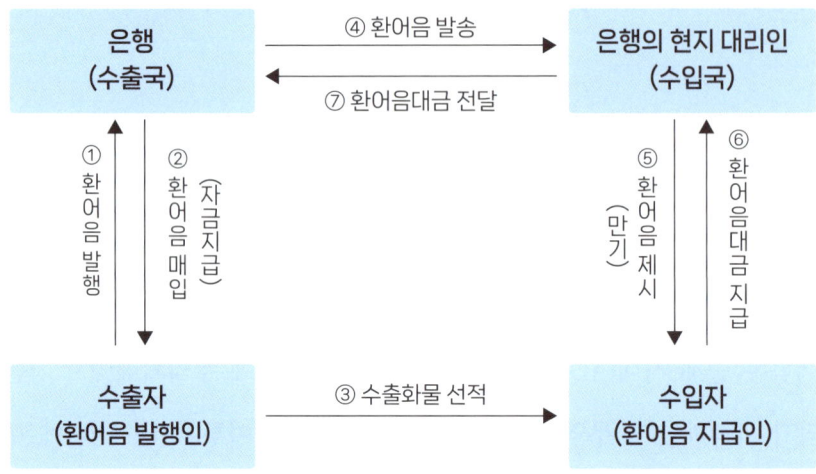

자료: Accominotti and Ugolini (2018)

위의 그림 10을 보면 수출국의 은행은 환어음을 담보로 수출자에게 자금을 빌려주게 되는데, 이는 현대적 의미의 무역금융과 똑같다. 수출에 필요한 제품의 생산이나 구매를 위해 자금을 빌리는 것이므로 오늘날의 무역금융 종류 가운데 '선적전 무역금융'에 해당한다. 환어음이 선적전 무역금융에 사용되었으므로 오늘날의 '무역어음 인수'와 비슷하다.

오늘날의 무역어음 인수를 간단히 설명하면 이렇다. 수출계약을 맺은 수출자가 수출계약서나 수출 신용장을 근거로 환어음을 발행해서 거래은행에 가져가면 은행이 환어음을 인수(Acceptance)하고, 수출자는 인수된 환어음을 금융기관에 할인해서 매각한다. 환어음을 할인 매입한 은행은 매입대금을 수출자에게 지급하고, 수출자는 이 자금을 수출에 필요한 제품의 생산이나 구매에 사용한다. '환어음 인수'에서 '인수'의 의미는 환어음 대금 지급을 보증한다는 뜻이다. 환어음 대금을 지급한 금융기관은 수출이 이행된 후에 수출대금이 수입자로부터 상환되면 그 수출대금으로 상환을 받는다.

오스만 제국의 대포에 의해 철옹성 콘스탄티노플이 함락(1453년)되기 전까지 이탈리아 베니스의 상인들이 지중해와 소아시아의 무역시장을 장악할 수 있었던 배경에는 무역거래를 기초로 환어음을 발행해서 피렌체의 은행 자금을 '선적전 무역금융'으로 활용했기 때문이다.

중세 시대 환어음의 사용은 이탈리아에서 시작되었지만 환어음 거래를 법제화한 국가는 벨기에이다. 16세기에 이르러 유럽의 최대 교역항이 된 앤트워프(Antwerpen)로 들어오는 물동량이 많아지면서 벨기에를 중심으로 환어음 거래에 의한 무역금융이 크게 발달했던 것이 환어음 법제화의 배경이 되었다. 당시에 인도양으로부터 해상으로 운송된 후추, 정향, 육두구와 같은 향신료가 앤트워프항(港)에 총집결하였다.

벨기에가 환어음법을 만든 이후 비로소 환어음이 유통성(Negotiable)을 가지게 되었다. 어떤 서류가 '유통성(Negotiable)'을 가지고 있다는 의미는 서류 그 자체가 금전적인 가치를 가지고 있어서 사고파는 대상이 된다는 의미이다.

여러 수출자로부터 환어음을 받고 선적전 무역금융을 공급한 은행은 환어음을 투자자들에게 할인해서 매각하고 자금을 확보하면 그 자금으로 다시 수출자로부터 환어음을 추가로 매입한다. 이런 식으로 수출자가 발행한 환어음은 투자자들 사이에 전전유통(轉轉流通) 되었고 어느덧 앤트워프에 환어음이 유통되는 금융시장이 형성되었다.

이후 네덜란드가 동인도회사를 앞세워 인도네시아의 향신료 섬을 장악하고 무역 강국으로 부상하면서 환어음의 유통시장이 암스테르담으로 이동하였다. 이어서 영국이 산업혁명을 거치고 해상 패권을 장악하면서부터는 무역금융시장이 런던으로 집중되었다. Bank of England가 환어음을 할인하고 유통하는 시장에 들어오면서 환어음에 대한 신용도가 크게 높아졌고, 덕분에 환어음 유통시장은 거대한 규모로 성장하였다.

환어음을 매개로 한 무역금융에서 독점적인 위상을 차지했던 런던의 금융시장은 1차 세계대전과 2차 세계대전을 거치면서 약화되었고 무역금융 시장은 세계 각국으로 분화되었다. 한때 런던이 환어음 유통시장의 발달로 무역금융의 독점적인 지위를 가졌던 때에 영국은 미국을 견제하기 위해 미국 기업의 런던 무역금융 시장의 참여를 제한하기도 했다. 국가 간 수출 경쟁에서 낮은 이자율과 긴 신용기간을 가진 수출금융을 공급하면서 경쟁국을 따돌리는 수출신용 정책이 오늘날에도 사용되고 있다.

오늘날 환어음의 형식과 용도

환어음은 오늘날에도 국제무역에서 사용되는 중요한 금융서류이지만 전체 무역거래에서 환어음이 발행되는 거래의 비중이 크게 줄었다. 현대에 이르러서 환어음이 사용되는 무역거래는 추심방식 결제방법(D/A, D/P)과 신용장거래의 일부인데 국제무역에서 추심방식과 신용장으로 결제하는 비중이 크게 줄었다. 국제무역의 가장 큰 비중을 차지하는 사후송금방식(Open Account, O/A) 거래에서는 환어음이 발행되지 않는다.

표 7. 환어음 발행이 필요한 대금결제 방법

결제방법	추심방식		신용장방식			
	D/A	D/P	지급	매입	연지급	인수
수출액 비중*	8.2%	0.3%	6.8%			
환어음 발행	필수	필수	선택 (신용장에서 요구하면 반드시 발행)			필수

* 우리나라 2022년도 수출액 기준 (자료: 한국무역통계진흥원)

신용장거래에서 환어음이 반드시 발행되어야 하는 신용장은 인수신용장(Acceptance L/C)뿐이다. 그런데 전체 신용장거래에서 인수신용장의 비중은 7% 내외에 불과하다. 인수신용장의 명칭은 환어음의 인수 절차가 필요한 신용장이라는 의미로 붙여진 이름이다. 인수신용장 이외의 신용장거래에서 환어음은 신용장에서 요구하면 발행하고 그렇지 않으면 환어음을 발행할 필요가 없다. 신용장에서 환어음 발행을 요구하지 않았는데 수출자가 환어음을 발행하여 은행에 제시(Presentation)하면 매입은행과 신용장 발행은행은 제시된 환어음을 무시하고 서류를 심사한다.

한편, 신용장거래의 현실은 인수신용장을 포함하여 거의 모든 신용장에서 관행적으로 환어음의 발행을 요구하고 있다. 은행에서 사용하는 신용장 발행신청서 양식에 환어음을 요구서류(Required Documents)에 포함하여 인쇄하고 있기 때문에 그 양식을 그대로 사용하면서 대부분의 신용장거래에 환어음이 발행되고 있다. 신용장통일규칙을 만들었고 몇 년 간격으로 그 규칙을 개정해 오고 있는 국제상업회의소(ICC)는 신용장거래에서 인수신용장을 제외하고는 환어음을 발행하지 말도록 권장하고 있다.[12]

신용장거래에서 발행된 환어음은 신용장 발행은행이 환어음을 인수하게 된다. 인수된 환어음은 매입은행이 다른 금융기관에 할인 매각해서 자금을 조달하는 데에 사용할 수 있다. 그러나 오늘날 현실은 인수된 환어음을 통해 자금을 조달하는 경우는 없고 '인수된 환어음'을 만기까지 보유한다(은행회계 해설 2018년, p.267). 신용장거래에서 발행된 환어음이 자금조달의 용도로 더 이상 사용되지 않고 있다는 의미이다.

추심방식 결제방법(D/A, D/P)에는 환어음이 필수적으로 발행된다. D/A 거래를 기준으로 환어음이 사용되는 구조를 다음의 그림 11로 살펴보자.

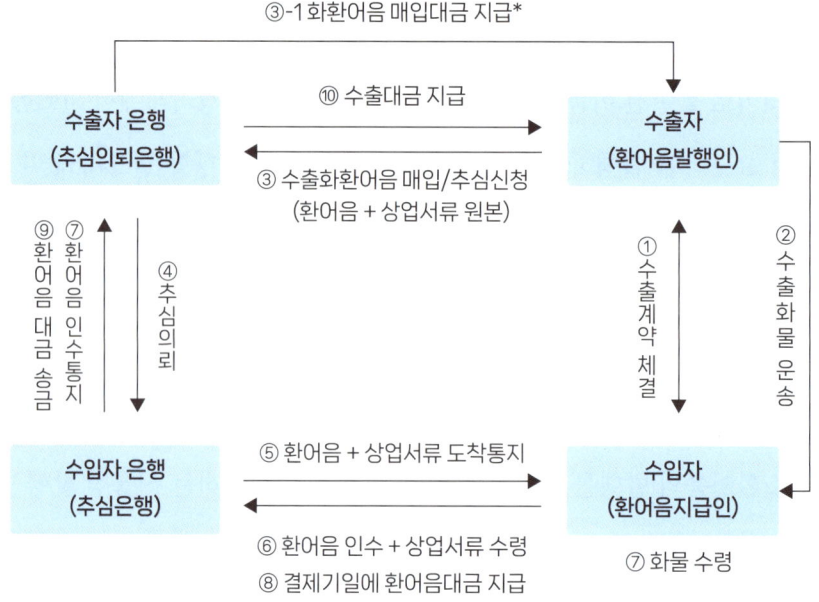

그림 11. 오늘날의 환어음 거래 구조 (D/A 기준)

* ③-1의 절차가 있었으면 ⑩의 절차는 발생하지 않는다. ③-1의 매입 절차는 수출자의 신용이 양호한 경우 예외적으로 발생한다.

    D/A 거래에서 발행되는 환어음은 추심(Collection) 목적으로 발행되고 예외적으로 추심의뢰은행에 환어음을 매각하는 용도로 발행된다. D/A 거래에서 신용이 양호한 수출자가 발행한 환어음은 추심의뢰은행이 환어음을 추심하기 전에 매입에 사용된다. 매입은행이 환어음을 할인해서 매입하고 매입대금을 수출자에게 지급하는 '추심전 매입(Bills Purchased)'을 의미한다. D/A 거래의 추심전 매입은 은행이 환어음을 담보로 수출자에게 선적후 무역금융을 공급하는 것이다.

    추심방식의 대금결제 방법(D/A·D/P)으로 수출계약을 한 수출자는 추심의뢰은행에 추심을 요청할 때 화물의 권리가 들어있는 운송증권, 즉 선하증권 원본 전부와 환어음을 같이 묶어서 은행에 제출해야 한다. 발행된 운송증권 원본 전부와 환어음을 결합하게 되면 환어음에 화물의 권리가 들어가 있는 효과가 발생한다.

    이런 환어음을 화환어음(Documentary Bill of Exchange)이라고 하는데 이렇게 하는 목적은 추심은행에 도착한 환어음에 수입자가 D/A의 경우 인수(Acceptance)를 하고 D/P의 경우 환어음 대금을 지급(Payment)하도록 유도하기 위한 것이다. 수입자는 수입국에 도착한 화물을 도착항에서 수령하기 위해서는 운송증권이 필요한데 이 운송증권은 추심은행에 같이 도착한 환어음을 인수하거나 지급하여야 받을 수 있다. D/A 거래의 경우 환어음의 인수(Acceptance)가 이루어지면서 단순한 수출 매출채권이 어음채권으로 변환된다. 어음채권으로 변환되면 수출대금 회수가 조금 쉬워지는 효과가 있다. 환어음 채무자는 환어음 거래의 원인 거래인 수출거래에서 수출자가 계약을 위반했다는 이유로 어음대금 수취인(추심의뢰은행)에게 클레임을 제기할 수 없다. 환어음 거래는 원인 거래와 독립적이기 때문이다.

환어음 거래의 당사자는 발행인(Drawer, 수출자), 수취인(Payee, 수출자 은행), 지급인(Drawee, 은행 또는 수입자) 등 3 당사자로 구성된다. 신용장거래에서는 신용장 발행은행이 환어음의 지급인이 되고 D/A와 D/P 거래에서는 수입자가 지급인이 된다. 환어음에는 반드시 이 3 당사자가 표시되어야 한다.

그밖에도 환어음에는 발행일과 어음대금 지급기일, 발행지와 지급지, 확정된 금액의 무조건적인 지급 지시 문언, 그리고 환어음의 명칭이 반드시 표시되어야 한다. 여기에 나열한 항목을 환어음의 필수기재 사항이라고 하고 이 필수기재 사항 중에 어느 것 하나라도 누락하면 무효의 환어음이 된다.

그림 12. 환어음의 양식과 기재 사항

```
                        BILL OF EXCHANGE

FOR     (환어음 숫자 금액)                      (환어음 발행지)      (환어음 발행일)

AT      (환어음 대금 지급기한)   SIGHT OF THIS FIRST BILL OF EXCHANGE (SECOND OF THE SAME TENOR
AND DATE BEING UNPAID) PAY TO     (환어음 대금을 받는 자, 수출자의 은행)    OR ORDER

THE SUM OF                        (환어음 문자 금액)

VALUE RECEIVED AND CHARGE THE SAME TO ACCOUNT OF        (수입자)

DRAWN UNDER                       (신용장 발행은행)

L/C NO.     (신용장 번호-신용장거래인 경우)            DATED    (신용장 발행일)

TO          (수입자 또는 신용장 발행은행)

            (수입자 소재지 또는 발행은행 소재지)          (수출자의 상호, 주소, 서명)
```

환어음은 신용장 거래이든 추심거래이든 동일한 양식을 사용한다. 환어음 숫자 금액과 문자 금액이 서로 다른 때에는 문자 금액을 기준으로 한다. 환어음 대금 지급기한은 환어음에 표현된 대금결제조건과 환어음이 담고 있는 정보를 통해 확정할 수 있어야 한다. 예를 들면, 위 양식의 환어음 대금 지급기한 칸에 'L/C 60 days from B/L date'를 써넣었다면 신용장 대금 결제기한을 계산할 수 있게 선적일자(B/L date)도 함께 써넣어야 한다. 그렇지 않으면 신용장 거래에서 하자 Nego가 되고 신용장 발행은행은 신용장 대금의 지급을 거절(Unpaid)할 수 있다.

위의 환어음 양식에서 수입자, 신용장 번호, 신용장 발행일은 신용장거래에서 발행된 환어음에 들어가는 항목인데 환어음을 받아보게 될 신용장 발행은행이 서류 분류에 참조하도록 보완적으로 써넣는 항목이다. D/A·D/P 거래이면 빈칸으로 둔다.

환어음은 추심 과정에 분실될 것을 우려해서 두 통을 발행한다. 첫 번째 환어음(First Bill of Exchange)이 결제되면 두 번째 환어음은 지급 대상이 아니다(Second of the same date and tenor being unpaid). 반대로 두 번째 환어음이 결제되면 첫 번째 환어음은 지급 대상이 아니다. 이와 같은 파훼문구(Void Clause)는 한 선적에 여러 통의 선하증권이나 보험증권이 발행되는 경우 선하증권 또는 보험증권에도 비슷한 표현이 각 서류의 앞면에 표시된다. 어떤 원본 한 통으로 권리를 행사했다면 나머지 사용하지 않은 원본은 무효(Void)가 된다고 선언하는 효과가 이 파훼문구에 의해 발생한다.

D/A·D/P 거래이든 신용장거래이든 오늘날 발행되는 환어음은 금융시장에서 유가증권으로서 유통되는 기능은 없다. D/A·D/P 거래에서 환어음이 예외적으로 선적후 무역금융의 공급에 담보로 사용되고 있을 뿐이며 금융서류의 기능은 사라졌다. 신용장거래에서 발행되고 있는 환어음도 대부분 불필요하고 기능이 없는 사족과 같은 서류이다.

국제무역과 수표 결제

수출자와 수입자가 오랫동안 무역거래를 하면서 신뢰가 잘 쌓인 관계에서 소액거래는 수표로 무역대금을 결제하는 경우도 있다. 수표는 수입자 회사의 수표(Corporate Check)이거나 수입자 대표의 개인 수표(Personal Check)이다.

그림 13. 개인수표 샘플 및 수표대금 결제 과정

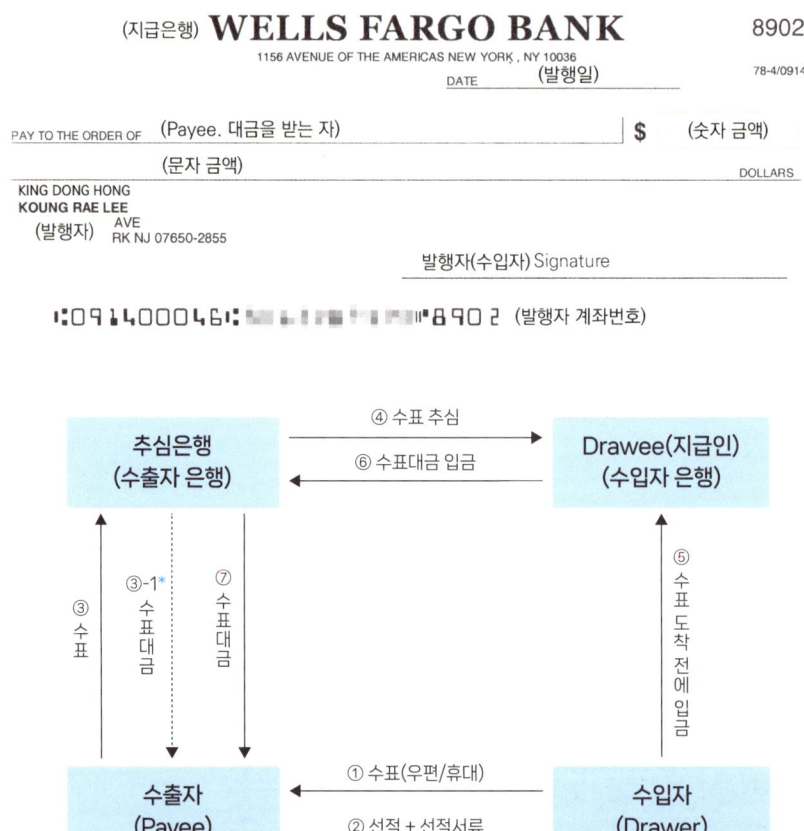

* ③-1은 수출자 은행이 수표를 추심하기 전에 먼저 매입(외화수표추심전 매입, Bills Purchased) 한 경우에 수표대금을 지급하는 단계이다. 이 경우 ⑦번(외화수표추심후 지급, Bills Collected)의 수표 대금 지급 과정은 없다.

수표 발행자의 신용이 양호하거나 수출자의 신용이 양호한 경우에는 추심은행이 추심하기 전에 수표를 매입하고 매입대금을 수출자에게 지급하는 경우도 있다. 수표의 추심에 수표를 보내는 우편일 수 10일 내외가 필요하다. 수입자는 수표가 자신의 은행이 도달하기 전에 수표계좌(Check Account)에 수표대금을 미리 입금해 두어야 한다. 그렇지 않으면 부도수표(Bounced Check)가 되고 수표는 추심은행으로 반송된다. 은행이 수입자의 은행 계좌 잔액을 담보로 잡고 발행한 자기앞 수표(Cashier's Check)를 수출자가 받고 선적하면 수표 부도의 위험은 없다.

그림 14. 은행의 자기앞 수표 (Cashier's Check)

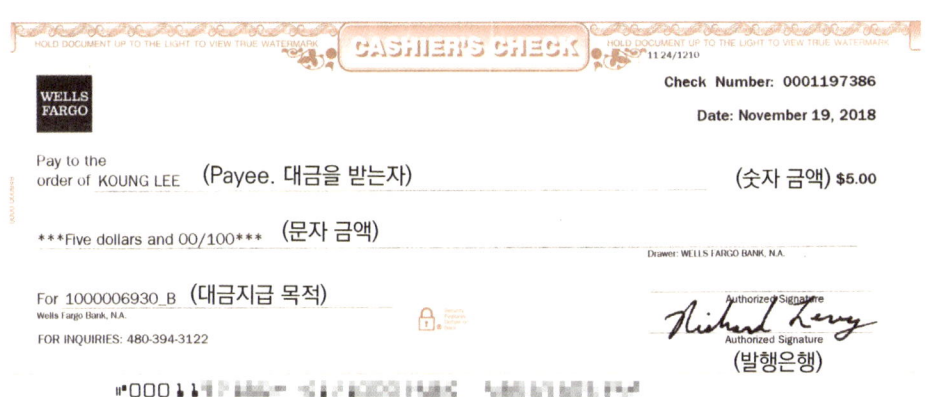

1 ICC, 2017 Rethinking Trade and Finance, p. 96.

2 환어음을 표현하는 영문이 Bill of Exchange와 Draft 두 가지이다. Bill of Exchange는 영국의 환어음법에서, Draft는 미국의 상법에서 각각 사용되는 표현이다. 무신용장 결제방법에서는 Bill of Exchange를, 신용장 결제방법에서는 Draft를 사용한다.

3 강성은, 2021, "2020년 항공 및 해상 수출물류 동향과 시사점," Trade Brief No.4, 무역협회, p.3.

4 홍지상, 2011, "수출결제방식 변화와 대응방안," Trade Focus, 제10권 제5호, 한국무역협회 국제무역연구원, p.7.

5 IMF, 2009 10월, Sustaining the Recovery, World Economic Outlook, P.9.

6 채권자가 환어음, 약속어음, 수표 등의 금융서류에 표시된 금액을 받기 위해서는 각 금융서류의 지급인으로 기재된 채무자 앞으로 이 서류를 보내서 대금의 지급을 청구한다. 국제무역에서 이러한 청구는 금융기관을 통해 추심(Collection)한다. 채권자가 금융기관에 추심을 부탁한 때에 부탁을 받은 금융기관은 추심에 앞서서 이 금융서류를 할인해서 매입(Negotiation)하고 매입대금을 채권자에게 지급할 수 있다. 이와 같은 절차에 의해 금융기관이 금융서류를 매입하는 것을 추심전 매입(Bills Purchased)이라고 한다.

7 Narek G., A. Goumilevski, J. Mongardini, and A Radzikowski, 2021 12월, Another Piece of the Puzzle: Adding Swift Data on Documentary Collections to the Short-Term Forecast of World Trade, MF, WP/21/293, pp. 5-8.

8 ICC, 2017 Rethinking Trade and Finance, pp. 92-93.

9 하병기, 이상학, 2011, 한국기업의 기업내무역 구조와 결정요인: 제조업 현지법인을 중심으로, 韓國經濟의 分析 제17권 제1호, pp. 133-175.

10 은행이 수출자의 D/A 매출채권 또는 O/A 매출채권을 만기 전에 매입하고 매입대금을 수출자에게 지급하며, 수입자는 매출채권의 만기에 수출대금을 매입은행에 상환한다. 수출채권매입거래에 의해 수출자는 매출채권을 조기에 유동화하고 은행은 수익성 있는 매출기회를 확대할 수 있다.

11 Accominotti and Ugolini, 2018, International Trade Finance from the Origins to the Present: Market Structures, Regulation and Governance

12 ICC, 2019. Guidance Paper-The Use of Drafts (Bills of Exchange) Under Documentary Credits(Executive Summary)

5장

수출자 VS 수입자 분쟁이 난다면?

Resolution of Disputes

제1절
무역계약의 위반과 구제권

무역계약의 한 당사자가 계약 내용의 일부라도 위반(Breach of Contract)했다면 다른 당사자는 상대방에게 그 위반을 바로잡을 것을 요구할 수 있는 권리를 갖는데 이 권리를 구제권(Rights for Remedy)이라고 한다. 무역계약의 속성상 수입자보다 수출자에게 의무가 쏠려 있기 때문에 수입자에게 더 많은 구제권이 주어져 있다.

계약의 위반은 일반적인 계약위반과 '본질적인 계약위반(Fundamental Breach of Contract)'으로 나뉜다. 계약의 한 당사자가 계약을 위반하면서 상대방이 계약으로부터 얻게 될 이익을 얻을 수 없게 되리라는 것을 알고 있었고, 실제로 그 계약위반에 의해 상대방이 기대했던 이익을 못 얻게 되었다면 이때의 계약위반을 본질적 계약위반이라고 한다. 간단히 말해서 자신의 계약위반에 의해 상대방에게 손실이 발생할 것을 알면서 계약을 위반한 것을 본질적인 계약위반이라고 하며 중대한 계약위반이라는 의미를 담고 있다.

수출자와 수입자가 구제권을 행사하는 데에 있어서 어떤 구제권은 상대방의 본질적 계약위반이 아니면 행사하지 못하게 막고 있다. 예를 들면 계약해제권은 상대방의 계약 위반이 본질적인 계약위반이 아니면 행사할 수 없다. 이는 무역계약이 한번 체결됐으면 가급적 계속 이행되기를 바라는 취지가 반영된 결과이다. 또한 수입자가 행사하는 대체물청구권은 수출자의 계약 위반이 본질적인 계약위반이 아니면 행사할 수 없다. 이는 격지간의 국제무역에서 수입자에게 이미 인도된 화물을 수출자에게 반환하고 새로운 화물로 대체하여 수입자에게 다시 운송하는 번거로운 절차를 거치는 대체물청구권은 수출자의 본질적인 계약위반이 아니면 행사하지 못하게 하고 있다.

표 1. 수출자와 수입자의 구제권 비교

수출자가 행사하는 구제권	수입자가 행사하는 구제권
① 이행청구권 ② 계약해제권* ③ 손해배상청구권	① 이행청구권 ② 계약해제권* ③ 대체물청구권* ④ 부적합보완청구권 ⑤ 대금감액권 ⑥ 손해배상청구권

* 표시가 있는 구제권은 상대방의 본질적 계약위반이 있는 경우에 행사할 수 있는 구제권이다.

수출자의 이행청구권은 수입자가 물품의 수령이나 대금의 지급을 지체하는 경우 수입자의 이행을 독촉하는 구제권이다. 수출자가 수입자에게 일정한 부가기간(Additional Period)을 두고 이행을 청구했는데도 이행되지 않았다면 수입자는 본질적 계약위반을 하는 것이고 이에 수출자는 계약해제권을 행사할 수 있다. 수출자는 계약을 해제하고 동시에 손해배상청구권을 행사할 수 있다. 수출자는 손해배상청구권을 이행청구권 또는 계약해제권과 병행해서 행사할 수 있다. 수입자가 행사하는 이행청구의 예는 수출자에게 수출화물과 수출서류의 인도를 독촉하는 것이다.

수입자의 계약해제권도 수출자의 본질적인 계약위반에 대해서만 행사할 수 있다. 수입자 역시 계약해제권 행사와 동시에 손해배상청구권을 행사할 수 있다. 수입자에게 본질적인 계약위반이 있어서 수출자가 수출화물을 수입자에게 인도하기 전에 계약을 해제한 경우 수입자에게 하는 손해배상 청구액은 다른 거래처에 수출화물을 전매한 이후에 발생한 손실액을 기준으로 한다. 다음의 그림 1의 1)번이 수출자가 수입자에게 청구할 수 있는 손해배상 금액을 산출하는 구조이다.

반대로 수출자의 본질적인 계약위반에 의해 수입자가 수출화물을 받기 전에 무역계약을 해제했다면 수입자 역시 그 해제로 인해 발생된 손실을 수출자에게 청구할 수 있다. 그림 1의 2)번이 수입자가 수출자에게 청구할 수 있는 손해배상 금액을 산출하는 구조이다.

그림 1. 수출자와 수입자의 매매계약 해제 후 손해배상 청구할 손실액

1) 수입자의 본질적 계약위반에 의한 무역계약 해제

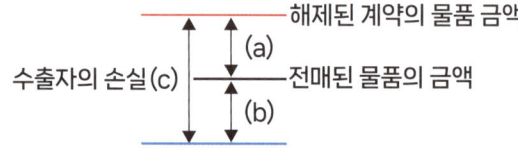

(a) 전매 차손(계약상의 물품 금액에서 전매된 물품의 금액을 차감)
(b) 전매에 소요된 비용(운반비, 거래 알선 수수료 등)
(C) 수출자의 손실(a+b) ⇒ 수출자가 수입자에게 손해배상 청구할 대상의 손실

2) 수출자의 본질적 계약위반에 의한 무역계약의 해제

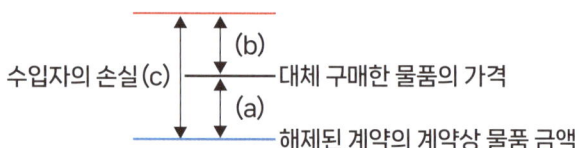

(a) 대체 구매 차손(대체물의 가격에서 계약상 물품의 금액을 차감)
(b) 대체물 구매에 소요된 비용(대체 물품 물색 비용, 중개인 비용 등)
(C) 수입자의 손실(a+b) ⇒ 수입자가 수출자에게 손해배상 청구할 대상의 손실

수출자가 보낸 수출화물이 무역계약을 위반하여 부적합한 상태이면 수입자는 대체물청구권을 행사할 수 있다. 수출자가 보낸 화물에 하자가 있는 경우에 수입자는 수출자에게 '부적합한 화물을 회수해 가고 정상적인 화물을 보내라'고 요구

할 수 있다. 수입자가 대체물청구권을 행사하는 데에는 두 가지 전제조건이 있다. 수출화물의 하자가 수출자의 본질적 계약위반에 해당하고, 이에 수입자는 수출화물의 하자를 발견하거나 발견할 수 있었던 때로부터 합리적인 기간 안에 하자를 통지한 이후에 대체물청구권을 행사할 수 있다. 수출자가 대체물을 보냈다면 수입자는 하자가 있는 수출화물은 처음 받은 상태 그대로 수출자에게 반환하여야 한다.

수입자는 대체물청구권을 행사하기에 앞서 부적합보완청구권을 행사할 수 있다. 부적합보완청구권은 수출자의 본질적인 계약위반이 없더라도 행사할 수 있는데 대체물청구권 행사의 전제조건과 마찬가지로 사전적인 하자통지를 먼저 해야 한다. 하자를 보완하는 방법으로는 수선, 수리 또는 부품인도 등이 있다.

수출화물이 무역계약에서 정한 기준을 벗어나서 부적합한 경우에 수입자는 부적합에 의해서 화물의 가치가 감소한 부분은 화물의 가액에서 감액하고 감액된 대금을 지급하지 않거나, 이미 지급했다면 감액된 부분은 반환받을 권리를 행사할 수 있다. 이를 대금감액권이라고 하는데 수입자가 수출자의 동의 없이 일방적으로 행사할 수 있는 권리이다. 수입자가 감액권을 행사하기 전에 수출자가 하자를 보완했다면 감액권을 행사할 수 없다.

수출자이든 수입자이든 각자의 구제권을 행사하는 과정에 화물을 보유하고 있는 경우에는 화물을 잘 보관해야 하는 의무가 있다. 예를 들면 수출화물 인수를 지체하고 있는 수입자에게 이행청구권 또는 손해배상청구권을 행사하는 수출자는 수입자에게 인도할 화물을 임의로 처분하지 않고 잘 보존한 상태에서 구제권을 행사해야 한다. 화물을 보존하면서 지출한 비용은 상대방에게 청구할 수 있다.

수입자 역시 화물의 부적합 때문에 구제권을 행사한다면 부석합 상태의 화물을 그대로 보관한 채 권리를 행사해야 한다. 화물을 이미 판매하면서 또는 임의로 폐기하면서 부적합을 주장하며 대체물청구권이나 부적합보완청구권을 행사할 수 없다.

제2절
분쟁의 발생과 분쟁해결 수단

분쟁(Disputes)은 무역계약의 한 당사자가 계약을 위반(Breach of Contract)하여 다른 당사자가 구제권을 행사하였으나 계약을 위반한 당사자가 계약 위반 상태를 해소하지 않은 경우 발생한다. 상대방의 계약위반이 다른 상대방에게 불합리한 불편 또는 비용을 초래(cause unreasonable inconvenience or unreasonable expense)하였다면 이는 클레임(Claim)의 대상이 될 수 있고, 계약을 위반한 당사자가 이 Claim을 해결하지 않으면 분쟁으로 발전한다. 클레임은 상대방의 계약위반에 의해 불편을 받았거나 비용을 지출한 당사자가 계약위반 상대방에게 자신의 권리를 회복하거나 손해배상을 청구하는 것을 말하며 구제권과 동일한 의미가 있다.

계약이행의 의무가 수출자에게 쏠려 있는 무역계약의 특성 때문에 무역클레임의 책임을 수출자가 부담하는 경우가 대부분이다. 무역계약을 구성하는 기본적인 조건 가운데 품질, 수량, 선적, 포장조건은 수출자가 이행해야 할 의무이고 수입자는 결제조건을 이행할 의무만 부담한다. 그밖에 인도조건과 보험조건은 수출자와 수입자가 분담하는 중립적인 계약조건이다.

무역클레임은 무역계약의 한 당사자가 직접적으로 계약을 위반하여 발생하는 경우 외에도 계약 당사자가 사용하는 언어나 문화의 차이, 상관습 또는 법률의 차이 때문에 발생하기도 한다.

무역계약에서 사후송금방식(Open Account)의 결제방법이 50%에 이를 정도로 외상거래가 많아지면서 수출자가 계약위반이 없는 가운데 수입자가 권리의 회복이나 손해배상을 청구하는 Market Claim을 주장할 기회가 과거에 비해 훨씬 많아졌다. 사후송금방식의 거래에서는 수출자가 수출화물을 이미 수입자에게 인도하고 신용기간 동안 수출대금이 결제되기를 기다리고 있는 가운데 수입자는 사소한 문제를 침소봉대해서 수출자에게 클레임을 제기하고 결국에는 수출대금의 지급을 거절하는 빌미로 삼을 수 있는 환경이다.

클레임이 발전하여 분쟁에 이르게 되면 양 당사자는 분쟁해결 절차에 들어간다. 분쟁해결을 위해 화해(Amicable Settlement), 조정(Mediation), 알선(Conciliation), 중재(Arbitration), 소송(Litigation) 등의 수단에 의존한다. 화해를 제외하고 나머지 분쟁해결 수단은 분쟁 당사자 사이에 제3자가 개입해서 분쟁을 해결한다.

화해는 양 당사자가 자체적으로 협의하여 분쟁을 해결하는 방법인데 무역거래에서 발생하는 대부분의 분쟁은 화해에 의해 해결된다. 분쟁의 수준이 자체적으로 해결할 수 있는 정도이고 장래의 추가적인 거래를 위해 제3자의 개입 없이 서로 우호적으로 분쟁을 해결한다. 그 밖에 화해로 분쟁을 해결하는 이유는 상대방이 오랜 거래처이거나 주요한 거래처이고 분쟁해결에 비용이 들지 않고 신속하기 때문이다. 무역현장에서 화해에 의한 분쟁해결은 대개 수출자가 손실을 감수하고 수입자의 요구를 수용하는 분쟁해결이다. 수출자는 향후 추가적인 선적을 기대하고 수입자의 지나친 클레임에도 수용적인 태도를 보이는 경우가 많다.

제3자가 개입해서 분쟁을 해결하는 수단 가운데 조정과 알선은 제3자의 분쟁해결 권고를 분쟁 당사자가 수용을 거절할 수 있고 중재와 소송에서는 제3자의 판정을 분쟁 당사자가 반드시 수용해야 하는 강제성이 있다는 면에서 서로 차이가 있다. 조정과 알선에 있어서는 분쟁을 해결하기 위해 준거법 기준의 적용이 없고 중재와 소송에서는 분쟁해결에 개입하는 제3자가 분쟁 해결을 위해 직용할 재판(중재) 관할과 준거법을 결정해야 한다는 점에서도 서로 차이가 있다.

조정과 알선 역시 중재와 마찬가지로 대한상사중재원에서 서비스를 제공한다. 조정은 법원 연계형으로 조정위원회에서 조정을 하는 것과 대한상사중재원의 자체 조정규칙에 의해서 조정을 하는 경우로 나누어진다. 법원 연계형 조정에서는 조정위원회가 구성되고 이 위원회에서 조정을 하게 된다. 대한상사중재원의 조정규칙에 의한 조정은 조정신청이 있으면 대한상사중재원이 외부 전문가를 위촉해서 조정을 한다. 조정의 결과는 분쟁 당사자에게 강제력은 없고 당사자가 거절하면 조정은 성립되지 않는다. 우리나라에서 2022년에 법원연계형과 대한상사중재원의 조정규칙에 의한 조정을 합산하여 약 130건 정도의 조정이 있었다.

알선은 대한상사중재원의 숙련된 직원이 알선인으로 개입하여 분쟁을 해결하는 방법이다. 알선은 양 당사자의 합의 없이 한 당사자의 신청만으로도 알선을 진행할 수 있다. 알선의 모든 절차는 무료이다. 알선 역시 조정과 마찬가지로 분쟁당사자의 자발적인 합의를 바탕으로 해결하는 것이므로 한 당사자가 합의하지 않으면 알선이 성립될 수 없다. 대한상사중재원에서 2021년에 처리한 국제분쟁의 알선 실적은 28건이다.

중재는 수출자와 수입자가 분쟁이 발생하면 중재로 분쟁을 해결하자고 서면으로 합의를 해야 한다. 이를 중재 합의의 서면성이라고 한다. 분쟁이 발생되기 전에는 무역계약서의 분쟁해결 조항에 분쟁해결 수단으로 중재를 삽입하여 중재합의의 서면성을 확보한다. 무역계약서에 미리 중재합의 조항을 삽입하지 못하고 분쟁이 발생했다면 분쟁 발생 후에라도 중재합의를 서면으로 하고 중재기관에 중재를 신청할 수 있다.

우리나라의 국제무역과 관련된 중재는 ICC(국제상업회의소, 파리), SIAC(싱가포르), LCIA(런던), KCAB(대한상사중재원, 서울) 등에서 이루어지고 있다. 대한상사중재원에서 무역과 관련하여 2021년에 있었던 중재판정은 28건이며, 국제중재에 올라간 분쟁의 원인은 대금결제, 화물의 인도지연 또는 불이행, 품질불량, 계약조건의 해석 등이다. 분쟁의 원인으로 대금결제가 대부분의 비중을 차지한다.

표 2. 분쟁해결 수단의 비교

화해	· 분쟁의 양 당사자가 우호적인 상태에서 해결 · 가장 바람직한 분쟁해결 방법 · 대부분의 분쟁은 화해에 의해 해결
조정 알선	· 제3자에 의한 분쟁해결 · 당사자가 분쟁해결의 결과를 채택 또는 배척할 권리를 보유 · 알선은 한 당사자가 알선 신청, 조정에서는 양 당사자가 합의하여 조정을 신청 · 알선 또는 조정이 성립하면 '화해'와 동일한 효력 발생 · 알선 또는 조정에 의한 권고는 어느 한 당사자의 배척이 있으면 조정 또는 알선의 결과는 무산 · 준거법 비적용, 절차의 간편성 · 양 당사자가 결과를 수용하면 미래에 지속하여 거래할 가능성이 높고 조정/알선 결과의 이행 가능성이 높다
중재 소송	· 제3자에 의한 분쟁해결 · 분쟁해결의 결과를 당사자에게 강제 적용 · 중재에서는 해당 분쟁의 전문인이 비공개로 중재하고 판정 · 중재판정은 법원의 확정 판결과 동일한 효력(단심제) → 중재 결과를 집행하기 위해서는 법원에서 중재판정 승인과 집행소송을 거쳐야 함 · 뉴욕협약에 의해 중재판정은 외국에서도 법원의 확정 판결과 동일하게 집행 가능 · 소송에서는 법정지의 법원 판사가 준거법에 의해 공개적으로 재판하고 판결 (3심제) · 중재 또는 소송의 선택, 관할 법정지와 준거법 결정은 무역계약에 명시하거나 국제사법에 의해 결정 · 중재와 소송의 결과는 당사자가 배격 불가능 - 당사자를 구속하는 효력 발생

제3절
재판 및 중재의 관할권과 준거법

중재 또는 소송으로 분쟁을 해결하는 데에 있어서 재판(중재)관할과 준거법이 분쟁해결에 앞서서 결정되어야 한다. 국경간 거래인 국제무역에서 재판이나 중재를 해야 한다면 어느 나라에서 재판 또는 중재를 하며 어느 나라의 법을 기준으로 재판 또는 중재할지를 결정해야 한다. 국제무역처럼 분쟁에 외국적 요소가 있는 재판은 관할권이 있는 국가의 법원에서 이루어져야 한다. 재판권은 한 국가의 주권(Sovereignty)과 관계되기 때문에 계약 당사자가 정한 재판관할권 조항(Choice of Forum) 외에도 공익을 고려하여 각 국가의 국제사법(Private International Law)에 의해 재판의 관할권이 결정된다. 규모가 큰 국제무역의 분쟁에서는 재판의 관할권을 확정하는 재판을 별도로 할 만큼 관할권은 중요한 요소이다. 무역계약서에 재판 또는 중재의 관할권을 명시하는 것이 바람직하다.

표 3. 무역계약서의 재판 관할권 샘플 조문

> The courts of Seoul, Korea, will have exclusive jurisdiction to adjudicate any dispute arising under or in connection with this Agreement. (이 계약과 관련하여 발생하는 모든 분쟁을 판결할 수 있는 전속 관할권은 대한민국 서울 법원에 있다)

재판관할권이 결정되면 이어서 준거법, 즉 무역계약을 해석하는 기준이 되는 법을 어떤 법으로 할지 결정하게 된다. 국제무역에서 수출자와 수입자가 자신들의 거래에 적용할 법을 계약서에 미리 선택하지 않았다면 준거법은 국제물품매매계약에 관한 UN협약(CISG)이 적용될 가능성이 높다.

CISG는 국제무역에 통일된 법을 적용하기 위해 1980년 유엔국제상거래법위원회(UNCITRAL)에서 제정한 국제거래법이다. 북한이 2019년에 CISG에 회원국으로 가입하면서 미국 중국 일본 등 총 92개 국가가 CISG에 가입해 있다. 영국과 브라질, 인도 등을 제외하고 대부분의 통상국이 가입해 있으므로 국제무역에서 분쟁이 발생한 경우 준거법으로 CISG가 적용될 가능성이 높다.

우리나라는 2004년에 국회 비준을 거쳐서 UN에 통보했고 2005년부터 발효되기 시작했다. CISG는 협약(Convention)으로서 조약(Treaty)의 일종이므로 우리나라 헌법 제6조[1]에 의해 우리나라 국내법과 동일한 효력을 가진다.

수출자와 수입자가 각각 소재한 국가가 CISG 가입국이면 두 수출입자 사이의 무역계약에는 CISG가 준거법이 된다. 물론 사적자치의 원리에 의해 수출자와 수입자가 계약서에 CISG를 적용하지 않고 다른 법률을 특정해서 지정(Choice of Law)했다면 CISG의 적용은 배제된다. 예를 들면, 우리나라 수출자가 중국의 수입자와 무역계약을 하면서 "This contract shall be governed by the law of the Republic of Korea"라고 계약서를 작성하였다면 그 계약서의 준거법은 CISG가 된다. 우리나라에서는 CISG가 다른 법률과 동일한 지위를 가지고 있기 때문에 외국적 요소가 있는 국제무역의 준거법으로 CISG가 적용된다.

위의 두 수출입자가 "This contract shall be governed by the Civil Code and the Commercial Code (KCC) of the Republic of Korea"라고 준거법을 선택했다면 우리나라와 중국이 CISG 가입국이지만 CISG의 적용이 배제되고 우리나라의 상법(Commercial Act)이 먼저 적용되고 부족한 부분은 민법(Civil Act)으로 보충한다.

그림 2. 준거법으로 CISG가 적용 또는 비적용 되는 경우

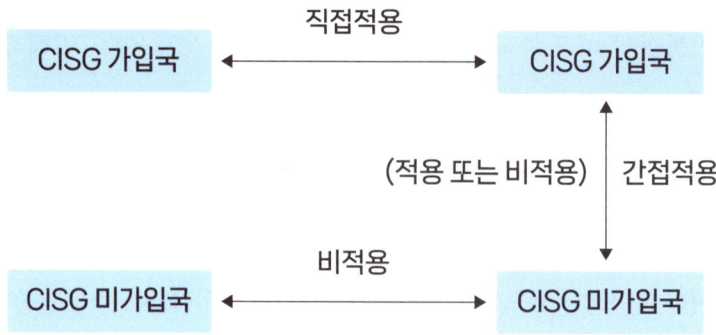

CISG의 간접적용은 우리나라 수출자(수입자)와 CISG 미가입국의 수입자(수출자) 사이에 무역계약이 체결된 경우 CISG가 적용되는 경우이다. 예를 들면, 우리나라 수출자(수입자)가 영국의 수입자(수출자)와 무역계약을 하면서 "This contract shall be governed by the law of the Republic of Korea"라고 무역계약서에 준거법을 반영하였다면 CISG가 준거법이 된다. 반대로 "This contract shall be governed by English law"라고 하였다면 영국은 CISG 미가입국이기 때문에 영국법이 준거법이 된다.

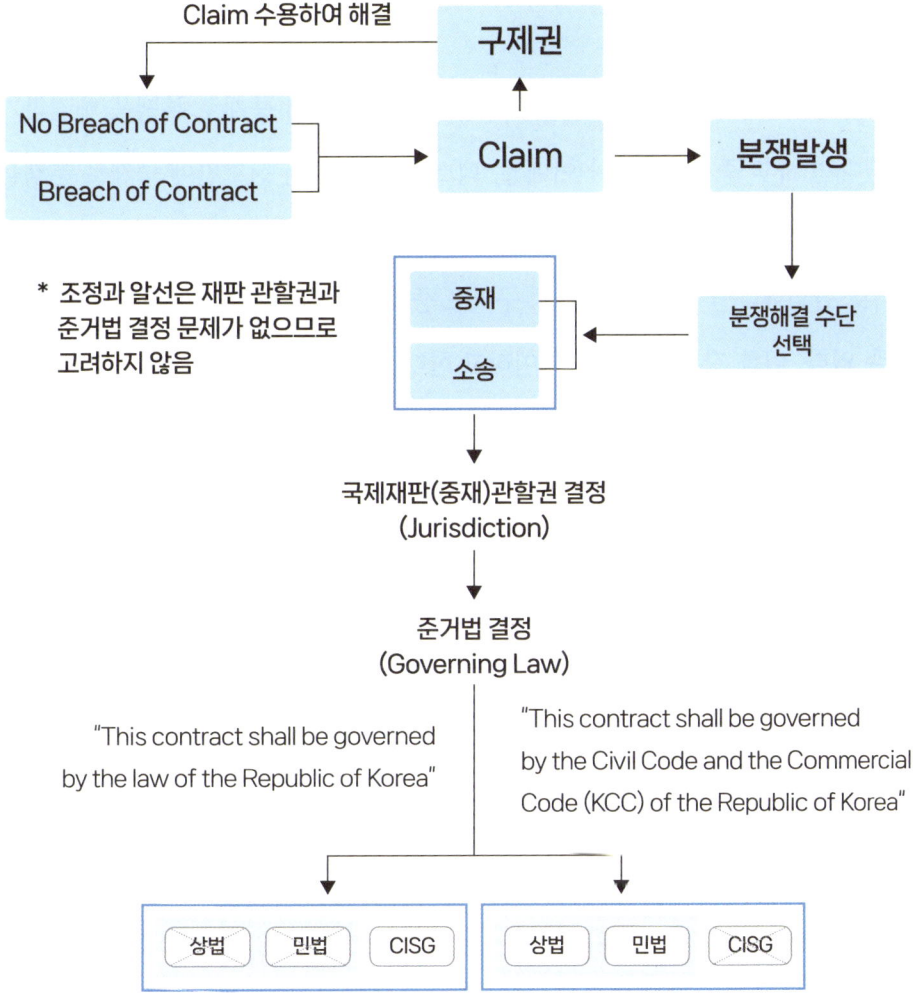

그림 3. 중재와 소송에 있어서 재판관할과 준거법 결정

제4절
분쟁 해결을 위한 중재제도

무역거래에서 분쟁해결 방법으로 중재를 선택하기 위해서는 무역계약서에 중재조항(Arbitration clause)이 들어가야 한다. 중재합의 조항에는 중재지와 준거법이 포함된다. 중재지는 재판의 관할권에 해당하며 중재절차의 법적 주소지를 의미한다.

무역계약서에 중재조항을 포함하지 않았지만 나중에 중재로 분쟁을 해결하기로 했다면 사후 중재합의서나 이메일, 팩스 등에 의해서 상호간에 중재로 분쟁을 해결하기로 했다는 것을 확인할 수 있는 서류가 있어야 한다. 분쟁을 중재로 해결하기로 합의했다면 양 당사자 중 누구라도 중재를 거절하거나 중단하고 소송으로 갈 수 없다. 이를 직소금지의 원칙이라고 한다.

중재를 담당하는 중재인은 분쟁 당사자가 합의로 지정하는 것이 원칙인데 대개 한 명을 임명한다. 분쟁 당사자가 중재인을 합의하지 못하면 중재원이 지명한다. 분쟁 금액이 거액이거나 분쟁 당사자가 합의하면 예외적으로 3인의 중재인으로 구성된 중재판정부를 구성할 수 있다. 중재인이 중재의 공정성을 해칠 요인을 가지고 있다면 분쟁 당사자는 중재인 기피를 중재원에 신청해서 중재인 교체도 가능하다.

분쟁의 원인과 책임을 확인하기 위한 절차가 심리(Hearing) 단계이다. 심리는 분쟁 당사자들의 영업비밀을 지키기 위해 비밀로 진행한다. 집중심리를 이용하면 중재 절차를 신속하게 진행할 수 있다. 집중심리는 분쟁의 복잡성에 따라 2~3일 간 또는 2~3주간 오전부터 오후까지 하루 종일 심리를 집중적으로 진행하는 심리이다. 집중심리는 1회에 한해서 할 수 있다. 중재인이 심리의 종결을 선언한 후에는 추가 서면이나 증거를 제출할 수 없다.

중재판정은 중재기간 동안 실시한 심리 내용을 바탕으로 내린다. 중재인은 중재 판정서를 작성하면서 중재가 진행되었던 절차를 소개하고 분쟁 당사자의 주장을 대비하여 서술하면서 중재판정부의 판단(Reasoning)과 최종 판정(Final Award)을 기술한다. 최종 판정(Final Award)에는 분쟁의 책임이 있는 당사자가 다른 당사자에게 배상할 금액과 배상액 지급 시한을 표시한다.

중재판정은 법원의 확정판결과 동일한 효력이 있다. 중재 절차가 진행되는 중에 분쟁 당사자가 서로 화해를 합의하면 그 중재판정부는 화해판정을 내리는데 이 화해판정도 일반적인 중재 판정과 동일한 효력이 있다.

중재 판정이 나면 당사자에게 통지하고 분쟁의 책임이 있는 당사자는 판정대로 상대방에게 손해배상액을 지급해야 한다. 분쟁 책임의 당사자가 자발적으로 중재 판정의 결과를 이행하면 분쟁이 종료된다. 그렇지만 판정을 이행하지 않으면 법원의 중재 판정에 대한 승인을 거쳐서 강제집행에 필요한 강제집행 소송을 하고 집행 절차를 밟아야 한다.

중재판정은 그 자체로서 법원의 확정판결과 동일하다고 하는데 '법원이 중재판정을 승인한다'는 의미는 중재판정을 취소할 수 있는 사유가 있는지를 살피는 것이다. 예를 들면 중재 과정에 당사자가 적절한 통지를 받지 못했거나 변론기일에 참가하지 못하는 등 절차상 하자가 있어서 방어권을 제대로 행사하지 못했다든지 중재판정부의 구성이나 중재 절차가 당사자의 합의나 중재법을 위반하였다면 중재판정을 취소하는 사유에 해당한다.

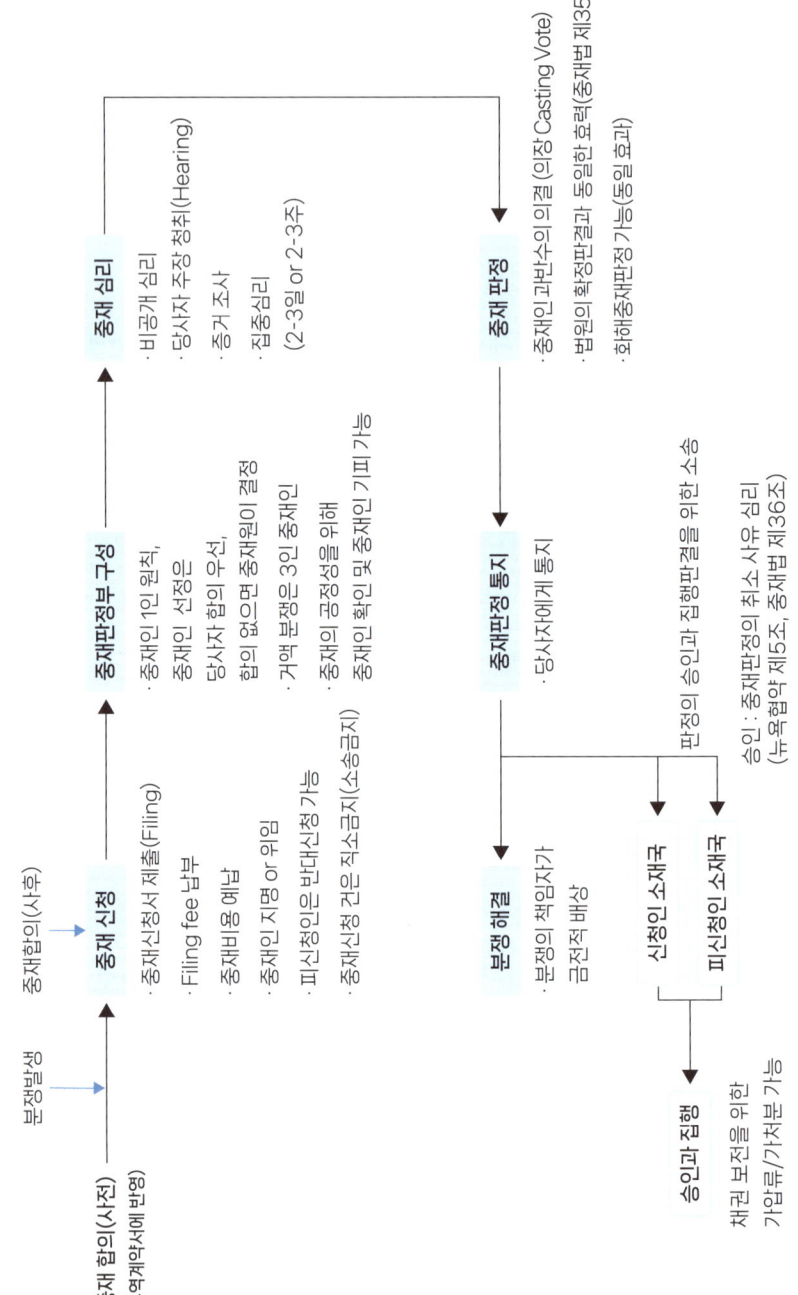

그림 4. 대한상사중재원의 중재 진행 과정

국제무역에서 비롯된 중재는 분쟁 당사자가 외국에 있기 때문에 중재 판정의 승인과 강제 집행을 위한 소송은 대부분 외국 법원에서 해야 한다. 외국의 중재판정이 국제적으로 승인 및 집행이 쉽도록 '외국중재판정의 인정 및 집행에 관한 협약(UN Convention on the Recognition and Enforcement of Foreign Arbitral Awards)'을 UN에서 정해 두고 있다.

중재는 소송의 단점을 제거하고 분쟁 당사자가 협력적으로 분쟁을 해결하는 방법이다. 소송의 단점을 제거했다는 의미는 중재에서 분쟁해결의 '절차는 신속하게, 비용은 낮게, 과정과 결과는 비공개'로 이루어지는 장점이 있다는 의미이다. 이와 같은 중재의 장점 때문에 분쟁해결 방법으로 '중재'가 권장된다.

그러나 분쟁이 발생하면 중재가 가지고 있는 '신속한 절차와 낮은 비용'의 장점에도 불구하고 중소 수출기업이 중재를 수행할 능력이 있을지 의문이다. 예를 들면, 중소 수출자가 보낸 수출화물에 대해 수입자가 수출대금을 지급하지 않은 채 Claim을 걸어오면 중재를 통해 분쟁을 해결할 수 있다. 그리고 중소 수출자가 중재에서 승소하면 수입자가 있는 외국의 법원에서 중재 판정을 승인받고 집행을 위한 소송을 벌인다. 수출자가 수입자의 재산을 강제로 집행할 수 있게 미리 가압류 또는 가처분할 수도 있다.

이와 같은 일련의 과정을 중소 수출기업이 수행할 수 있을까? 대한상사중재원에서 처리한 국제중재의 평균 소요 기간이 약 400일이다. 분쟁금액이 1백만 달러이면 중재 비용이 3~4천만 원에 이른다. 중소 수출기업이 1년 넘게 수출대금을 받지 못하면 유동성 위험에 빠지고 더욱이 중재비용까지 지출하는 상황에서는 생존마저도 위협을 받는 상황에 빠질 수 있다.

수출 중소기업이 1년 넘게 중재절차를 거치고 승소를 했더라도 수입자가 고의로 사업을 폐쇄해 버리면 중재 승소판정은 아무런 효과가 없게 된다. 수입자가 중재 패소에 맞춰서 고의로 사업을 폐쇄했다는 것 자체만으로도 수입자가 Market Claim을 제기했다고 판단할 수도 있다.

중소 수출기업이 무역보험공사의 단기수출보험에 가입이 되어 있다면 수입자의 Market Claim 등에 의해 불가피하게 중재절차를 거쳐야 하는 경우에는 단기수출보험(선적후-일반수출 등) 약관에 따라 보험금을 가지급(Provisional Payment) 받을 수 있다. 분쟁이 발생하고 그 해결을 위하여 필요한 절차가 오랫동안 진행되거나 그렇게 될 것이 예상되는 경우에 중소 수출기업에는 손실액의 80% 이내에서 보험금을 가지급할 수 있다(단기수출보험 약관 제25조 보험금의 가지급). 중소기업이 단기수출보험으로 일정액의 보험금을 가지급으로 받을 수 있다면 중재절차를 더욱 수월하게 진행할 수 있는 자금력을 확보할 수 있게 된다.

무역계약서에 반영할 수 있는 표준적인 사전 중재조항과 무역계약서에서는 반영하지 않았지만 분쟁 발생 후에 수출자와 수입자가 사후적으로 합의하여 중재신청을 할 수 있다. 아래의 표 4는 수출자와 수입자가 무역계약을 체결하면서 넣는 중재조항이고, 다음의 표 5는 분쟁이 발생한 후에 서로 합의하여 체결하는 중재합의서의 예시이다(대한상사중재원 홈페이지 참조).

표 4. 무역계약서에 들어가는 중재조항 (사전 중재합의)

Any disputes arising out of or in connection with this contract shall be finally settled by arbitration in accordance with the International Arbitration Rules of the Korean Commercial Arbitration Board.

The number of arbitrators shall be [one / three]. The seat, or legal place, of arbitral proceedings shall be Seoul, Korea. The language to be used in the arbitral proceedings shall be English.

(요지) 본 계약과 관련하여 발생하는 모든 분쟁은 대한상사중재원의 국제중재규칙에 따라 중재를 통해 최종적으로 해결함. 중재인의 수는 [1/3]인으로 함. 중재 절차의 소재지(심리지) 또는 법적 장소(중재지)는 대한민국 서울이고 중재절차에서 사용되는 언어는 영어로 함.

표 5. 사후 중재합의서 예시

Submission to Arbitration

We the undersigned parties, hereby agree to submit the below dispute to the Korean Commercial Arbitration Board for arbitration in Seoul, Korea in accordance with the Arbitration Rules of the Korean Commercial Arbitration Board and under the Laws of Korea with impeccable understanding that the arbitral award to be rendered on the dispute shall be final and binding upon all the parties concerned.

(1) Points of Dispute: All disputes in relation to the contract No. ○○○-○○○ dated ___, ___, ___.

(2) Further References: Number of Arbitrators desired (one[ ], three[ ])

Party(A)   Party(B)
Corporation Name: Corporation Name:
Address :   Address :
Representative Name: Representative Name:
Signed by: Signed by:
Date :   Date :

사후 중재합의서 (요지)

대한상사중재원의 중재규칙과 대한민국 법률에 따라 대한상사중재원에 중재를 신청하는 데 동의하며, 중재판정은 최종적이며 모든 당사자를 구속함을 확인함

(1) 분쟁의 쟁점(계약서 No, 계약일자)

(2) 중재인 수(1인 또는 3인, 선택) 합의

당사자(A) 서명   당사자(B) 서명

1 헌법 제6조 제1항: 헌법에 의하여 체결·공포된 조약과 일반적으로 승인된 국제법규는 국내법과 같은 효력을 가진다.

PART II
신용위험의 관리

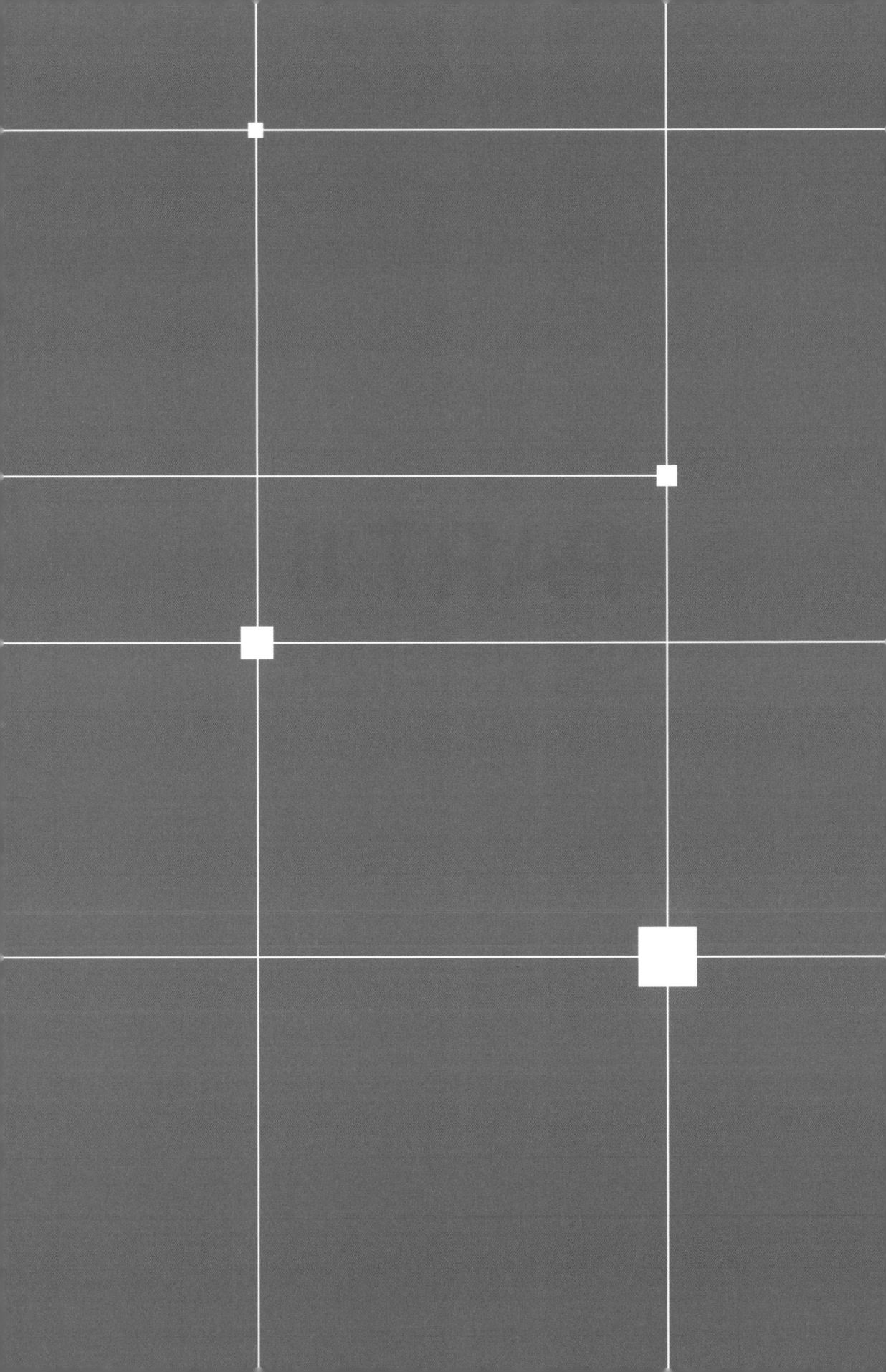

1장

신용위험과 신용조사

Credit Risk & Credit Investigation

제1절
위험의 유형

수출대금이 결제되지 않는 위험은 비상위험과 신용위험, 그리고 수출자 자신으로부터 비롯된 수출자 위험으로 나뉜다. 신용장거래의 신용위험은 신용장 발행은행의 신용위험이고 무신용장 거래의 신용위험은 수입자의 신용위험이다.

비상위험은 국가위험이라고도 하는데 수입국을 포함하여 외국에서 발생한 위험이며 범위가 매우 광범위하지만 위험이 실제로 현실화된 사례는 극히 드물다. 수입국을 포함하여 외국에서 실시되는 외환거래 제한 또는 금지, 외국에서의 전쟁, 혁명, 내란 등에 의해 외환거래가 불가능하게 되어 수출대금을 못 받게 되는 위험이 비상위험에 해당한다.

역사적으로 보면 1980년대에 이라크가 이란과 전쟁을 수행하면서 외환송금을 제한하는 긴급조치를 내린 적이 있고 당시에 중동시장에 진출했던 우리나라 대부분의 종합상사가 수출대금을 받지 못했다. 1990년에 들어서는 이란의 중앙은행이 외환결제를 통제하면서 신용장 대금의 지급을 최대 2년까지 연장하는 조치에 의해 우리나라 수출기업의 수출대금 회수가 그만큼 지체되었다. 최근 들어서는 2010년에 중동에서 발생한 반정부 시위와 혁명의 물결에 의해 외환결제가 중단된 사례가 비상위험에 해당한다.

비상위험은 쓰나미처럼 순식간에 대규모로 광범위하게 발생하는 특징이 있다. 그러나 대개 비상위험의 발생 가능성이 있는 국가는 무역보험공사에서 사전에 모니터링을 하므로 주의를 기울인다면 대규모 손실에 노출되는 것은 피할 수 있다. 신용장 거래의 경우 신용장 발행은행이, 무신용장인 경우에는 수입자가 무역보험공사의 국별인수방침에 올라가 있는 국가에 소재하고 있으면 비상위험의 발생 가능성이 상대적으로 높은 편이다. 무역보험공사의 국별인수방침은 수출대금의 미상환 위험이 상대적으로 높은 국가로 수출되는 수출거래에 대해 무역보험공사가 무역보험을 받는 조건(Underwriting Attitude)을 표시한 문서이다. 무역보험공사는 국별인수방침이 변경될 때마다 새로운 국별인수방침을 홈페이지에 게시한다.

표 1. 수출대금 미결제 위험의 유형

비상위험(국가위험)	
전쟁, 폭동, 송금 제한 또는 환거래 제한	선적 지체
수입자의 도산, 법정관리 신청 수입자의 부당한 Claim (Market Claim) 영업부진 재무상태 악화 수입자의 단순한 변심 신용장 발행은행의 영업정지(신용장 거래)	수량 미달 부적합 화물 선적 과거 수출거래 (미해결 분쟁) 수출서류 미비 (신용장거래)
신용위험(상대방 위험*)	수출자 위험

* 신용장 거래의 경우 신용장 발행은행이 상대방이 되고 은행의 도산(Bankruptcy)에 의한 신용장 대금의 지급불능 상태를 의미한다.

비상위험은 수출대금의 결제방법을 불문하고 동일하게 영향을 미친다. 한 국가에서 외환의 사용을 금지하면 신용장거래는 물론 O/A와 D/A 등 모든 국제거래의 대금결제가 중단되거나 지연된다. 그러나 실무현장에서 비상위험이 현실화하는 가능성은 적다. 그렇다고 비상위험을 가볍게 여겨도 괜찮은 위험이 아니다. 마치 항공운송의 위험이 해상운송의 위험에 비해 현저히 낮지만 사고가 발생하면 모든 경우 전손인 것처럼 비상위험도 위험 발생의 가능성은 낮지만 사고가 발생하면 피해가 광범위하고 대규모이다.

신용장거래의 신용위험은 매우 낮은 편이다. 모든 국가가 은행의 건전성을 감독하고 있고 은행은 자금조달 비용을 줄이기 위해 BIS 비율(자기자본 비율)을 높이려고 노력한다. 한 국가에서 은행의 부실화는 그 국가의 대외신인도와 직결되기도 한다. 그러므로 모든 은행이 신용도 유지에 각별히 신경 쓴다. 그렇기 때문에 신용장 발행은행이 신용장 대금의 지급불능에 빠지는 경우는 극히 드물다. 2008년 미국에서 발생한 국제금융 위기와 2023년 3월에 있었던 미국의 Silicon Valley Bank의 도산(Bankruptcy)에서도 신용장 대금의 지급불능은 발생하지 않았다.

무신용장 거래에서 신용위험은 수입자가 화물을 인수하는 단계에서 발생하는 위험과 화물 인수 후 수출대금을 지급하는 단계에서 발생한다. 인수단계에 나타나는 위험은 수입자가 도산하거나 법정관리에 들어가면서 수출화물 또는 선적서류를 아예 인수할 수 없게 되는 인수불능(Insolvency)이 있다. 그리고 수입자가 인수단계에 수출자에게 Claim을 제기하거나 사업계획의 변경으로 수출화물 또는 선적서류의 인수를 거절하는 인수거절(Refusal)의 형태로 위험이 나타난다.

지급단계에서도 인수단계의 인수불능 위험을 일으키는 원인에 의해 지급불능이 발생한다. 수입자가 도산하거나 법정관리에 들어가는 사례 가운데 석연치 않은 경우가 있다. 수입자의 경영 악화에 의해 불가피하게 도산하거나 법정관리에 들어간 경우가 대부분이지만 더러는 수입자가 고의로 도산하거나 법정관리를 신청하는 것으로 의심되는 사례도 있다. 회사의 경영실적이 몇 년간 나빠지고 있던 때에 그동안 적립한 이익잉여금을 주주에게 모두 배당한 이후 법정관리에 들어간 수입자 사례는 악의적인 고의 부도로 의심된다.

수입자의 지급거절은 수출대금을 상환하는 결제기일에 이르러서 수입자가 갑자기 클레임을 제기하며 발생한다. 심한 수입자의 경우 그동안 수출입자 사이에 있었던 모든 거래를 대상으로 클레임을 제기하면서 오히려 미지급 수출대금보다 더 큰 손해배상을 수출자에게 요구하기도 한다. 이런 사례는 수입자의 악의적인 클레임이다. 수출자는 수출대금을 받지 못해 재정적 위기에 직면하고 동시에 수입자의 클레임을 해결하는 데에 회사의 역량이 소진하게 된다.

수입자의 지급지체는 수입자가 대금을 지급할 의지는 있으나 영업부진 때문에 재무상태가 악화되어 결제기일에 지급하지 못하고 차일피일 지급을 미루는 상태이다. 수입자가 영업을 과도하게 확장하면서 운전자본이 부족하게 되어 일시적으로 자금난에 빠지면서 수출대금의 지급을 연체하는 경우도 있다.

신용위험에 의한 수출대금의 미결제는 대부분 지급지체의 형태로 나타난다. 인수단계에 신용위험이 나타나는 경우는 극히 희박하다. 수출자가 신용위험에 의해 손실을 입는 규모에 있어서는 인수불능 또는 인수거절 등 인수단계에서 수출대금 미결제가 확정되는 것이 인수 후에 지급단계에서 수출대금의 미결제가 발생한 것보다 차라리 낫다. 인수단계에 수출대금 미결제 위험이 발생하면 수출자는 수출화물을 회수하거나 원래 수입지에 있는 제3자에게 매각할 수 있기 때문에 손실을 크게 줄일 수 있다.

수출대금이 결제되지 않는 원인이 수출자 자신일 수도 있다. 신용장 거래에서 수출자가 '불일치하는 서류(Discrepancy)'를 은행에 제시하면 신용장 발행은행은 신용장 대금의 지급을 거절(Unpaid)하는 선언을 할 수 있다. 수출자가 불일치 서류를 제시해도 수입자가 양해(Waiver) 하면 문제없이 신용장 대금이 결제된다. 수입자의 사업계획이 바뀌어서 수출자가 보낸 화물이 더 이상 필요하지 않다고 판단하면 수출자의 서류 불일치(Discrepancy)를 빌미로 신용장 대금의 지급을 거절하기도 한다. 이 경우의 위험은 수출자의 위험과 은행의 신용위험이 결합된 상태라고 할 수 있다. 서류 불일치에 의해 은행이 신용장 대금의 지급을 거절할 경우 그 불일치 수준이 신용장 대금의 지급을 거절할 정도의 불일치인지는 법원이 판단할 부분이다.

무신용장 거래에서 수출자의 위험은 수출계약을 위반하여 선적을 지연했거나 부적합한 화물을 선적한 경우 등이다. 때로는 수출자에게 책임이 있는 과거 거래의 분쟁이 현재 수출거래의 수출대금 미결제의 원인이 되기도 한다. 수출자가 계약을 위반해서 수입자에게 손실을 끼쳤다면 그 손실 범위 안에서 수입자가 수출대금을 미결제하는 것은 합당하다. 국제물품매매계약에 관한 유엔협약(CISG)에서도 수출자의 계약위반에 대해 수입자가 일방적인 의사표시로 대금을 감액할 수 있다고 규정한다(제50조).

수출자의 경미한 계약 위반을 빌미로 수출대금 전체를 지급 거절하는 경우도 있다. 과거의 거래에서 발생했던 분쟁을 수입자가 수년이 지난 뒤에 꺼내 들고 현재의 수출대금의 상환을 거절하는 경우도 있다. 이런 유형의 대금 미결제는 수출자의 위험이라기보다는 수입자의 신용위험이라고 보는 것이 맞다.

수출대금의 결제방법별로 각 위험의 유형이 발생할 가능성을 다음의 표 2로 요약할 수 있다. 비상위험은 신용장 거래와 무신용장 거래가 동일하게 낮다. 신용장 거래의 신용위험은 매우 낮은 수준이지만 수출자에 의해서 발생할 위험은 상대적으로 높다. 신용장 거래에서 수입자가 수출자의 서류불일치(Discrepancy)를 주장하면서 거래의 중단을 선언하면 문제를 해결할 길이 없다는 점에서 수출자 위험은 높은 편이다. 무신용장 거래의 신용위험과 수출자 위험은 대체로 높은 편이지만 세부적인 결제방법별로 차이가 있다. D/P(지급인도조건)은 신용장 수준으로 안전하지만 D/A(인수인도조건)은 수입자의 신용위험이 O/A와 더불어 매우 높다. D/A와 O/A의 결제방법으로 수출대금을 결제하기로 한 수출거래는 무역보험의 단기수출보험에 꼭 가입해야 할 이유이다.

표 2. 결제방법별 위험의 발생 가능성

결제방법		해외 위험		국내 위험
		비상위험	신용위험	수출자 위험
신용장 거래		낮음	낮음	높음
무신용장 거래	CAD	낮음	높음	낮음
	COD		높음	낮음
	D/A		매우 높음	높음
	D/P		낮음	낮음
	O/A(T/T)		매우 높음	높음

제2절
수입자 신용조사

해외 마케팅을 통해서 잠재적인 거래 상대방을 확보했다면 수입자의 신용도를 체크해 보아야 한다. 해외전시회 참가나 해외시장 개척단에 참가하여 전시장이나 호텔 비즈니스 라운지에서 잠재적인 수입자를 대면하고 미팅을 할 수 있었다면 그나마 기업의 존재를 확인할 수 있었으니 다행이다. 전자상거래 플랫폼이나 SNS를 통해서 거래 상대방을 물색했다면 회사의 존재 자체조차도 확신할 수 없다. 거래 시작에 앞서서 잠재적인 수입자의 신용조사는 위험관리에 있어서 매우 중요하다. 신용조사 자료라고 하면 기업의 등록번호, 정확한 상호, 주소, 대표자의 이름, 주주의 구성, 회사의 재산상태와 영업실적과 같은 자료를 말한다. 이런 자료를 바탕으로 신용도(Creditworthiness)를 평가해 봐야 안전한 회사인지를 판단할 수 있다.

그렇지만 해외 기업의 신용조사 자료를 확보하기가 쉽지 않다. 우리나라에서 수입무역을 하는 중소기업이 20만 개 정도인데 외국의 수출자가 우리나라 수입기업의 신용조사 자료를 어떻게 확보할 수 있을까? 수입회사가 주식회사이고 사업규모나 종업원 수가 일정 수준 이상 되는 기업이라면 외부의 회계법인으로부터 정기적으로 회계 감사를 받는 외감기업일 가능성이 높다. 만약 수입자가 외감기업이면 공개된 자료의 확보가 가능하지만 실정은 우리나라에서 외감기업은 2만 3천 개로 전체 주식회사 45만 개의 5%밖에 되지 않는다.[1]

외국도 재무자료를 공개하는 기업이 우리나라처럼 극히 일부에 지나지 않는다. 회계제도와 법률 시스템이 덜 발달한 국가에 있는 기업의 신용정보를 확보하기는 더욱 어렵다.

수출자와 수입자가 서로 신뢰를 바탕으로 정보를 선선히 주고받는 관계라면 신용자료를 서로 주고받기가 쉽다. 수입자로부터 공인회계사의 감사(Audited)를 받은 Annual Report나 Tax Report, 그리고 회사등록을 확인할 수 있는 서류를 받아서 거래선의 신용도를 판단해 볼 수 있다.

수출자가 새롭게 거래를 시도하는 잠재적 수입자에게 신용자료를 요구하기는 곤란하다. 장래에 수출거래가 있을 것으로 예상되는 잠재 수입자에 대한 신용조사 자료는 무역보험공사의 해외신용정보센터를 통해서 유료로 받을 수 있다. 무역보험공사는 해외 지역별로 전문화된 외국의 신용조사기관과 제휴를 맺고 있다. 무역보험공사는 무역보험과 신용보증에 가입된 수출거래의 위험관리에 필요한 수입자 신용조사 자료를 해외신용조사기관으로부터 구매해서 사용한다. 무역보험공사는 자체적인 위험관리 목적 외에도 수출자의 신청을 받아서 해외 기업의 신용정보를 구매하여 수출자에게 제공하는 사업도 한다.

그림 1. 국외기업 신용조사 프로세스

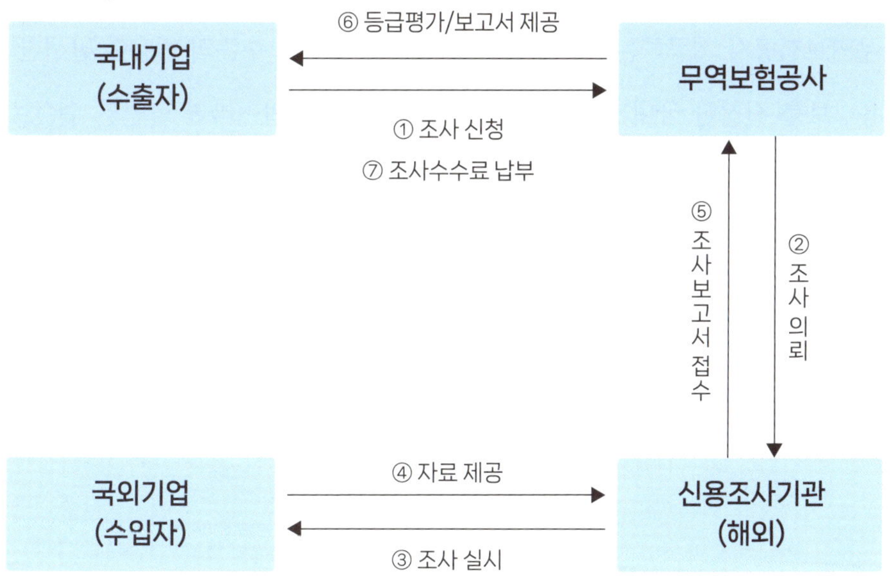

자료: 무역보험공사 홈페이지

무역보험공사가 제공하는 신용평가보고서에는 외국 기업의 상호, 주소, 대표자 이름, 사업자등록번호 등 회사의 Identity를 확인할 수 있는 정보와 재무정보가 실려 있다. 해외신용조사기관이 외국 기업의 정보를 충실하게 확보했다면 신용평가보고서의 각 항목이 충실하게 채워질 수 있지만 그렇지 않으면 일부 항목이 누락된 채 신용평가보고서가 작성된다. 무역보험공사가 제공하는 신용평가보고서에는 무역보험공사가 신용정보를 바탕으로 자체적으로 평가한 신용등급이 포함되어 있다.

무역보험공사가 수출자에게 제공하는 신용평가보고서는 요약보고서 형태와 Full Report 형태가 있다. 요약보고서에는 국외기업의 Identity 정보는 물론 과거에 무역보험으로 커버되었던 이력, 설립일, 종업원의 수, 업종, 주요 취급 상품 등의 비재무적 사항이 기재된다. 재무자료가 확보된 국외기업이면 유동자산, 재고자산 등 재무상태 정보와 매출액, 순이익 등 경영성과 정보도 담고 있다.

Full Report는 신용평가보고서 외에도 해외 신용조사기관에서 보낸 Data를 그대로 제공한다. 신용평가보고서의 요약된 정보 외에도 원 정보를 확인할 수 있기 때문에 더 풍부한 정보를 확인할 수 있는 장점이 있다.

무역보험공사 제공하는 국외기업 신용정보는 일정한 수준의 비용이 발생한다. 신용정보를 신청한 국내기업이 중소기업 또는 중견기업이라면 할인된 수수료를 납부하는 것은 물론 무역보험 첫 이용 기업이면 일정 건수까지는 무료로 서비스를 제공한다. 더 나아가서 어떤 지자체는 자기 지역 소재 중소기업에 수입자 신용조사 수수료를 지원하고 있다.

표 3. 무역보험공사의 국외기업 신용조사 수수료

신용조사 보고서 종류	수출자의 기업규모	신용조사 보고서 가격(VAT 포함)	
		일반조사	재무자료 부족
요약 보고서	중소·중견기업	33,000원	22,000원
	대기업	66,000원	22,000원
Full Report	중소·중견기업	49,500원	33,000원
	대기업	99,000원	33,000원

자료: 무역보험공사 중소·중견 수출기업 지원제도 안내(2023년 11월)

   수출자가 무역보험공사로부터 신용평가보고서를 받았다고 하여 수입자의 신용도를 쉽게 판단할 수 있는 것은 아니다. 예를 들어서 신용평가보고서에서 유동비율이 100%이고 부채비율이 200%라는 정보를 보고 이 기업의 신용도가 좋은 편인지 나쁜 편인지를 어떻게 판단할 수 있을까? 무역보험공사의 신용평가보고서에 표시된 신용등급을 한국무역보험공사가 1년간 평가한 전체 신용등급의 분포와 비교하여 해당 기업의 상대적인 신용도를 판단할 수 있다. 수출자가 수입자의 매출액, 유동비율, 부채비율 등 개별적인 재무 수치를 보고 섣불리 판단하고 수출거래에 착수하는 것은 바람직하지 않다.

   신용평가보고서에서 제공하는 정보 가운데 회사의 Identity 정보는 특별히 세심한 주의를 기울여서 확인해야 할 부분이다. 신용평가보고서에서 설명하고 있는 기업이 장래 거래가 있을 수입자에 관한 것인지 Identity 사항을 자세히 확인해 보아야 한다.

   신용평가보고서에 기재된 잠재 수입사의 주소와 상호, 전화번호, 대표자의 이름, 사업자 등록번호, 납세자 번호, 이메일 주소 등 Identity 정보와 수출자가 수입자로부터 받은 Identity 정보를 비교하여 다른 항목이 발견되면 수입자가 수출자에게 제공한 정보가 잘못된 것인지 명확하게 파악해야 한다. 그렇지 않으면 신용조사 대상 사업자와 실제로 수출계약을 체결하는 상대방이 서로 달라지는 결과가 있을 수 있다. 때로는 타 회사의 명의를 도용해서 마치 그 회사인 것처럼 가장하고 수출자에게 거짓 정보를 제공하면서 거래를 유도하는 사기거래도 있으니 신용조사 대상 기업의 Identity를 꼼꼼히 살펴야 한다.

수출자는 잠재 수입자의 신용도를 파악하였더라도 무역보험공사에서 단기수출보험의 신용한도를 받은 후에 신용한도의 크기를 반영해서 무역계약을 체결하는 것이 안전하게 거래하는 방법이다. 단기수출보험의 신용한도는 수입자의 신용도를 판단하는 척도가 된다.

무역보험공사는 연간 9만 건 내외의 해외 기업에 대해 신용평가를 한다. 2022년의 경우를 보면 총 93,730건의 신용평가를 완료하였고 등급별 배분은 아래 표 4와 같다.

표 4. 한국무역보험공사의 국외기업 신용조사 실적(2022년)

등급	A	B	C	D	E	F	G	R	등외	계
기업(개)	1,901	3,019	5,557	8,485	8,043	8,471	17,048	40,400	806	93,730
등급비중	2.0%	3.2%	5.9%	9.1%	8.6%	9.0%	18.2%	43.1%	0.9%	100.0%
누적비중	2.0%	5.2%	11.2%	20.2%	28.8%	37.8%	56.0%	99.1%	100.0%	-

자료: 공공데이터 포탈. 비중은 저자가 보완한 데이터이다.

무역보험공사에서 평가하는 신용등급은 정상등급으로 분류되는 A 등급부터 F 등급까지, 그리고 신용등급을 평가하기에는 평가항목 수가 부족하거나 자본잠식 상태에 있는 수입자의 등급 G, 과거에 보험사고를 일으켰거나 정보가 없는 수입자의 등급은 R로 분류한다.

G 등급과 R 등급은 각각 Grey 등급과 Red 등급의 약어(Acronym)이다. G 등급은 F 등급에 이어진 일련의 신용등급을 나타내는 등급이 아니고 재무자료가 불

충분하여 정상등급을 평가하기가 곤란한 수입자 또는 연속하여 몇 년간 자본이 잠식될 정도로 영업이 부진한 수입자에게 부여하는 등급이다. G 등급 수입자 중에는 신용자료가 보충되면 정상등급으로 재평가될 여지가 있다.

신용등급 분포에서 G 등급과 R 등급의 비중이 정상등급에 비해 높은 이유는 신용자료 확보가 쉽지 않은 현실을 반영한 것이다. 심지어 해외 각 지역별로 가장 전문화된 신용조사기관조차도 신용자료를 확보하는 데에 한계가 있는 현실을 보여주는 결과이다.

제3절
수출기업의 신용위험 관리

　수출을 주력으로 하는 대부분의 기업은 수입자의 신용위험을 무역보험공사의 단기수출보험으로 커버한다. 우리나라 수출 가운데 약 25% 정도는 단기수출보험 가입으로 수출대금 미결제 위험을 커버한다. 무역거래 형태의 특성상 수출대금 미결제 위험이 존재하지 않는 몇 가지 유형의 거래를 제외하면 신용위험이 내재된 거래의 약 55% 정도가 단기수출보험에 가입되고 있다. 수출대금 미결제 위험이 없는 수출거래는 기업내무역(Intra-firm Trade)[2], 선수금 거래, 위탁가공무역과 무상거래 등이다.

　우리나라의 많은 기업이 해외 수입자에게 수출하면서 신용으로, 다시 말해서 외상으로 수출할 수 있는 금액을 단기수출보험의 신용한도 이내로 제한하는 내부 경영원칙을 두고 있다. 계절적인 요인이나 일시적인 물량 확대가 있는 경우 등 예외적인 사정이 있는 때에만 회사의 내부 리스크관리 담당부서의 심사와 경영진의 승인으로 단기수출보험의 커버 없이 신용거래를 한다.[3]

　위와 같이 회사 내부에 신용위험 관리절차를 두고 회사를 경영할 수 있는 인적 역량과 시스템을 갖추지 못한 수출기업은 어떻게 위험관리를 할 수 있을까? 무역보험공사에서 신용한도 승인을 거절한 수입자는 신용에 문제가 있는 수입자라고 보고 거래를 시작하지 않는 것이 좋다. 무역보험공사가 거래 예정액에 미치지 못하는 신용한도를 승인하면 자체적으로 신용거래를 섞어서 수입자의 신용위험 일부를 회사가 안고 갈지는 회사 대표의 전략적인 판단 영역이다. 자체적으로 부담하는 신용거래의 절대액이 큰 경우라면 수입자가 소재한 국가와 해당 수출화물이 속한 산업에 경험과 지식이 있는 전문가의 조언을 받는 것이 좋다.

그림 2. 수출기업의 수입자 신용위험 관리절차

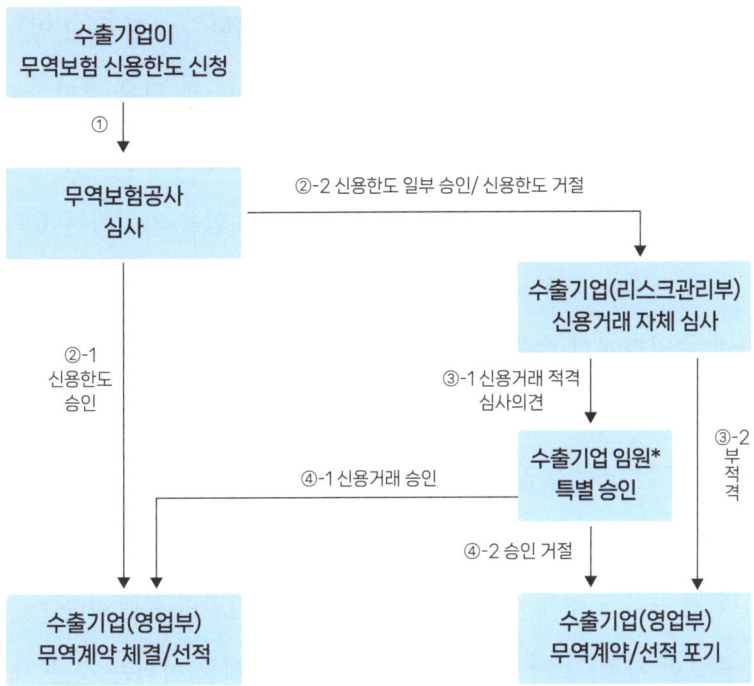

* 신용거래 승인 금액의 크기에 따라 일정금액 미만은 사업부문장, 일정금액 이상은 사장이 전결한다.

자료: 김경철 (2014), 저자 일부 수정

전체 거래 가운데 회사 자체 신용거래의 비중이 단기수출보험에 가입하는 금액에 비해 그리 크지 않고 금액이 소액이라면 거래를 수행해도 자체 신용거래에 문제가 될 가능성은 크지 않다.

단기수출보험에 가입한 수출거래는 수입자의 부당한 Claim을 억제하는 효과가 있다. 단기수출보험에 가입된 거래에서 수입지가 지급거절을 선언하면 무역보험공사가 보험자로서 수입자를 상대로 사고의 원인을 조사하게 된다. 무역보험공사는 수출자에게 보험금을 지급한 후에는 보험자로서 수입자에게 대위권(Subrogation)을 행사한다. 대위권은 보험자가 보험계약자의 권리를 양도받아서 보험계약자의 권리를 대신 행사하는 것이다. 대위권에 의해 무역보험공사는 수출자의 채권을 양도받아서 수입자에게 채권자로서 미지급 수출대금의 상환을 독촉하고 수입지 현지에서 소송까지 수행할 수 있다. 이러한 구조를 알고 있는 수입자는 단기수출보험에 가입된 거래에 대해 Market Claim과 같은 부당한 Claim의 제기에 섣불리 나서기는 쉽지 않다. 회사의 자체 신용에 의해 공급한 부분도 단기수출보험에 가입된 거래와 더불어서 수입자의 신용위험을 약화하는 효과를 누릴 수 있다.

그렇다면 수입자에게 수출채권이 단기수출보험에 가입되어 있다고 수입자에게 알려 주어서 혹시 있을지도 모를 수입자의 부당한 Claim을 미리 경계해야 하는가? 그렇다 또는 그렇지 않다고 간단하게 말할 수 없다. 수입자와 거래의 역사, 현재의 거래 규모, 수입자와 신뢰관계가 형성된 수준, 향후 거래가 꾸준하게 계속될 거래선인지 등을 고려해서 수출자가 전략적으로 판단할 부분이다.

단기수출보험 가입 그 자체로 신용위험이 완전하게 커버되는 것은 아니다. 수출자는 단기수출보험의 약관을 잘 이해하고 약관에서 수출자에게 요구하는 의무를 잘 이행해야 보험사고가 발생한 때에 보험금을 받을 수 있다. 단기수출보험에 가입한 거래가 약관에서 말하는 가입 대상거래(약관 제2조)인지, 보험자가 보험금 지급을 거절하는 면책(약관 제7조)에 해당하지 않는지도 살펴야 한다. 보험계약자에게는 보험자에게 보험계약을 체결하기 전에 알릴 의무(약관 제9조)와 보험계약 체결 후에 알릴 의무(약관 제18조)가 있다. 단기수출보험의 약관을 잘 알지 못해서 나중에 보험금을 못 받게 된다면 이는 수출자의 운영위험(Operational Risk)에 해당하고 결과는 비상위험이나 수입자의 신용위험이 현실화 되어 발생한 손실과 동일한 효과다.

1 허광복, 2016년, "금융기관 차입 시 비외감 기업의 이익조정에 관한 연구: 외감 기업과의 비교," 회계연구 제21권 제1호, pp. 53-77.

2 기업내무역(Intra-firm Trade)은 본사와 지사 또는 본사와 해외의 투자법인 사이에 발생하는 무역이다. 우리나라 수출의 약 30% 정도가 기업내무역이다. 본지사 거래에는 수출대금 미회수 위험이 없다.

3 김경철, 2014, "수출채권 위험관리 현황 및 단기수출보험 활용방안", 무역보험 Vol. 183, pp. 60-65.

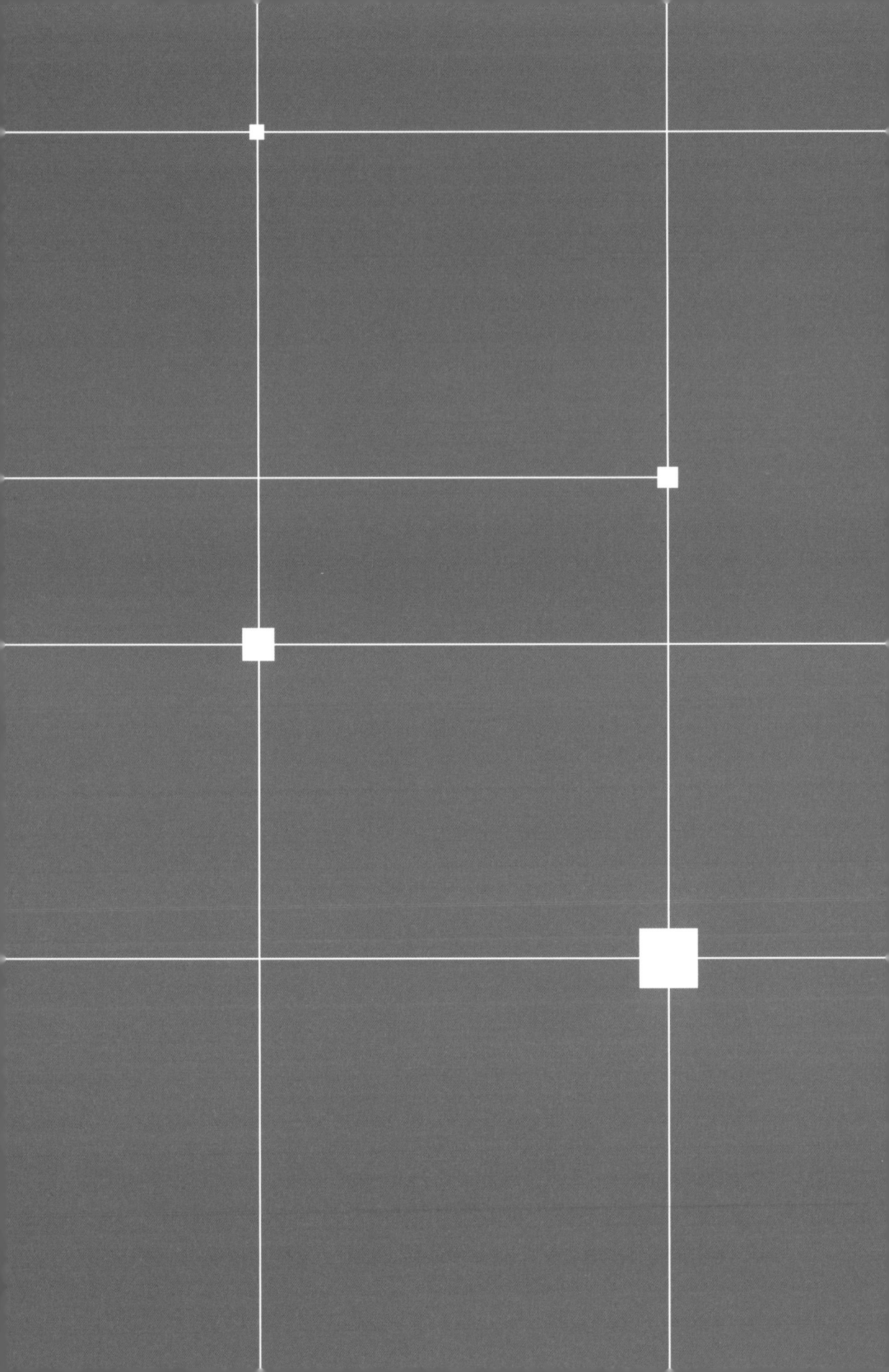

2장

결제방법과 위험

Credit Risk in Payment Methods

제1절
수출자에게 신용장 거래는 안전한가?

신용장 대금의 미결제 위험

국제상업회의소(ICC)가 20여 개의 대형 국제 상업은행으로부터 수집한 데이터를 기반으로 무역금융의 종류별로 부도율 통계를 발표(ICC TRADE REGISTER REPORT: GLOBAL RISKS IN TRADE FINANCE)한다. 이 발표 자료에 따르면 수출 신용장의 연간 부도율이 0.03% 수준(신용장 발행 금액 기준)이다. 이 부도율은 은행이 매입대금을 지급한 후에 신용장 발행은행으로부터 신용장 대금이 상환되지 않아서 매입은행이 수출자로부터 구상(Recourse)을 한 후의 부도율이다. 매입은행이 신용장의 부도대금을 수출자에게 구상한 이후의 부도율이기는 하지만 신용장거래의 부도율은 절대적으로 낮은 수준이다. 다시 말해 신용장거래는 안전한 거래이다.

신용장거래의 수출대금 미결제 사고는 세 가지 유형으로 발생한다. 첫째, 수입국의 전쟁, 내란, 외국환거래 통제 등 국가 단위에서 발생하는 비상위험(Political Risk)이다. 둘째, 신용장 발행은행이 신용장 대금을 지급하지 못할 정도로 유동성 위기에 빠지는 신용위험(Credit Risk)이 발생한 상황이다. 셋째, 수출자가 신용장조건을 위반해서 수출을 이행한 운영위험(Operation Risk) 등 세 가지 유형의 위험이다.

신용장거래에서 비상위험은 쓰나미처럼 일시에 대규모로 발생하지만 어느 정도는 예고가 가능한 위험이다. 역사적으로 신용장거래에서 발생한 비상위험은 이란(Iran)이 1990년대에 외환부족으로 신용장 대금의 지급을 지체했던 사고가 대표적이다. 최근 들어서는 2010년에 중동에서 발생한 소위 '아랍의 봄(Arab Spring)'이라고 불리는 반정부 시위와 혁명의 물결에 의해 신용장 대금의 지급이 불가능하게 된 사고가 있었다. 신용장거래에 내재된 비상위험에 대해서는 무역보험공사의 국별인수방침에 의해 어느 정도 예견이 가능하다. 무역보험공사의 국별인수방침에 올라가 있는 국가는 비상위험이 상대적으로 큰 국가들이다. 무역보험공사는 국별인수방침을 수시로 업데이트 하고 홈페이지에 게시한다.

신용장 발행은행의 유동성 위기에서 발생하는 신용위험 사고도 그리 자주 발행하지 않는다. 1990년대에 중국이 개방경제로 전환하면서 지방은행이 발행한 신용장에서 대금이 지급되지 않은 사고가 많았다. 역시 1990년대에 영국의 Barings Bank가 파생상품에서 발생한 손실을 감당 못 하고 파산하면서 신용장 대금의 지급을 하지 못한 사고가 있었다.

그러나 2000년대에 들어서 신용장거래의 신용위험은 소멸한 수준이다. 2008년의 국제금융 위기(Financial Crisis)와 2023년에 있었던 미국의 Silicon Valley Bank의 파산과 같이 신용위험이 현실화 되었지만 신용장 대금의 부도로 이어지지 않았다. 금융시스템의 붕괴를 막기 위해 미국 정부가 신용장 대금의 정상적인 지급을 보증하였기 때문이다. 국가의 금융시스템에 영향이 없는 소규모 은행의 파산 또는 금융시스템이 약한 국가에서 발생한 은행의 파산에서는 정부가 신용장 대금의 지급을 보증하는 일은 있을 수 없다.

신용장 발행은행의 신용도가 의심되는 경우에는 Bankers Almanac과 같은 은행명부를 조회하여 은행의 순자산 규모를 미리 체크하는 것이 좋다. Bankers Almanac은 은행의 재무성과, 자산의 종류와 규모, 순자산(Net Asset), 은행 순위, 신용도 등과 같은 다양한 신용정보를 담고 있는 자료이다. 무역보험공사와 같은 신용보험 서비스를 제공하는 신용보험 회사에 은행의 신용도를 문의하는 것도 신용을 점검하는 좋은 방법이다. 신용장 발행은행의 신용도가 낮은 경우에는 신용이 좋은 제3의 은행이 신용장 대금의 지급을 추가로 확약하는 확인(Confirmation)

제도를 이용할 수도 있지만 현실적으로 신용장에 확인을 추가하는 건수는 8%에 불과하다.[1] 신용장의 확인제도를 이용하면 수출자에게 또는 수입자에게 추가적인 금융비용이 발생하므로 무역거래의 수익성을 잠식한다.

신용장거래의 비상위험과 신용위험을 종합적으로 판단해 보면 신용장 대금을 못 받게 되는 사고는 발생 가능성이 높지 않다. 은행은 정부의 건전성 감독을 받고 있기 때문에 신용위험이 매우 낮다. 신용장은 안전한 거래라는 인식을 가질 만하다. 신용장거래의 운영위험은 어떨까? 수출자 위험에 의한 신용장 대금의 지급거절 사고를 보면 신용장에 대한 신뢰는 달라진다.

일치하는 서류의 제시

수출자가 신용장의 조건에 맞지 않게 수출을 이행하여 발생하는 운영위험, 즉 수출자 위험은 모든 신용장거래에 항상 잠재되어 있다. 신용장은 수출자가 '일치하는 서류를 제시하면 신용장 발행은행이 지급을 확약하는 서류'이다(신용장통일규칙 제2조). 수출자가 신용장 발행은행으로부터 신용장 대금을 받기 위해서는 '일치하는 서류의 제시(Complying Presentation)'가 반드시 있어야 한다. '일치하는 서류의 제시'는 수출자가 해당 거래의 신용장 조건, 신용장통일규칙(UCP 600), 국제표준은행관행(ISBP 745)에서 '규정한 대로' 은행에 무역서류를 인도하거나 그렇게 인도된 서류를 의미한다. 신용장거래에서 발행한 여러 종류의 서류가 형식, 서류의 발행자, 서류의 내용, 서류의 제출 방법 등이 해당 신용장의 조건과 신용장통일규칙, 그리고 국제표준은행관행에 맞아야 한다. 그렇지 않으며 신용장 발행은행이 신용장 대금의 지급을 정당하게 거절할 수 있는 상황이 된다.

표 1. 일치하는 서류의 제시

서류가 일치해야 할 사항	서류 일치의 기준
· 서류의 종류와 형식, 발행자 · 서류의 내용과 서류의 제출 방법 　- 서류를 발행한 날짜(기한), 수하인의 명칭, 주소 등	① 해당 거래에서 발행된 신용장의 조건(Terms and Conditions) ② 신용장통일규칙(UCP 600) ③ 국제표준은행관행(ISBP 745)

일치하는 서류의 기준이 되는 신용장의 조건은 수출자와 수입자가 매매계약에서 합의한 내용을 중심으로 수입자의 요구 사항을 신용장에 반영한 것이다. 수출자가 은행을 통해서 수입자에게 인도하여야 할 서류의 종류가 나열되어 있다. 각 서류의 형식뿐만 아니라 서류의 발행자도 지정하는 경우가 많다. 신용장의 조건에는 선적(Shipment) 및 서류의 제시 기한과 관련된 조건도이 있다. 신용장에서 서류의 종류별로 서류에 기재할 내용도 지정한다. 신용장통일규칙은 신용장거래에 대한 일반적인 원칙을 담고 있는 국제규칙으로 국제상업회의소(ICC)에서 만들었고 주기적으로 개정을 해오고 있다. 국제표준은행관행은 은행에서 신용장 업무를 하면서 굳어진 관행을 일반적으로 적용하는 규칙화한 은행업무 지침서이다. 국제표준은행관행 역시 국제상업회의소에서 관리한다.

　신용장 대금을 받을 수 없게 만드는 운영위험의 원천이 되는 '서류의 불일치(Discrepancy)'가 있었다면 어떤 과정을 거쳐서 신용장 대금의 지급거절(Unpaid)이 발생할까? 신용장의 종류에 따라서 지급신용장이면 지급의 거절, 매입신용장이면 매입의 거절, 인수신용장이면 인수의 거절, 연지급신용장이면 연지급 확약의 거절이 있다. 지급, 매입, 인수, 연지급 확약 등의 과정이 생략되고 서류가 신용장 발행은행에 직접 인도되었다면 발행은행은 서류의 불일치를 이유로 즉시 Unpaid를 선언할 수 있다. 또는 발행은행은 수입자가 지급 거절할 수 있는 권리를 포기(Waiver)할지를 문의할 수 있다. 수입자의 Waiver가 있으면 발행은행은 서류의 불일치에도 불구하고 신용장 대금을 지급한다. 발행은행이 Unpaid를 선언하면 수출자가 제시한 서류는 반송한다(신용장통일규칙 제16조). 신용장 발행은행이 Unpaid를 선언하면 수출자는 이미 선적한 상품을 수입국의 제3자에게 처분하거나 국내로 다시 들여와야 한다.

무역실무 현장에서 '일치하는 서류의 제시'를 어렵지 않게 할 수 있을까? 그렇지 않다. 무역실무에서 하자서류가 제시되는 비율이 37%에 이른다.[2] 하자서류의 원인은 서류의 누락(Missing Documents), 선적의 지체(Late Shipment), 서류 제시의 지체(Late Presentation), 단순한 오타(Typing Error) 등이다. 신용장거래에서 수출자에게 다행인 것은 대부분의 '불일치 서류'는 수입자가 신속하게 Waiver를 허용하는 것으로 조사되었다.[3] 높은 불일치 서류의 비율에도 불구하고 신용장거래의 부도율이 0.03%로 매우 낮은 이유는 대부분의 '서류 불일치'가 수입자의 Waiver를 받고 있기 때문이다.

그렇다면 수출자의 입장에서 신용장으로 결제되는 수출은 안전한가? 무역실무 현장에 서류의 불일치에 의한 Unpaid는 분명히 존재한다. 신용장거래의 전체 부도율이 절대적으로 낮은 수준이라고 하더라도 한 수출자에게 발생한 신용장 대금의 부도 한 건은 그 수출자의 수출 전부이다. 서류의 불일치에 의한 신용장 대금의 Unpaid 사례를 보자.

수출자는 상업송장의 송하인(Shipper)과 적하보험증권의 피보험자(The Assured)를 'So Young Textile Ltd.'라고 기재하고 상업송장의 서명과 보험증권의 배서(Endorsement)에는 'So Young Textile Co. Ltd.'라고 새겨진 스탬프를 날인하고 대표자가 수기로 서명하였다. 신용장 발행은행은 이를 하자서류라고 주장하며 Unpaid를 선언하였다. 이에 대법원은 'Co.'는 'Ltd'와 같이 회사를 의미하는 일반명사이고 회사 상호의 일부에 해당하지 않는다고 보고 일치하는 서류의 제시라고 판결하였다(2004. 6. 11. 선고 2003다63883).

이 사건에서 발생한 미세한 서류의 불일치가 거래의 실질에 어떤 영향도 미치지 않았을 텐데 수입자는 미세한 불일치를 빌미로 신용장 대금을 억지로 지급하지 않으려는 의도가 있지 않았는가 싶다. 수입자가 상품을 주문한 후에 사정이 변해서 더 이상 상품이 필요 없거나 판로가 막혀서 상품을 판매하기 곤란한 상황에 빠지면 수입자는 적극적으로 Unpaid를 한다. 또는 신용장이 발행된 후에 수입자의 신용상태가 악화되면 신용장 발행은행은 서류의 미세한 불일치에도 적극적으로 Unpaid를 선언한다. 은행이 수입자의 신용 악화로 인해 신용장 대금을 상환받지 못할까 하는 염려가 있기 때문이다.

예를 들면, 선하증권과 원산지증명서에 상업송장의 번호와 날짜를 서로 다르게 기재한 하자(Discrepancy)를 들어서 신용장 발행은행과 수입자는 Unpaid를 선언하였다(2021년). 이 사례에서 서류의 불일치는 명백하지만 사소한 수준이고 실질적인 Unpaid 사유는 당시에 창궐하던 COVID 19로 인해 상품의 판로가 막히면서 수입자가 하자를 빌미로 상품 인수를 거절했던 것이 아닌지 의심된다. 다른 한 사례에서는 수입자가 수입국에서 사기죄로 피소되자 신용장 발행은행은 수입자가 신용장 대금을 은행에 상환하지 않을 상황을 우려해서 수출자가 제시한 선적서류를 치밀하게 심사하여 10여 건의 불일치 사항을 찾아서 결국 Unpaid를 선언하였다. 대법원은 은행이 열거한 불일치 사항은 모두 불일치에 해당하지 않는다고 판결하였다(2017. 11. 14. 선고 2017다216776).

또 다른 사례는 신용장의 상품 명세에 'frozen Cod h and g 20cm up'이라고 표시되어 있는데 수출자가 상업송장과 선하증권에 'frozen Cod h and g 20cm'라고 기재하여 신용장 발행은행은 서류불일치를 이유로 지급거절을 선언하였다. 이는 국제표준은행관행 A23조에 의해 불일치 사항에 해당한다. 의미를 변화시키지 않는 맞춤법 오류(Misspellings)나 오자 또는 탈자(Typing errors)는 불일치로 보지 않는다. 그렇지만 어떤 경우에는 가벼워 보이는 불일치도 지급거절의 정당한 원인이 될 수 있다. 사례에서 'cm up'과 'cm'는 위(上)를 나타내는 전치사 'up' 하나가 빠진 것에 불과하지만 Frozen Cod(냉동 대구)의 크기를 나타내는 중요한 단어이므로 대법원은 신용장 발행은행의 지급거절이 정당했다고 판결하였다(2012. 1. 27 선고 2009다93817).

'일치하는 서류의 제시'는 서류에 사용된 자구(Wording)나 구두점(Punctuation Marks)도 다르지 않고 완전히 일치해야 하는가? 그렇지는 않다. 아래의 ①과 ②의 과정을 거쳐 '일치하는(in accordance with) 서류의 제시(Presentation)' 여부를 판단한다(대법원 2004. 6. 11 선고 2003다63883 판결).

> ① 서류의 자구(Wording)에 차이가 있어도 상당한 주의를 기울여서(with reasonable care) 서류를 점검해 보니 '차이가 경미'하다. 차이가 경미하다는 의미는,
> - 서류의 의미가 달라지지 않았다. 다시 말해 서류의 문언과 신용장 조건에 차이가 없다.
> - 신용장 조건을 벗어나지 않았다
>
> ② 서류의 점검에는 ISBP(국제표준은행관행)에 비추어 용인될 수 있는지를 고려한다.

수출자는 '일치하는' 서류가 되도록 위의 ①과 ②에 맞게 준비해서 은행에 '일치하는' 제시(Presentation)를 해야 한다. 수출자의 서류 준비나 제시에 있어서 위의 기준에 맞추고, 서류를 제시받은 은행도 동일한 기준에 맞춰서 서류를 심사해야 한다. 실무현장에서 이와 같은 점검 Process를 거칠 수 있을까? 그렇지 못하다. 그래서 불일치한 서류의 비율이 37%에 이르고 수출자는 신용장 대금이 결제될 때까지 가슴을 졸이며 기다리게 된다.

매입은행(매입신용장의 경우)은 수출자로부터 서류의 제시를 받아서 서류의 일치 여부를 심사한 후에 수출자에게 매입대금을 지급하고 그 서류를 신용장 발행은행에 '일치하는 제시'를 해야 하는 당사자이다. 매입은행은 수출자가 제시한 서류에 하자가 발견되면 하자를 조건으로 매입(하자 Nego)을 하거나 하자를 치유하고 매입한다. 또는 매입 전에 신용장 발행은행에 하자를 SWIFT로 미리 알려서 발행은행의 허락을 받고, 다시 말해서 미리 수입자의 Waiver를 받고 매입을

한다. 은행이 하자 Nego를 하게 되면 수출자는 정상 환가료에 2%p 내외의 할증된 환가료를 추가로 부담해야 한다.

하자를 치유하고 매입하는 방법에는 두 가지가 있다. 하자의 원인이 되는 서류를 교체 또는 수정해서 치유하거나 신용장의 조건을 변경해서 불일치 서류가 일치 서류가 되게 하는 방법이다. 이 두 가지의 치유방법은 며칠간의 시간이 필요하다. 하자를 치유하면서 운송서류가 포함된 서류의 제시기간 최대 21일을 지나거나 신용장의 유효기일(Expiry Date)을 지나는 문제가 발생할 수 있다.

비서류적 특수조건

신용장은 추상성이 있다고 한다. 추상성이 있다는 말은 신용장 대금의 결제는 서류만을 심사하여 판단한다는 의미이다. 그런데 신용장에 서류로써 확인할 수 없는 조건이 포함된 경우가 있다. 이러한 조건을 '비서류적 조건(Non-documentary Condition)' 또는 '비서류적 특수조건'이라고 한다. 신용장통일규칙에서는 신용장에 '일치성을 확인할 서류'를 명시하지 않고 조건만을 명시하고 있는 경우, 매입은행, 인수은행, 확약은행 등 신용장 대금의 결제에 참여하는 은행은 비서류적 특수조건을 신용장에 명시되지 않은 것처럼 무시하라고 규정한다(제14조 h항). 더 나아가서 국제표준은행관행에서도 비서류적 특수조건은 서류에 의해 확인시킬 필요가 없다(need not be evidenced)고 거듭 확인한다(A26).

그런데 실무현장에서는 그렇지 않다. 은행이 비서류적 특수조건을 무시하고 매입한 여러 사례에서 신용장 발행은행은 서류의 불일치라고 주장하며 Unpaid를 선언하였다. 더욱이 법원은 신용장 발행은행의 이 Unpaid가 정당하다고 판결하고 있다. 비서류적 특수조건이 실제 사례에서 어떻게 신용장에 기술되고 있으며 법원에서 인정하고 있는 논리가 무엇인지 살펴보자.

먼저, SWIFT Amendment를 서류제시에 포함하라는 '비서류적 조건'이 있는 사례이다. 이 조건은 신용장에 다음과 같이 기술되어 있다.

> "a SWIFT Amendment shall be effected out by the L/C applicant from the issuing bank to the advising bank confirming that the final products have met all specifications and conditions as required by the L/C applicant and are acceptable to the L/C applicant. Beneficiary should submit a duly authenticated copy of such SWIFT Amendment together with the documents presented for negotiation."
>
> (요지: 수출물품이 수입자의 요구 사양에 부합한다고 수입자가 확인하고 신용장 발행은행이 통보한 SWIFT Amendment(SWIFT로 통지된 조건변경확인서)가 있어야 신용장의 효력이 발생한다. **수출자는 조건변경확인서 원본을 포함해서 매입은행에 서류를 제시해야 한다.**)

신용장 문언에 'Amendment'라고 표현된 단어의 의미는 '검사증명서'로 이해하고 문언을 해석하면 이렇다. '수입자가 확인하고 신용장 발행은행이 이 사실을 SWIFT로 통지한 유효한 검사증명서가 있어야 한다. 그리고 수출자는 이 검사증명서를 통지한 SWIFT Message를 매입서류에 포함하여야 한다.' 이 신용장은 수입자의 검사증명서(SWIFT Message)가 있어야 신용장 대금을 지급하는 조건부 신용장으로서 사실상 취소가능 신용장(Revocable L/C)에 해당한다. 수입자의 의지에 따라 신용장 대금의 지급이 결정되는 조건부 신용장이다.

이 신용장거래에서 신용장의 조건변경이 발생하지 않았기 때문에 수출자와 매입은행은 위의 신용장 문언 'Amendment'를 비서류적 조건으로 보고 무시하였다. 그런데 신용장 발행은행은 Discrepancy라고 주장하며 Unpaid를 통지하였다. 이에 대해 법원은 신용장 발행은행의 지급거절이 정당하다고 판결하였다(서울고법 2016나2012456). 이 비서류적 조건이 그 자체로 뜻이 완전하고 명료하기 때문에 비서류적 조건으로 보지 않고 일반적 조건이라고 해석했다. 법원은 판결에서 수출자가 수입자에게 이 문언을 삭제하거나 수정하도록 요구하지 않은 이상 유효한 조건이라고 덧붙이고 있다. 수출자와 수입자가 서로 합의한 조건이라고 법원은 판단한다.

다음의 Unpaid 사례도 검사증명서와 관련된 사례인데 역시 비서류적 조건에 의해 신용장 발행은행이 지급거절을 통지하였다.

> "Original of the Inspection Certificate issued and signed by Mr. Wong Cheung Lam and Ms. Lam Kwan Chi of the Applicant (whose signature and signing authority must be in conformity with the record held in our files) certifying that the goods in good condition."
>
> (요지: 수입자 측의 Mr. Wong Cheung Lam과 Ms. Lam Kwan Chi이 신용장 발행은행에 비치된 서명과 동일한 서명으로 서명한 검사증명서 원본)

위의 신용장 문언에서 검사증명서 원본(Original of the Inspection Certificate) 자체는 서류적 조건에 해당하는데 그 검사증명서에 사용되는 서명은 그 어떤 서류로도 확인이 불가능한 비서류적 조건이다. 매입은행이 신용장 발행은행에 비치된 수입자 직원의 서명을 어떻게 확인할 수 있겠는가? 이에 수출자와 매입은행은 검사증명서의 서명이 신용장 발행은행에 비치된 서명과 동일한지 여부를 확인하지 않고 서류를 신용장 발행은행에 보냈다. 신용장 발행은행은 검사증명서의 서명이 신용장 발행은행에 비치된 서명과 일치하지 않는다고 하며 Unpaid를 선언하였다.

이 사례에서 법원은 이 문언이 비서류적 조건이냐 아니냐를 심리하였는데 조건이 명확하고 검사단계가 필요한 거래의 특성을 고려하면 신용장에 들어갈 수 있는 조건이며, 비서류적 조건도 아니라고 결론을 내렸다. 법원은 이러한 조건이 신용장의 본질을 훼손하지만 신용장도 사적 자치의 영역이므로 수출자가 용인했다면 유효한 조건이라는 의견도 피력하고 있다. 매입은행 역시 매입 단계에서 이 조건을 인지했다면 그 조건을 용인했다고 봐야 한다고 하면서 신용장 발행은행의 지급거절을 정당하다고 판결하였다(대법원 2002. 5. 28. 선고 2000다50299).

Back-to-Back L/C의 비서류적 특수조건

Back-to-Back L/C가 발행되는 구조에서는 두 신용장이 서로 연계되어 순차적으로 발행된다. 두 신용장 가운데 먼저 발행된 신용장을 Master L/C라고 하고 나중에 발행된 신용장을 Back-to-Back L/C(BTB L/C)라고 한다. 먼저 발행된 신용장에 'Master'라는 명칭이 들어 있지는 않고 단순히 실무에서 그렇게 부른다. 나중에 발행된 신용장에는 가끔 'Back-to-Back'이라는 표현이 들어 있다.

그림 1. Back-to-Back L/C 발행 구조

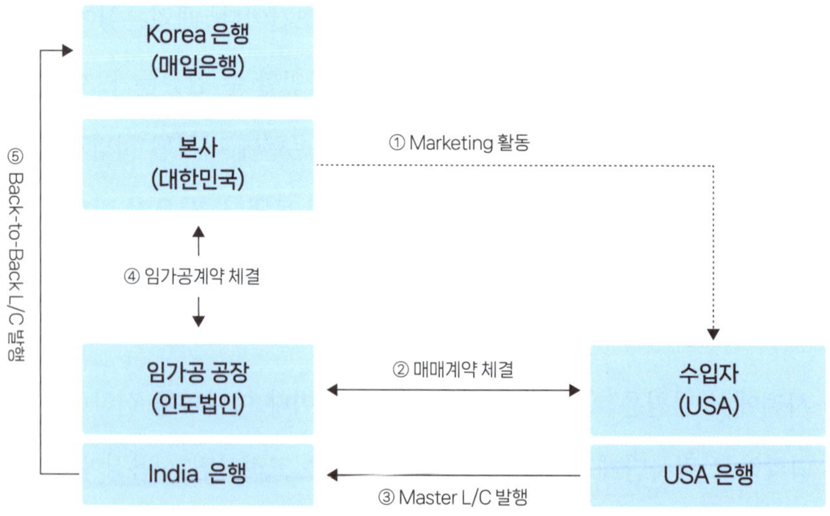

그림 1의 Back-to-Back L/C 사례는 본지사 관계에 있는 임가공 계약과 관련해서 발행된 것이다. Back-to-Back L/C는 중계무역에서도 자주 사용된다. 임가공무역과 중계무역에서 본사가 해외 마케팅을 성공적으로 수행해서 신용이 좋은 해외 은행이 발행한 Master L/C만 확보할 수 있다면 수출이행에 필요한 자금은 거의 해결된 상태이다.

본사는 Back-to-Back L/C를 담보로 국내에서 Local L/C를 발행해서 원재료를 구매하여 해외의 법인으로 보내고 선적서류를 매입하여 Back-to-Back L/C의 신용장 대금을 받는다. 한편 해외의 임가공 공장은 완제품을 수입자에게 선적한 후에 선적서류를 매입하고 Master L/C의 신용장 대금을 받으면 Back-to-Back L/C의 신용장 대금을 상환하는 것으로 하나의 Back-to-Back 거래가 완결된다.

Master L/C가 Back-to-Back L/C를 발행하는 은행에 견질담보로 사용되기는 하지만 두 신용장이 각각 독립적인 신용장이며 신용장을 발행한 두 은행은 개별적으로 신용장 대금을 지급할 책임이 있다.

Back-to-Back L/C의 발행 구조에서 먼저 발행되는 신용장이 주된 역할을 하고 나중에 발행된 신용장은 먼저 발행된 신용장에 기대어서(Back-to-Back) 발행되고 결제된다. '기대어서(Back-to-Back) 발행되고 결제된다'는 의미는 다음 두 가지 중 하나의 뜻을 담고 있다.

첫째, 'Master L/C가 발행되었고, 뒤이어 이 Back-to-Back L/C가 발행되었다'라고 단순히 두 신용장의 관계성만을 의미한다. 이 경우 Back-to-Back L/C에 'THIS CREDIT WAS ISSUED UNDER BACK TO BACK SYSTEM' 또는 'THIS CREDIT WAS ISSUED UNDER EXPORT L/C NO. 456'과 같은 표현이 들어간다. 'EXPORT L/C NO. 456'이 Master L/C이다.

둘째, 'Master L/C가 결제되면 Back-to-Back L/C가 결제된다'는 뜻으로 Back-to-Back L/C의 결제가 Master L/C의 결제에 연동되어 있다. 따라서

Master L/C의 결제가 없으면 Back-to-Back L/C의 결제도 없다. 이 경우 Back-to-Back L/C에는 다음과 같은 조건이 들어가 있다.

> "The payment will be duly honored by us subject to realization of export proceeds against export L/C No. M32374 dated May 21, 2015 issued by Bank of America, USA."
>
> (요지: export L/C No. M32374(Master L/C에 해당)의 신용장 대금이 결제되면 이 신용장(Back-to-Back L/C)이 결제된다)

위의 표현이 Back-to-Back L/C에서 사용하는 전형적인 비서류적 특수조건이다. 일치하는 서류를 제시하면 대금지급을 명확하게 확약(신용장통일규칙 제2조)한 것이 신용장인데 Back-to-Back L/C의 비서류적 특수조건을 담고 있는 신용장도 대금지급이 명확하게 확약된 상태라고 할 수 있을까? Back-to-Back L/C의 비서류적 특수조건을 근거로 신용장 대금의 지급을 거절한 사례에 대해 법원은 정당한 거절이라고 판결한 사례가 있다.

위의 그림 1의 Back-to-Back L/C 발행 구조에서 매입은행(Korea 은행)은 본사(대한민국)로부터 선적서류를 매입하면서 Master L/C의 결제 여부는 제시된 서류로 확인할 수 없는 비서류적 조건이라고 판단하고 신용장통일규칙 제14조를 근거로 무시하고 매입하였다. 이에 Back-to-Back L/C를 발행한 은행(India 은행)은 Master L/C가 결제되지 않았다고 하며 지급을 거절하였다.

이 사례에서 법원은 Back-to-Back L/C에 있는 비서류적 조건이 문언 자체로 명확하고 완전하기 때문에 수출자나 매입은행이 이에 대해 이의를 제기 하지 않았다면 신용장이 발행되어 통보될 당시에 이 조건을 용인한 것으로 봐야 한다는 입장이다. 신용장 발행은행의 지급거절이 정당하다는 판결이다(대법원 2000. 11.24 선고 2000다12983).

신용장의 문안에 단순히 'Back-to-Back'이라는 표현이 있다고 해서 전부 이와 유사한 비서류적 조건이라고 할 수는 없다. 'THIS CREDIT WAS ISSUED UNDER BACK TO BACK SYSTEM' 또는 'THIS CREDIT WAS ISSUED UNDER EXPORT L/C NO. 456'과 같은 표현은 Master L/C와 Back-to-Back L/C의 관계성만을 서술하고 있으며 신용장 대금의 결제에 어떤 영향도 있을 수 없다.

비서류적 조건은 수입자나 신용장 발행은행이 자신을 보호하기 위한 방편으로 신용장에 삽입하는 조건이다. 비서류적 조건은 수출자가 이행하기 어려운 경우도 있고, 더 나아가 대개 신용장 제도의 본질을 훼손하는 것들이 대부분이다. 비서류적 특수조건이 있는 신용장은 L/C Amend를 한 후에 거래하는 것이 좋다.

제2절
무신용장 거래의 신용위험

무신용장의 결제방법에 따라서 수입자의 신용위험이 인수단계에 집중된 결제방법과 인수단계와 지급단계에 걸쳐서 위험이 지속되는 결제방법이 있다. 인수단계에 신용위험이 집중된 결제방법은 인수 즉시 지급이 이루어지는 결제방법이다. D/P, CAD, COD에서는 수출서류 또는 화물의 인수와 동시에 지급이 이루어진다.

그에 비해 D/A와 O/A는 수출서류와 화물이 인수된 후에 신용기간 동안 지급불능, 지급거절이 발생할 수 있고 신용기간이 지난 후에 지급이 지체되는 유형의 신용위험이 발생할 수 있다. 신용기간이 있는 D/A와 O/A의 결제방법에서 수입자가 인수단계의 신용위험을 발생시키는 동기는 그리 크지 않다. 오히려 수입자 자신이 도산(Bankruptcy)이 임박해 있다고 하더라도 화물이 수출지로부터 운송 중이거나 도착항에 도착해 있다면 화물을 인수한 후에 도산절차에 들어갈 정도로 인수를 실현할 동기가 더 크다.

표 2. 무신용장 대금결제 방법의 수입자 신용위험

대금결제 방법		수출비중	인수단계 위험		지급단계 위험		
			인수불능	인수거절	지급불능	지급거절	지급지체
추심방식	D/P	0.3%	○	○	서류인수와 동시에 대금지급		
	D/A	8.2%	○	○	○	○	○
송금방식	CAD	10.4%	○	○	서류의 사본 인수 후 대금지급		
	COD		○	○	인수단계에 지급책임 동시 발생		
	O/A	48.9%	○	○	○	○	○

* 수출비중은 우리나라의 2022년 수출실적 기준(무역통계진흥원)

D/P(Document against Payment)의 결제방법에서 수입자의 신용위험은 서류의 인수 단계에 집중되어 있다. 수입자는 도착지에서 운송인으로부터 화물을 수령하기 위해서는 선하증권이 필요하다. 수입자는 이 선하증권을 받기 위해 수출서류가 도착한 은행을 방문해서 수출대금을 결제해야 한다. 즉 서류가 인수되는 즉시 수출대금이 결제되기 때문에 지급단계의 위험은 사실상 없다. D/P가 지급단계에서 신용위험이 없기 때문에 수출자에게 유리하고 수입자에게는 불리한 대금결제방법이다. 심지어 D/P at sight의 결제조건에서는 화물은 아직 수입지에 도착하지 않았는데 서류가 수입자 은행에 먼저 도착하면 수입자는 서류를 인수하면서 수출대금을 지급하고 난 후에 화물이 도착하기까지 한참 기다리는 경우도 많다. D/P 결제방법에서 수입자의 편의를 위해 D/P 30 days after sight와 같이 신용기간이 있는 결제조건도 있지만 D/P 전체의 비중이 미미한 수준인 가운데 신용기간이 있는 D/P는 전체 D/P 거래의 10% 내외에 불과하다. Global Market이 전반적으로 수입자 우위의 시장(Buyer's Market)이므로 수입자에게 불리한 D/P의 결제방법은 소멸하고 있는 결제방법이다. D/A(Document against Acceptance)는 신용기간이 있는 무신용장 결제방법이라는 측면에서 O/A(Open Account)와 유사하므로 뒤에서 O/A 결제방법과 함께 기술한다.

송금방식의 일종인 CAD(Cash against Document)와 COD(Cash on Delivery)의 결제 과정은 무역실무 교재에서 소개하는 과정과 실무 현장에서 이루어지는 과정이 크게 차이가 난다. 무역실무 현장에서 이루어지는 결제 과정을 기준으로 수입자의 신용위험을 파악해 보자. CAD 결제방법에서 수출자는 화물을 선적하고 선하증권의 사본을 수입자에게 이메일로 보낸다. 수입자는 선하증권의 사본을 받은 후에 수출화물이 목적지에 도착한 것을 확인하고 수출대금을 수출자의 은행계좌로 송금하면 결제 절차가 마무리된다. 수출자는 수출대금의 결제를 확인하고 선하증권 원본을 수입자에게 특송으로 보낸다. CAD는 수출자에게 선수금 결제방법에 버금가는 안전성을 준다. 선하증권의 원본을 수출자가 보유하고 있는 가운데 수입자의 대금결제가 확인되므로 서류인수의 위험마저도 거의 없는 수준이라고 할 수 있다. 수입자의 신용위험이 선수금 결제방법처럼 전혀 없는 것은 아니지만 그 위험의 수준이 국제무역이라는 국경간 거래의 특성에 비춰보면 미미한 수준이라고 할 수 있다.

 COD 결제방법에서는 수출자가 화물을 선적하고 운송서류의 원본을 수입자에게 특송으로 보내고 수입자는 화물을 인수한 후에 도착지에서 화물을 수령하고 수출대금을 수출자의 은행계좌로 송금하면 결제 절차가 끝난다. 수입자가 수출서류를 인수하고 화물을 수령하면 곧바로 대금지급 책임이 발생하기 때문에 지급불능, 지급거절, 지급지체 등 지급단계의 신용위험이 존재할 틈이 없다. 수입자가 화물을 수령하고 즉시 수출대금을 지급하지 않으면 그 자체로 수출대금의 미회수 사고가 현실화된 상태다. COD는 신용기간이 없는 O/A의 거래라고 할 수 있다. COD 결제방법을 사용하는 거래에서 수입자의 신용위험을 제거하기 위해서 도착지의 운송주선인이 수출화물을 수령하게 하고 수입자가 화물을 확인하고 수출대금을 송금하면 운송주선인이 화물을 수입자에게 인도하는 절차를 사용하기도 한다.

 D/A 결제방법에서 수출자는 상업서류와 환어음을 묶어서 은행 채널을 통해서 수입자에게 보낸다. 수입자는 서류가 도착한 은행을 방문해서 환어음에 서명하는 방식으로 환어음을 인수(Acceptance)하여 은행에 맡기고 선하증권, 상업송장, 포장명세서 등 수출서류는 수령한 후에 수출화물을 도착항에서 인도받는다. 신용기간이 종료하면 환어음의 만기에 은행을 방문하여 환어음 대금을 결제하고 환어음을 회수하는 것으로 D/A 거래가 종료된다. 이와 같은 추심과정이 수입자의 신용위험 측면에서 어떤 의미일까?

 D/A 거래에서 인수불능 또는 인수거절이 발생하면 화물을 본국으로 회수하거나 수입지의 제3자에게 전매하기가 다른 결제방법에 비해 쉬운 편이다. 수입자가 서류를 인수하기 전까지는 선하증권을 포함해서 모든 서류가 수입자의 은행에 보

류되어 있기 때문에 수출자는 서류를 즉시 회수할 수 있고 선하증권의 전매를 통해 화물을 전매할 수 있다. 그러나 다시 반복하지만 신용기간이 있는 결제방법을 가진 거래에서 인수단계의 위험은 현실화할 가능성이 낮다. 실제로 단기수출보험을 운영한 경험에 의하면 인수단계에서 보험사고가 발생한 사례는 극히 드물다. 심지어는 수입자가 회사 내부적으로 도산을 예정하고 있을 때에도 우선 수출화물을 인수할 정도로 인수단계의 위험은 발생할 가능성이 낮다.

D/A 거래의 추심과정에 수출자가 주의할 점은 운송서류는 선하증권으로 발행하고 발행된 선하증권을 전부 추심서류에 포함하여야 한다는 것이다. 운송서류를 해상화물운송장(Sea Waybill)으로 발행하면 수하인(Consignee)을 추심은행으로 해야 한다. 그렇게 하면 수입자가 추심은행을 방문해서 환어음을 인수(Acceptance)하고 선하증권을 양도받거나 해상화물운송장의 대리인 자격을 받아서 도착지 운송인에게 화물의 인도를 청구할 수 있다. D/A 거래에 권리포기선하증권(Surrendered B/L)을 사용하면 수입자가 굳이 추심은행을 방문하여 환어음을 인수(Acceptance) 하지 않아도 수입자의 Identity 확인만으로 운송인에게 화물의 인도를 청구할 수 있다. 운송방법이 항공운송이라면 해상화물운송장과 같이 항공화물운송장(Air Waybill)에 수하인을 추심은행으로 기재한다.

무역실무 현장에서는 수입자 편의를 위해 수출자가 수입자에게 선하증권 원본 한 통을 직접 보내는 관행이 많은 편이다. 수입자의 편의를 위해 운송서류를 해상화물운송장이나 항공화물운송장으로 하면서 수하인을 수입자로 기재하는 경우도 있다. 그러면 수입자는 환어음을 인수하지 않고도 운송인에게 화물의 인도를 청구할 수 있다. 환어음 추심의 목적이 실현될 수 없는 결과가 된다.

추심과정에 수입자가 환어음을 인수(Acceptance)한다는 의미는 수출거래에서 발생한 일반 상업채권이 어음채권으로 전환된다는 의미이다. 수출자의 거래은행이 환어음 대금 수취인(Payee)으로서 어음 채권자가 되고 수입자는 지급인(Drawee)으로서 어음 채무자가 된다. 일반 상업채권의 경우 수입자가 수출화물

불량, 선적 지연 등의 갖가지 이유를 들어서 채권이 발생하지 않았다고 주장하면 수출자는 수입국에서 수입자를 상대로 소송을 해서 채권을 확인하는 과정을 거쳐야 한다. 이에 비해 어음채권은 어음 지급인(Drawee)의 인수(Acceptance)에 의해 채권채무 관계가 확정되고, 더 나아가서 어음 지급인은 어음대금의 수취인이 되는 추심은행에 수출자의 계약위반을 이유로 어음채무를 부정할 수 없다.

다시 말해서 D/A 거래에서는 인수된(Accepted) 환어음이 있기 때문에 수입자 채무의 존재 여부를 다투는 소송은 불필요하다. 또한 절차적인 측면에서 어음채무의 상환을 요구하는 소송도 비교적 쉽게 수행할 수 있는 장점이 있다. 수출자가 환어음 수취인으로 기재된 은행과 함께 수입자의 지급거절과 지급지체에 효과적으로 대응할 수 있다. 수입자가 도산하면서 법정관리에 들어간다면 수출자는 파산법원에 채권을 신고하는데 이 신고에도 수입자가 인수(Acceptance)한 환어음을 제출하는 것으로 신고가 간편한 장점이 있다.

D/A 거래가 수출대금 회수에 있어서 수입자를 압박하는 효과가 있다. 환어음의 만기가 되면 수입자의 은행, 즉 추심은행은 수입자에게 환어음 대금의 결제를 기대하며 대기하고 있을 텐데 수입자가 결제를 지체하면 수입자에게 연락해서 미결제 사유를 확인해야 한다(추심에 관한 통일규칙 제26조 C항 제3호). 이 과정에 수입자는 자신의 신용을 거래은행에 노출하게 되므로 환어음 대금의 결제를 이행할 가능성이 커진다.

D/A 거래는 위의 설명을 근거로 보면 수출대금 회수의 안전성에 있어서 수출자에게 유리한 결제방법이라고 할 수 있다. 그러나 현실에 있어서는 그렇지 않다. 수입자가 환어음 대금을 결제기일에 지급하지 않고 지체하면 결국 수입국에서 수입자를 상대로 소송을 벌여야 한다. 외국에서 수입자를 상대로 소송을 벌일 수 있는 역량이 있는 수출기업이 얼마나 될까? 소송을 벌이는 역량과 함께 소송의 실익도 따져봐야 한다.

소송에서 승소했는데도 수입자의 재무상태가 열악해서 승소한 금액을 받아 낼 수 없는 상태라면 소송의 실익이 없다. 수입국에서 변호사를 선임하고 현지 언어로 수출서류를 번역하는 수수료를 지급하는 등의 비용과 소송을 승소해서 받아 낼 수 있는 금액을 대비해서 크게 이득이 있는 경우가 아니라면 소송의 실익이 없다. 국제무역에서 수출대금 미결제가 발생하더라도 현실적으로 소송을 벌일 여력이 안 되거나 소송의 실익이 없는 경우가 대부분이다. 이런 사정을 고려하면 안전성 면에 있어서 D/A 거래와 환어음이 없는 O/A 거래는 비슷하다고 말할 수 있다. D/A 거래에서 수입자가 환어음 대금을 결제하지 않고 도산하게 된다면 수출대금 회수가 어렵게 되는 것은 환어음도 없고 추심절차도 없는 O/A와 동일하다. 국제무역에서 환어음의 인수가 수출대금 회수의 가능성을 높여준다고 볼 수 없다.

그러므로 추심과정을 거쳐서 무역서류를 인도하는 D/A 거래는 수출자에게 수출대금 회수의 안전성을 높여주지 못하는 가운데 환어음을 인수해야 하는 수입자에게는 불편을 끼치는 결제방법이라고 할 수 있다. 그렇기 때문에 국제무역에서 차지하는 D/A 결제방법의 비중이 10% 미만까지 크게 낮아졌다.

D/A 결제방법이 수출자에게 수출대금 회수의 안전성을 주지 못하면서 수입자를 은행에 방문하게 하는 불편을 주기 때문에 수입자의 편의를 높이기 위해 결제방법을 O/A로 전환했을 것으로 추정한다. 수출자가 어떤 요인으로든지 수입자에게 불편을 끼치면서 시장 경쟁력을 높이기는 쉽지 않다.

한편, D/A 거래의 신용기간이 O/A 거래의 신용기간 보다 약 30일 정도 더 길다. D/A 거래에서 가장 많이 허용하는 신용기간이 90일인데 비해 O/A 거래에서는 60일이다. 아마도 D/A 가 수입자에게 불편을 주는 결제방법이기 때문에 수출자가 반대급부로 좀 더 긴 신용기간을 허용한 것이 아닌지 추정한다. 만일 그렇다면 수출자는 D/A 거래에서 수출내금 회수의 안전성을 갖지 못한 채 신용기간만 길게 허용하면서 운전자본(Working Capital)의 수요만 확대 시킨 결과가 된다. D/A 거래를 O/A로 전환하고 신용기간을 30일 정도 단축하면 수출대금 회수의 안전성은 그대로 유지하면서 수출자의 자금사정을 개선하는 효과를 낼 수 있다.

수출자의 시각에서 O/A 결제방법의 위험은 인수단계와 지급단계에 지속해서 잠재되어 있다. 수입자의 신용위험에 완전히 노출된 상태이다. O/A는 D/A 거래와 달리 선적서류 인도와 수출대금 결제에 은행이 개입하지 않기 때문에 수입자의 지급채무를 확인하기도 쉽지 않다는 점은 앞에서 설명하였다. O/A 결제방법의 신용위험에 대해서는 더 이상 분석적으로 살펴볼 필요가 없을 정도로 크다. 그래서 O/A 결제방법은 수출대금 미회수 위험을 커버하는 단기수출보험에 가입할 필요성이 그 어떤 결제방법보다 더 크다.

1 ICC, 2018, 2017 Rethinking Trade and Finance, p. 96.

2 John Dunlop, 2019, How many banks are needed for a letter of credit transaction?, Trade Finance Global, Nov 28.

3 Mann, Ronald J., 1999. "The Role of Letters of Credit in Payment Transactions." In Michigan Law Review, 1-39. UNIVERSITY OF MICHIGAN LAW SCHOOL

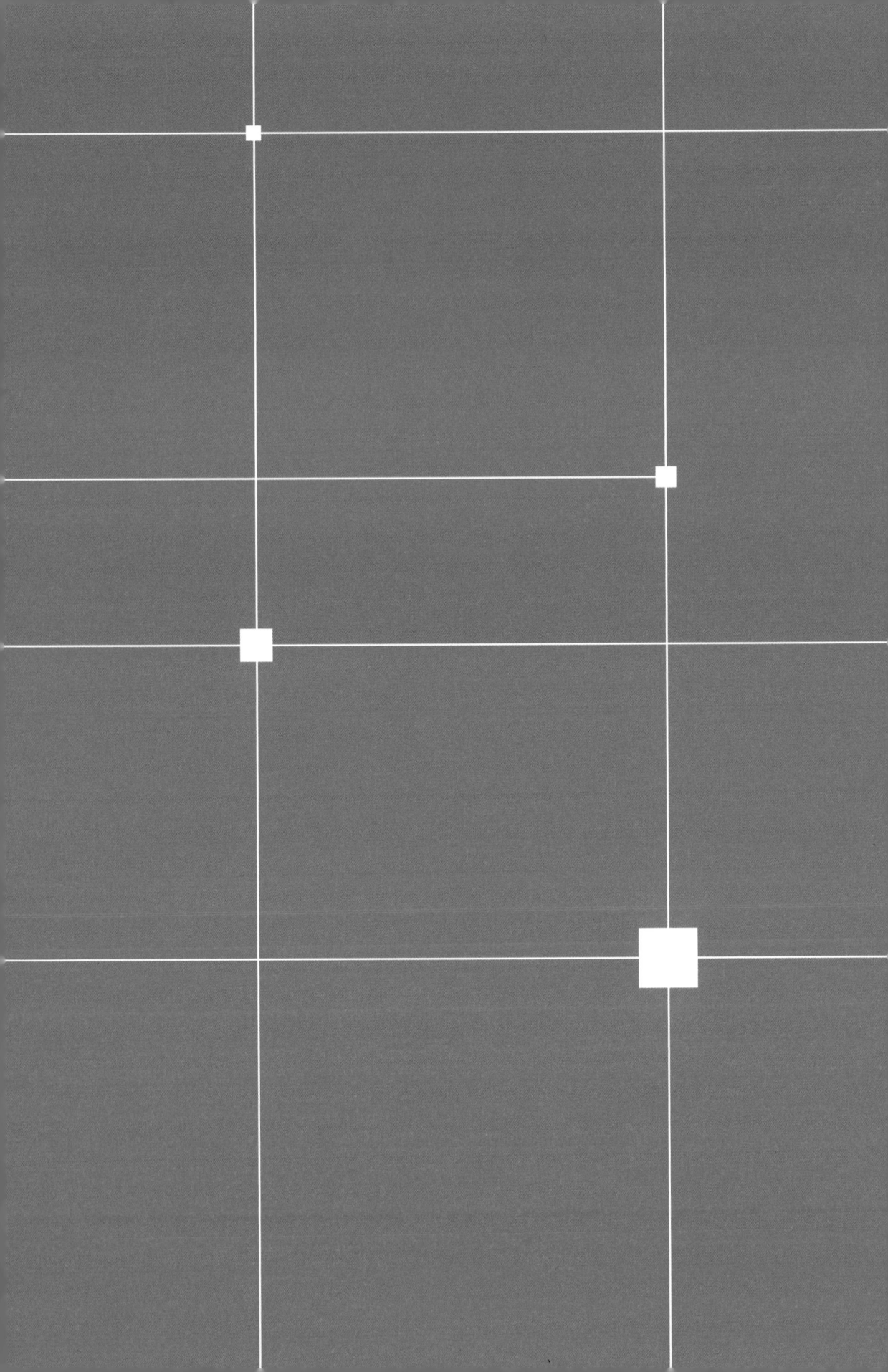

3장

Claim과 무역사기

Claims & Trade Frauds

제1절
Claim 관리

외국의 한 수입자는 우리나라의 중소기업으로부터 미생물을 배양한 건강기능식품을 약 5년간 수입해 오고 있었으나 2022년에 수출자에게 Claim을 제기하며 무역대금 약 15만 달러의 지급을 거절하였다. 수입자의 주장은 수출자가 미생물의 함량이 미달인 제품을 보내는 바람에 수입국 정부에서 수입 승인의 연장을 거절하였고 더 이상 수입을 할 수 없게 되었다고 한다. 수입자는 수입국 정부의 제품검사 결과를 증거로 제출하였다. 수입자의 Claim에 대해 수출자는 동일한 제품을 선적 전에 국내의 검사기관에서 문제없이 검사를 마쳤고 수입국에서 함량검사를 받아야 할 제품이 아니라고 주장한다. 코로나 상황에서 사업 봉쇄(Lockdown)에 의해 판매가 불가능해졌기 때문에 대금지급을 거절하기 위한 Market Claim이라고 수출자는 주장한다.

무역계약의 속성상 계약의 이행과정에 수출자가 수입자보다 더 많은 의무를 부담한다. 그렇기 때문에 상대방의 계약위반에 대해 권리를 주장하는 구제권(The Rights of Remedy)에에 있어서도 '국제물품매매계약에 관한 UN협약(CISG)'은 수입자에게 더 많은 구제권을 인정한다. 더 나아가 신용기간(Credit Period)이 있는 사후송금방식(O/A)의 대금결제 조건을 가진 무역계약이 크게 증가해서 50%에 육박하는 현실이므로 수입자는 외상대금의 지급을 보류하면서 구제권을 효과적으로 행사할 수 있는 여건에 있다.

표 1. 수출자와 수입자의 구제권 비교

수출자가 행사하는 구제권	수입자가 행사하는 구제권
① 이행청구권 ② 계약해제권 ③ 손해배상청구권	① 이행청구권 ② 계약해제권 ③ 대체물청구권 ④ 부적합보완청구권 ⑤ 대금감액권 ⑥ 손해배상청구권

수입자는 수출자의 계약위반이 중대한 계약위반이 아니더라도 궁극적으로는 수출대금의 지급을 거절하는 명분으로 삼기도 한다. 수입자가 구제권의 행사라고 하지만 실제적으로는 부당한 구제권, 즉 Market Claim에 해당할 수 있다. 품질, 가격, 수량, 포장, 선적, 운송 등 수출자의 계약이행에 개입되는 모든 사항이 수입자의 Claim 대상이 될 수 있다. 수출자로부터 인도(Delivery)받은 화물의 판매가 부진하거나 수입자의 자금사정이 악화된 때, 또는 수입자의 단순한 변심에 의해 Market Claim이 발생한다.

수입자의 Market Claim을 방지하기 위해 수출자는 무역계약을 체결하기 전에 수입자의 신용을 자세히 체크하면 좋겠지만 해외에 소재한 수입자의 신용을 조사하는 것이 쉽지 않다. 해외신용조사기관에 수수료를 내고 신용조사 자료를 받았다고 하더라도 신용정보가 부족하고 오래된 정보를 담고 있는 경우가 많다. 다행히 수입자의 신용정보를 풍부하게 입수했고 재무상태가 좋다고 하더라도 장래에 있을 수입자의 변심(Capriciousness)까지 예측할 수는 없다. 사전에 수입자의 신용을 조사해도 부당한 클레임을 제거하기가 쉽지 않다.

무역계약서를 작성하면 품질검사와 관련한 절차와 기준을 명시해 두면 Market Claim을 걸러내는 데에 도움이 된다. CISG에 의하면 수입자는 수출화물을 받으면 신속하게 물품을 검사하고(제38조 제1항) 합리적인 기간 안에 물품의 부적합(Inconformity)을 통지하여야 한다(제39조 제1항)고 되어 있는데 역설적으로 CISG는 수입자의 부적합 통지기간을 물품 수령일로부터 2년 이내의 장기간으로 규정하고 있다(제39조 제2항). 수출화물의 품질검사에 대해 무역계약서에 따로 명시해 두지 않으면 CISG의 규정에 의해서 수입자가 검사기간이라고 주장할 수 있는 기간이 2년까지 길어질 우려가 있다. 그러므로 수출자는 수입자가 Claim을 제기할 수 있는 기간을 가급적 짧게 잡아서 무역계약서에 넣는 것이 좋다. 우리나라 상법은 화물을 구매한 자가 Claim을 제기할 수 있는 기간을 최대 6개월로 제한하고 있다(제69조).

물품검사와 관련한 절차와 기준에 있어서 검사 시기와 검사 주체가 중요한 요소이다. 수출자는 선적 전에 수출지에서 수출자 자신이 또는 수출자가 지정한 검사 전문기관이 검사를 완료하는 것이 유리하다. 반대로 수입자는 선적 후에 도착지에서 수입자 자신이 또는 수입자가 지정한 검사 전문기관이 검사하는 절차를 선호한다. 도착지에서 화물의 품질을 검사하고 불량을 발견하면 수출지로 다시 보내야 하는 불편이 있기 때문에 선적 전에 수출지에서 검사를 마치는 것(Preshipment Inspection)이 합리적이다. 검사는 수출자와 수입자가 합의한 국제 검사전문기관을 지정해서 객관적으로 수행하게 하고 수출자와 수입자는 검사결과를 최종적이며 완전한(Final and Complete) 검사로 받아들인다는 합의를 하는 것이 좋다. 국제적으로 명성이 있는 검사전문기관으로 SGS(Societe General Surveillance), BV(Bureau Veritas), GESCO(The Great Eastern Shipping Co., Ltd) 등이 있다. 검사전문기관에 검사를 의뢰하면 최소 수백 달러에서 수천 달러의 검사비용이 발생하므로 검사비용 분담에 대해서도 수출자와 수입자가 미리 합의하여야 한다.

수출실무 현장에서 무역계약서를 작성할 때 물품의 검사에 관한 조문을 넣는 경우는 그렇게 많지 않다. 수출자와 수입자가 상호 신뢰를 바탕으로 계약서를 작성하기 때문에 계약서의 내용이 그렇게 복잡하지 않고 계약서의 조문(Articles)도 선적일자와 금액, 인코텀즈 등 필수적인 항목을 나열하는 수준에 그치고 있다.

선적 전에 물품의 검사를 거치지 않고 수출했다면 수출자는 수출화물이 도착지에서 수입자에게 인도된 후에 수입자에게 이메일을 보내서 화물을 만족스럽게 잘 받았는지를 묻고 수입자로부터 화물에 만족한다는 이메일 회신을 확보해 두면 Market Claim을 사전적으로 차단하는 효과가 있다. 이어서 수출대금과 지급기일(Due Date)을 수입자에게 보내서 수입자가 이를 인정하는 이메일을 회신하도록 해서 확보해 두면 수입자가 채무를 인정하는 서류가 된다. 수입자의 Market Claim이 있으면 수입자의 채무 인정 이메일은 수출자를 방어할 수 있는 좋은 증거가 될 수 있다.

무역계약에서 권리와 의무가 수출자에게 불리하게 배분되어 있기 때문에 수출자는 수입자로부터 Claim을 받게 되면 최대한 방어적으로 냉철하게 대응하여야 한다. 외상대금 잔액을 가진 수입자가 Claim을 행사하면 수출자는 수입자의 심기를 건들지 않으려고 수입자에게 단호한 입장을 갖기 어렵다. 또한 수출자는 후속 거래를 기대하면서 가급적 수입자의 주장을 수용하려는 태도를 보이기도 한다. 가격을 할인해 주면서 수입자의 Claim을 무마하기 위해 수출자가 수입자에게 Credit Note[1]를 발행해 주는 경우가 무역실무 현장에서 자주 발생한다. 수출자가 Credit Note를 발행하면서 수입자는 현재 상환해야 할 수출대금의 잔액에서 Credit Note 금액만큼 빼고 상환한다. 수입자가 현재 상환해야 할 잔액이 없는 경우에는 장래 상환할 금액이 발생하면 그때 Credit Note 금액만큼 차감하고 상환한다.

그러나 수입자가 Claim을 제기하면 수출자는 수입자의 주장을 가급적 상세하게 서면으로 파악해서 수입자의 주장이 타당한지 면밀하게 살펴야 한다. 수입자가 Claim을 서면으로 상세히 서술하지 못하면, 또는 실물 증거를 대지 못하면 Market Claim일 가능성이 높다.

수출화물의 부적합을 수입자가 주장하면 수출화물을 부적합 상태 그대로 잘 보존할 것을 수입자에게 요구해야 한다. 악의적인 수입자는 수출화물의 일부를 이미 판매하고 제법 오랜 기간이 지난 후에 화물의 부적합을 주장하며 손해배상을 청구한 사례도 있다. 우리나라 수출자로부터 의류를 수입한 미국 수입자의 사례를 보면 수출화물의 불량으로 판매를 할 수 없어서 임의로 폐기했다고 하며 화물 폐기의 증거로 사진 몇 장을 제공했다. 이는 국제거래법에 맞지 않는 Claim이다. 수입자에게는 Claim의 대상이 된 화물을 잘 보존해야 할 책임이 있다(CISG 제86조).

수입자가 구제권의 일환으로 Claim을 주장하더라도 수출자는 섣불리 수입자의 주장을 인정하거나 부정하지 말고 계약위반 사항을 신속하게 조사하겠다는 의사를 수입자에게 보내는 것이 필요하다.

표 2. Claim을 받은 수출자의 대응 절차

① Claim 타당성 검토
- Market Claim 여부 및 계약서에 있는 Claim 기간 경과 여부 확인
- Claim이 품질의 허용범위(Allowance)를 벗어난 것인지 확인
- 수입자가 산정한 Claim 손실액이 적정한지 파악
- Claim의 귀책자를 파악 (제조회사, 포장회사, 창고업자, 운송인 등)

② Claim 상대방에 대응
- Claim 사항에 대해 내부 검토를 진행하고 있다고 통보
- 수입자에게 클레임을 인정하거나 부정하는 의견은 배제
- Claim을 입증하는 상세 자료를 수입자에게 요구
- 수입자에게 자신이 주장하는 손실액의 산출근거를 요구
- Claim 대상 화물을 보존 및 관리해 달라고 요청
- Claim 화물의 보존 및 관리에 들어간 비용을 부담한다는 의향 제시

③ Claim 타당성 확인 작업 제안
- 객관적인 제3기관에 의뢰해서 Claim 사항을 조사하자고 제안

수입자의 클레임이 정당한 것이라면 수출자의 요구에 당당하게 나서겠지만 그렇지 않다면 수입자는 섣불리 대응하지 못할 것으로 예상한다. 문제는 수출자가 재정적으로 또는 인력이나 조직 역량 측면에서 열악한 상태이고 수입자는 재정적인 역량도 있고 변호사의 협조를 받을 수 있는 정도의 조직역량이 있는 경우라면 수출자가 위와 같은 대응을 행사하기가 쉽지 않은 반면 수입자는 시간을 끌면서 수출자를 위기로 몰아넣을 가능성이 있다.

더러는 수입자가 매입채무를 털어내기 위해 고의로 파산 또는 법정관리를 신청하는 경우도 있다. 이런 경우에는 수출자의 마켓클레임 대응이 효과를 보기 어렵다. 단기수출보험이 수입자의 Claim 위험을 커버하는 보험은 아니지만 단기수출보험에 가입된 수출거래는 수입자의 부당한 Claim 위험을 방어하는 효과가 있다. 단기수출보험에 가입된 수출거래는 무역보험공사가 대위권의 원리에 의해 잠재적으로 수출채권을 보유하고 있기 때문에 수입자는 부당한 Claim 주장에 더욱 신중할 것으로 예상한다. 부당한 Claim에 대해 무역보험공사가 수출자보다 대응 역량이 뛰어나기 때문에 수입가가 부당한 Claim을 섣불리 제기하지 않을 것이다.

무역보험공사가 단기수출보험에 가입된 수출거래에 대해 수출자에게 보험금을 지급하면 보험자가 수출자의 수출채권을 가져가는 대위권(Subrogation)의 원리에 의해 무역보험공사가 수출자를 대신해서 수입자에게 수출대금의 상환을 요구할 수 있게 된다. 물론 수출자가 수출이행에 있어서 계약위반이 있었고 수입자의 Claim 주장과 대금지급 거절이 어느 정도 정당한 것이라면 단기수출보험의 보험금이 지급되지 않고 무역보험공사는 대위권을 행사할 수 없다.

제2절
명의도용 무역사기

국제무역이 국경을 넘는 격지간의 거래라는 속성 때문에 사기(Fraud)가 기생하기에 적당한 환경을 갖추고 있다. 사기의 의미는 허위의 신뢰성을 창출(creating false confidence)하거나 사람들로 하여금 존재하지 않는 것을 믿게 하는 것이다. 국제무역에서의 사기는 사기를 의도한 자(Fraudster)가 무역거래를 가장하여 참여자들을 끌어들여서 속이고 물질적인 피해를 주면서 자신은 금전적 이득을 탈취하는 결과를 가져온다. 무역거래에서 사기의 피해자는 수출자와 수입자는 물론이고 운송인, 신용장 발행은행, 적하보험자, 신용보험자 등 무역거래에 참여하는 대부분이 대상이 된다.

무역거래에 이메일, SNS를 이용한 의사전달이 일반화되고 전자상거래 플랫폼을 이용해서 수출자와 수입자가 서로 거래를 시작하는 경우가 많아지면서 무역사기는 더 쉬워지고 많아졌다. Kotra가 전 세계 해외무역관에 접수된 무역사기를 연도별로 집계한 자료를 보면 연간 150건 내외의 무역사기가 꾸준히 보고되고 있다.[2]

명의도용 무역사기는 외국에 실존하는 한 기업(Authenticity)의 명의를 도용한 자(Imposter)가 그 실존 기업으로 가장하고 수출자에게 접근하여 거래를 제안하고 화물을 받으면 사라지는 형태의 사기거래이다. 인터넷 공간에서 만나고 계약을 체결하므로 수출자가 수입자를 대면할 기회를 갖지 않기 때문에 사기꾼(Imposter)이 실존하는 제3의 기업으로 가장하기 쉬운 환경이다.

사기꾼은 이메일 또는 SNS로 수출자에게 접근해서 자신이 Authenticity(제3국 실존 기업)라고 소개하고 수입할 의향이 있다고 한다. 또는 사기꾼이 전자상거래 플랫폼에 외국의 실존하는 기업의 상호로 자신을 등록하고 판매자와 구매자를 이어주는 Matching Program을 통해서 수출자를 물색한다. 명의도용 무역사기가 이루어지는 구조를 도해하면 그림 1과 같다.

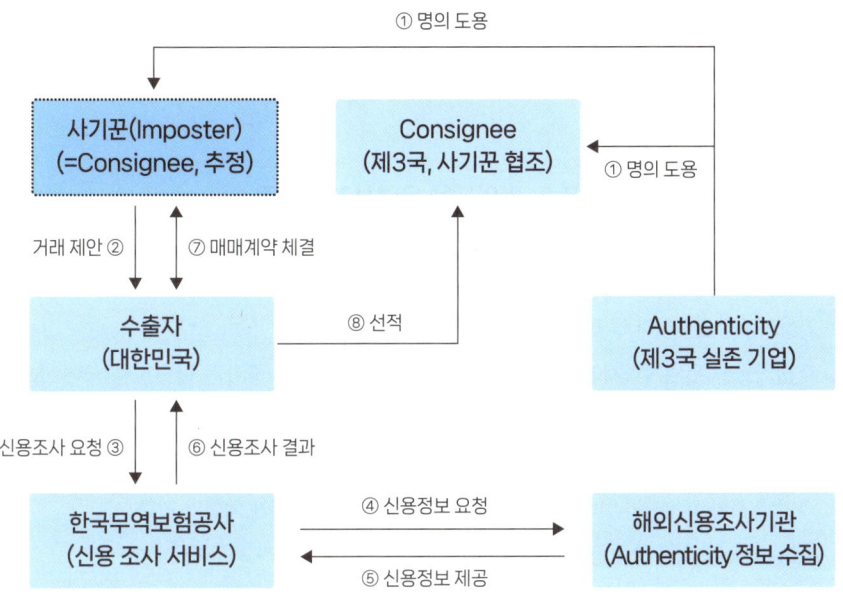

그림 1. 명의도용 무역사기의 구조

* 수출자는 명의도용 무역사기의 거래를 한국무역보험공사의 단기수출보험에 가입할 수 있으나 수출대금을 못 받는 사고가 발생하여도 보험금을 받기는 어렵다.

명의도용 무역사기에서 명의도용은 두 단계로 이루어진다. 사기꾼은 무역계약의 당사자로 위장하면서 한 차례 명의를 도용해서 무역계약을 체결하고 화물을 받을 수하인(Consignee)을 실존 기업(Authenticity)의 제3국 지사 또는 자회사라고 하면서 명의를 한 차례 더 도용한다. 예를 들면, 수하인을 아프리카의 네버랜드에 있는 미국 Apple Inc.의 자회사라고 하면서 Apple Neverland Ltd.로 Apple Inc.의 상호를 도용한다. 무역계약에서 수입자와 수하인이 다른 경우에는 왜 다른지를 수입자에게 확인해야 한다.

명의도용 무역사기이면서 약간 다른 유형이 Agent가 실존 기업의 명의를 도용해서 무역계약을 체결하는 경우가 있다. Agent는 실존 기업을 대리해서 무역계약을 체결한다고 하면서 수출화물을 가로채는 사기 수법이다.

명의도용 무역사기는 고유한 특징이 있다. 아래 표의 명의도용 무역사기의 특징은 한국무역보험공사가 실무 현장에서 발생한 사례를 종합한 것이다. 위의 그림 1과 함께 이 특징을 이해하면 명의도용 무역사기에 대해 보다 명확한 이해가 가능하다.

표 3. 명의도용 무역사기의 특징

① 수출자 대표의 개인 이메일이나 SNS를 통해서 연락이 온다
② 외상거래를 요구하며 무역보험에 가입하라고 권유한다
③ 수출화물을 무역계약서에 기재된 수입자(Authenticity)의 국가가 아닌 제3국에 소재한 Consignee(수하인)에게 보내라고 요구한다
④ 명의를 도용한 기업(Imposter, 사기꾼)의 이메일 주소와 홈페이지 도메인은 명의를 도용당한 기업(Authenticity)의 이메일 주소, 홈페이지 도메인과 미세하게 차이가 있다.
⑤ Authenticity 업종의 물품과 Imposter가 주문한 물품의 종류가 서로 다르다

자료: 한국무역보험공사(공공데이터포탈, 2022. 7. 14)의 자료를 정리

명의도용 무역사기가 발생한 사례의 거래금액이 단 한 차례의 선적이면서 수십만 달러에 이르는 거액이라는 점도 특징이다. Imposter가 수출자에게 외상거래를 요구하며 무역보험에 가입하라고 권유하는 이유는 정확하게 알 수 없으나 명의도용 무역사기가 가능하기 위해서는 O/A 또는 D/A와 같이 신용기간이 있는 무신용장 결제방법이어야 하므로 수출자가 외상거래를 거절하지 않게 무역보험의 가입을 권유하지 않았는가 짐작한다.

명의도용 무역사기는 어떻게 예방할 수 있을까? 전자상거래 플랫폼과 같은 비대면 On-line 거래를 하지 않고 모든 거래를 대면 형식의 전통적인 거래만 하면

명의도용 무역사기는 완벽하게 차단할 수 있다. 그렇지만 이는 진보된 미래형 거래를 거부하는 것이고 퇴행적인 경영이다.

　명의도용 무역사기의 예방은 세 가지 방법으로 가능하다. Imposter가 제공한 정보를 잘 살펴서 사기를 판별하는 방법과 외부 기관에 수입자 조사를 신청해서 예방하는 방법, 그리고 Imposter가 제공한 정보와 수입자 신용조사 자료를 대조해서 정보의 불일치를 확인하는 방법이다.

　Imposter가 사용하는 이메일 주소의 확장자와 홈페이지의 도메인이 실존 기업(Authenticity)의 이메일 주소 확장자, 도메인과 미세한 차이가 있다. 주의를 기울여서 확인하지 않으면 이 차이를 지나치기 쉽다. 예를 들면, 실존 기업의 이메일 주소 ****@***group.com을 ****@***gruop.com으로 이메일 주소 확장자의 알파벳 배치를 'ou → uo' 정도의 변조로 수출자를 쉽게 속일 수 있다. 수출화물을 받는 수하인의 홈페이지 도메인도 이메일 주소의 확장자 변조처럼 실존 기업의 도메인과 미세하게 차이가 나게 바꾼다. Imposter가 보낸 수입자의 로고를 확대해 보면 합성을 한 흔적을 발견할 수도 있다. 실존 기업의 업종과 Imposter가 주문한 물품이 전혀 매치가 안될 정도로 다르면 명의도용 무역사기로 의심해 볼 수 있다.

　수입자를 조사할 수 있는 곳은 무역보험공사와 Kotra이다. 무역보험공사를 통해서 실존 기업과 수하인의 신용조사 자료를 확보할 수 있고 Kotra의 해외무역관을 통해서 실존 기업에 무역계약을 체결한 사실을 조회할 수 있다. 무역보험공사의 신용조사에 의해 수하인이 가공의 회사라는 것을 확인할 수 있다. Kotra의 조사에서 실존 기업이 무역계약을 한 사실을 부인하면 이는 명의도용 무역사기에 해당한다.

　마지막으로, 사기꾼(Imposter)이 보낸 수입자 정보와 무역보험공사가 제공한 실존 기업의 신용정보를 비교해서 차이점이 있는지 확인해 본다. 기업 등록번호, 납세자 번호, 대표자 성명, 전화번호 등에서 차이가 있는 경우 Imposter에게 차이가 나는 이유를 물어서 명의도용 무역사기를 예방한다. Agent가 나서서 명의를 도용한 무역사기에서도 수입자 조사를 통해 사기를 예방할 수 있다.

On-line으로 수입자를 확보했고 신중하게 조사를 했고 명의도용이 아니라고 판단이 서면 첫 거래의 수출대금 결제방법을 D/A(Document against Acceptance)로 정하기를 권한다. D/A 거래에서는 환어음과 선적서류가 수입자, 즉 명의도용 무역사기의 Imposter가 도용한 실존 기업의 주소가 있는 곳의 은행으로 가기 때문에 이 사기거래가 실존 기업에 노출될 수 있다. 더 나아가서 Imposter는 은행에 가서 환어음의 인수(Acceptance)와 선적서류를 수령해야 하므로 은행에 자신들을 노출하는 부담이 있다.

선하증권의 원본(Original)이 여러 통 발행되는 경우 D/A 거래에서 간혹 변칙적으로 원본 한 통을 수입자에게 직접 보내기도 한다. 이렇게 하면 수입자가 은행을 방문할 필요 없이 수출자로부터 직접 받은 선하증권 원본으로 화물을 수령할 수 있기 때문에 D/A 거래의 은행을 통한 추심과정이 의미가 없다. 발행된 선하증권 원본 전부를 D/A 거래의 추심절차를 통해서 보내야 한다.

추심은행(Collecting Bank) 선정에 있어서도 수입자 주소지의 은행을 검색해서 은행으로서 존재가 확인된 은행으로 선정해서 추심을 요청해야 한다. 간혹 추심절차를 이해하지 못하는 부실한 은행도 있다. 이런 은행은 수입자의 신분도 확인하지 않고, 그리고 환어음의 인수절차도 없이 서류를 인도하는 경우가 있다.

국제무역에서는 이 밖에도 다양한 유형의 무역사기가 존재한다. 다음의 표 4에 나열한 무역사기는 Kotra가 전 세계 해외무역관을 통해서 수집한 무역사기의 사례이다.

표 4. 무역사기의 유형

사기의 유형	사기의 내용	피해자
	예방 방법	
금품 사기	외국의 정부조달 참여에 초청하면서 기업 등록비용 요구, 수출대금의 송금에 필요하다고 하며 은행 수수료 요구(10% 수준의 과다한 요구), 수입지 식약처의 인증 신청에 필요한 수수료 요구	수출기업
	유리한 거래조건(예: 선수금 거래)을 제시한 경우 금품 사기의 유형인지 의심하고 신중하게 검토	
불법 체류	제품 구매 의사를 보이며 기술자 및 담당자의 한국 방문을 위한 초청장 요구 ⇒ 한국 입국 후에 잠적하여 불법으로 체류할 의도	수출기업
	초청장 발급 전에 상대방 정보 확인	
서류 위조	위장한 수입자가 위조한 입금증을 보내고 수출자의 선적을 유도, 외국의 정부기관이라고 속이거나 Paper Company의 정보를 제공하고 선적을 유도	수출기업
	상대방이 보낸 서류들 간에 주소 등 정보가 일치하는지 파악해 보고 문안, 로고 등을 확대하여 합성의 흔적이 있는지 확인	
이메일 사기	수출자와 수입자 사이의 이메일 교신에 해커가 잠입해서 수출입자의 정보를 빼낸 후에 수입자로부터 결제대금을 가로채는 행위	수출기업 수입기업
	다음 장에서 자세히 기술	
선적 불량	외국의 수출자가 선수금을 받고 잠적하면서 화물을 보내지 않거나 허위의 물류기업 홈페이지를 구축하고 제품이 선적된 것처럼 꾸며서 우리나라의 수입자를 속이는 행위	수입기업
	거래처의 신용도 사전 검증	

자료: 'Kotra의 무역사사기 발생현황 및 대응방안(2023년)'을 요약하고 보완

제3절
이메일 해킹 무역사기

　이메일 해킹(Hacking)의 무역사기는 해커(Hacker)가 수출자와 수입자의 이메일 계정에 침입하여 수출자와 수입자의 이메일 교신 내용을 관찰한 후에 수출대금을 제3국의 계좌로 빼가는 사기 행위이다. 해커(Hacker)가 수출자 또는 수입자에게 악성코드 파일이 첨부된 메일을 발송하고 수신자가 이 파일을 클릭하면 해당 이메일 계정의 정보를 탈취한 후에 수신자가 주고받는 이메일을 관찰할 수 있게 된다.

　해커는 수출자와 수입자가 서로 주고받는 이메일 가운데 수출입거래와 관련된 정보를 수집해서 분석하고 적당한 시기에 수출자로 가장하여 수입자에게 수출대금을 받는 은행계좌가 변경되었다고 통보하고 수입자가 변경된 계좌로 통보하도록 유도한다. 이메일 해킹 무역사기의 사례를 보면 수입자는 주도면밀한 해커의 지시대로 제3국에 해커가 개설한 은행계좌로 무역대금을 송금하게 되는 것을 확인할 수 있다. 이 과정을 표로 정리하면 표 5와 같다.

표 5. 무역대금 이메일 해킹이 발생하는 과정[3]

단계		
1단계	악성코드 주입	피해기업을 물색하여 악성코드가 들어있는 이메일을 보낸 후 수신자가 클릭하면 악성코드 감염
2단계	이메일 교신 관찰	악성코드에 감염된 이메일 계정이 교신하는 이메일을 관찰하여 중요한 정보를 탐지하면 무역대금 탈취 대상으로 주목
3단계	중간자(MITM)의 공격 개시	수출자와 수입자 사이에 해커가 거래처로 가장하여 중간자(Man In The Middle Attack, MITM)로 끼어 들어서 수입자에게 무역대금 결제계좌 변경 통지. 이때 해커는 수출자가 사용하는 이메일 주소와 비슷한 이메일 주소를 사용
4단계	자금 인출	해커가 무역대금 탈취에 성공하면 무역대금을 탈취한 은행계좌가 있는 곳에서 자동차, 귀금속 등 현물을 구매하는 방식으로 자금을 인출

수출자가 이메일 해킹 무역사기에 의해 수출대금을 탈취당하면 그 대금을 찾기가 쉽지 않다. 이메일 해킹으로 탈취한 무역대금은 수입자가 송금을 의뢰한 은행에서 중간은행을 거쳐 최종 수취은행으로 이동하기 때문에 피해 수출자가 이메일 해킹 무역사기를 확인한 즉시 중간은행과 최종 수취은행 두 곳에 즉시 지급정지를 요청하여야 한다. 수출자는 송금받기로 예정된 국내의 외국환은행을 통해 송금액 반환요청을 보내야 하는데 거래은행에서 적극적으로 협조받기가 쉽지 않다. 이어서 경찰청 사이버안전국의 도움을 받아서 중간은행과 최종 수취은행이 있는 국가의 경찰에 수사를 요청해야 한다. 피해기업이 절차를 거쳐서 해당 국가의 경찰에 탈취 자금의 지급정지를 요청해도 정식으로 수사가 진행되기 전까지는 지급정지를 걸 수 없다.[4]

이메일 해킹 무역사기는 무역대금 결제과정에 은행이 개입하는 신용장거래와 추심거래(D/A, D/P)에서는 발생할 수 없고 선수금 방식(Cash in Advance), CAD, COD, O/A 등 모든 송금방식의 무역대금 결제방법은 이메일 해킹이 접근하기 쉬운 결제구조로 되어 있다. 신용장거래와 추심거래에서는 수입자로부터 무역대금을 받는 1차 수취인이 은행이고 결제과정에 은행은 금융기관 사이에 사용하는 Messaging Network인 SWIFT를 이용하여 교신하기 때문에 해커가 중간자(MITM)로 끼어들 수 없다. 그런데 송금방식의 무역대금 결제방법에서는 수출자와 수입자가 일반적인 이메일로 교신하고 은행의 개입 없이 무역대금이 결제되므로 해커가 중간자로 끼어 들어서 무역대금 결제계좌를 변경하고 무역대금을 탈취하기에 좋은 환경이다.

해커가 중간자(MITM)로서 공격을 실행하는 과정에 사용하는 수단은 위조된 수출자의 로고(Logo)와 Letterhead 용지, 그리고 수출자의 이메일 주소와 비슷하게 위조된 이메일 주소이다.

해커가 위조한 여러 수단은 유심히 살펴보면 위조를 식별할 수 있는 조악한 수준이지만 현실적으로 해커의 시도는 다수의 수출거래에서 성공을 거두고 있다. 해커가 이메일 해킹 무역사기에 성공한 사례를 보면 수출자와 수입자는 무역대금을 탈취당하고 한참 뒤에야 해킹 사실을 확인하는 정도로 부주의한 경우도 있다. 우리나라 경찰청이 집계한 이메일 해킹 무역사기의 국제공조 요청 건을 보면 2015년에 150건까지 확대되었다(경찰청 사이버안전국). 이후에도 이메일 해킹 무역사기는 끊임없이 매년 발생하고 있다.

표 6. 위조 또는 변조된 이메일 주소의 사례

원본 이메일	허위 이메일	변경 글자
@*u.um**.com	***@*u-um*****.com	콤마를 데시로 변경
@**owm*.com	***@**owsm****.com	확장자에 s 추가
sales@***.com	sales@***.com	sales의 l → i 대문자 I
***@**uffle.it	***@**ufle.it	**uffle에서 f 하나 제거

자료: kotra·경찰청 (2023)에서 일부를 발췌 및 요약

이메일 해킹 무역사기를 방지하기 위해 어떤 조치가 필요한가? 아래의 조치는 무역대금 관리와 관련한 전문가의 조언을 요약한 것이다.[5]

① 보안시스템이 구축된 이메일을 사용하는 것이 좋고, gmail, naver, daum과 같은 상용계정의 이메일을 보안시스템에서 사용하는 회사의 이메일 계정과 연동하는 것은 위험하다.
② 수출자는 수입자와 주고받는 이메일에 '무역대금의 결제를 위한 은행계좌는 변경되지 않는다'는 상용 문구를 포함한다.
③ 수출자의 홈페이지에 아래와 같이 '무역대금의 결제를 위한 은행계좌는 변경하지 않는다'는 공고를 올려 둔다.

> ABC Corporation's bank account has not been changed and is not planning to change in the future. Our bank account is Teheran-ro Branch, XYZ Bank of Korea.
> Address : Teheran-ro, Gangnam-gu, Seoul, South Korea
> SWIFT Code : XXXXXXXX
> Account No. : 188-0000-99-888
> Beneficiary : ABC Corporation
> We will never open a new bank account abroad. If you receive any suspicious mail telling you that we have changed the bank account, that is definitely a scam. So, do not send any money and do not hesitate to contact our overseas sales coordinator in charge of your nation.
> Whenever sending money, please check out our bank account information on our homepage.

자료: 김경철 (2022)

④ 무역계약이 체결되고 수출대금을 받기 전에 수출자가 은행계좌를 변경해야 할 경우에는 이메일로 새로운 은행계좌를 알려 주는 것 외에도 반드시 전화나 영상통화로 은행계좌의 변경을 상호 재확인하는 과정을 거친다.

위험관리 전문가가 조언하는 위와 같은 주의 사항에 귀를 기울이는 노력이 필요하다. 그렇지만 이메일 해킹 무역사기의 한 사례를 보면 무역사기가 훨씬 더 정교하고 대담하게 진화하고 있으며 위의 전문가의 조언을 따르는 것만으로는 부족하다는 것을 알 수 있다. 사후송금방식(O/A)의 결제방법을 가진 거래에서 발생한 한 이메일 해킹 무역사기에서는 수입자가 매우 신중하게 대응했는데도 사고를 막지 못했다. 이 사고 역시 다른 이메일 해킹과 동일하게 해커가 중간자로 개입해서 수입자에게 이메일을 보내면서 수출대금의 결제계좌를 변경한다고 하고서 변경된 은행계좌로 수출대금을 받아서 가로챈 사고이다.

이 사건의 진행 과정은 이렇다. 수입자는 해커의 결제계좌 변경 요청 이메일에 대해 수출자 대표가 결제계좌를 변경하는 이메일을 직접 보내라고 요구하였고 이에 해커는 수입자의 요구대로 수출자 대표의 이메일 주소를 사용하여 결제계좌의 변경을 요청하는 이메일을 보냈다. 이어서 해커는 수출자의 직원이라고 하면서 전화로 결제계좌를 변경한다고 재차 확인하였다. 해커가 이런 정도로 위장하면 이메일 해킹 무역사기를 위의 전문가가 조언하는 수준으로는 막아내기 어렵다.

차라리 수출계약서와 상업송장(Commercial Invoice)에 결제계좌를 넣고 '수출거래가 끝날 때까지 이 결제계좌는 변경되지 않는다'는 내용도 함께 넣어서 이메일 해킹에 의한 무역사기가 원천적으로 불가능하게 만드는 것이 필요하다. 아래의 문안이 그 내용이다.

표 7. 이메일 해킹 방지를 위한 수출자의 면책 문언

The bank account specified in this contract (invoice) shall not be changed for the payment of this contract (invoice). The Buyer, who makes payment to a different bank account, shall still be obligated to pay the Seller for this contract (invoice).

(이 계약서(상업송장)에 있는 은행계좌는 변경되지 않는다. 이 계약서의 은행계좌가 아닌 다른 은행 계좌로 결제한 수입자는 이 계약(상업송장)에 따라 결제해야 하는 책임이 여전히 존재한다)

무역계약서에 수출대금 결제를 위한 은행계좌가 들어가는 것이 일반적인 관행은 아니지만 그렇다고 은행계좌를 기재해 넣는 것이 이상할 것도 아니다. 무역실무 현장에서 수출대금 결제를 위한 은행계좌가 무역계약서에 들어가고, 또한 상업송장(Commercial Invoice)에도 결제계좌를 기재한 사례를 확인하는 것이 어렵지 않다. 무역계약을 체결하고 수출대금의 결제기일(Due Date)에 수출대금을 받는 일련의 과정을 거치는 동안 수출자가 결제계좌를 굳이 변경해야 할 사유가 있을까? O/A, CAD, COD 등 송금방식의 수출대금 결제방법에서 수출자의 은행계좌는 중요한 정보이므로 무역계약서에 기재하고, 거래가 진행되는 동안에는 은행계좌를 변경하지 않는 것이 수입자가 안심하고 수출대금을 송금하도록 도와주는 것이 아니겠는가?!

이메일 해킹 무역사기는 수출자가 대기업이냐 중소기업이냐를 불문하고 발생한다. 수출자가 거래하는 수입자가 신생 거래선이냐 오랫동안 거래한 단골 거래선이냐를 불문하고 발생한다. 수출자가 이메일 해킹 무역사고를 당하면 해당 거래의 무역대금을 탈취당하는 것은 물론이고 어렵게 확보한 해외 거래선도 잃게 된다. 무역계약서에 결제계좌를 넣고 '수출거래가 끝날 때까지 이 결제계좌는 변경되지 않는다'는 위의 예시 문안도 함께 넣기를 다시 한번 강조한다.

이메일 해킹(Hacking)의 무역사기는 수출자에게 뿐만 아니라 수입자에게도 손실을 끼친다. 해커가 수출자와 수입자 사이에 끼어 들어서 수출대금을 탈취해가기 때문에 어쩌면 수입자가 결제를 두 번 해야 하는 경우도 있을 수 있다.

수입자도 해커로부터 자신을 보호하기 위한 노력이 필요하다. 해커에게 지급된 결제는 수출대금 결제로 인정할 수 없다는 경고문을 수출자가 수입자에게 보낸 것처럼 수입자도 면책 문언을 수출자에게 보내두면 해킹 사고가 나면 수출자에게 책임을 전가할 수 있는 근거를 마련하게 된다.

다음의 면책 문언은 이메일 해킹의 무역사기로 수출자의 계좌 대신 해커의 계좌로 수입대금을 송금했던 수입자가 수출자에게 보낸 이메일이다. 이 수입자는 다행히 자금이 해커에게 이체되지 않고 되돌아와서 안전하게 회수할 수 있었다.

표 8. 이메일 해킹 방지를 위한 수입자의 면책 문언

I hope your business prospers every day.

Not long ago, we had an email probably sent by hackers, and we sent the payment for your company to the wrong account, not your company's account. Fortunately, the remittance was recovered without being passed on to the hackers. Around me, I have observed cases of incorrect payment transfers due to email hacking.

We are concerned that in the future, similar hacking may lead to mis-sending of import payments again. Therefore, in the future, our company does not plan to use any accounts other than the bank account agreed upon in the trade contract with your company as a remittance account. We would like to inform you that our company is not responsible even if there is a notification requesting to change an account in your company's name and our company sends the payment to the wrong account as a result.

(한글 번역: 귀사의 사업이 날마다 번창하시기를 기원한다.

우리는 얼마 전에 이메일 해킹에 의해 귀사에 보낼 결제대금을 귀사의 계좌가 아닌 엉뚱한 계좌로 송금하였다. 다행히 송금액은 해커에게 전달되지 않고 회수하였다. 주변에 이메일 해킹에 의해 결제대금을 잘못 송금하는 사례가 관찰된다.

우리는 향후 해킹에 의해 수입대금을 잘못 보내는 일이 다시 발생할까 우려한다. 우리 회사는 향후에 귀사와 무역계약에서 합의한 계좌 이외에는 송금계좌로 사용하지 않을 계획이다. 혹시 여하한 통지에 의해서든지 귀사 명의로 계좌변경을 요청하는 통지가 있고 그에 의해 우리 회사가 귀사의 결제대금을 엉뚱한 계좌로 보내게 되더라도 우리 회사는 책임이 없다.)

1　Credit Note는 국제무역에서 미지급금을 확인하는 서류로 채권을 가진 상대방에게 채무자가 발행한다. 예를 들면, 수출화물에 불만이 있는 수입자에게 수출자가 수출대금의 일부를 할인하는 목적으로 Credit Note를 발행하고 수출대금의 회수는 Credit Note 금액을 공제하고 받는다. 수입자의 품질 클레임에 대해 발행하는 Credit Note는 다음과 같다.

We have identified a quality issue with the recently supplied [Product Description] as per our contract dated [Contract Date]. We acknowledge the discrepancy and apologize for any inconvenience caused. In light of this, we are issuing a Credit Note in the amount of [Amount] as a compensation for the quality deviation.

2　Kotra, 경찰청, 2023, 2022 무역사기 발생현황 및 대응방안, Global Market Report 23-005, 2월 27일, p. 2.

3　이여정, 2016, 전신환 거래 악용 범죄의 문제점과 해결방안 연구: 이메일 해킹 무역사기 피해사례를 중심으로, 연세대학교 정보대학원, 석시학위 논문, pp. 5-7.

4　Kotra, 경찰청, 2023, 2022 무역사기 발생현황 및 대응방안, Global Market Report 23-005, 2월 27일, p. 26.

5　김경철, 2022, "명의도용 및 이메일 해킹 무역사기 예방에 관한 연구,"무역금융보험연구 제23권 제1호, pp. 137-150.

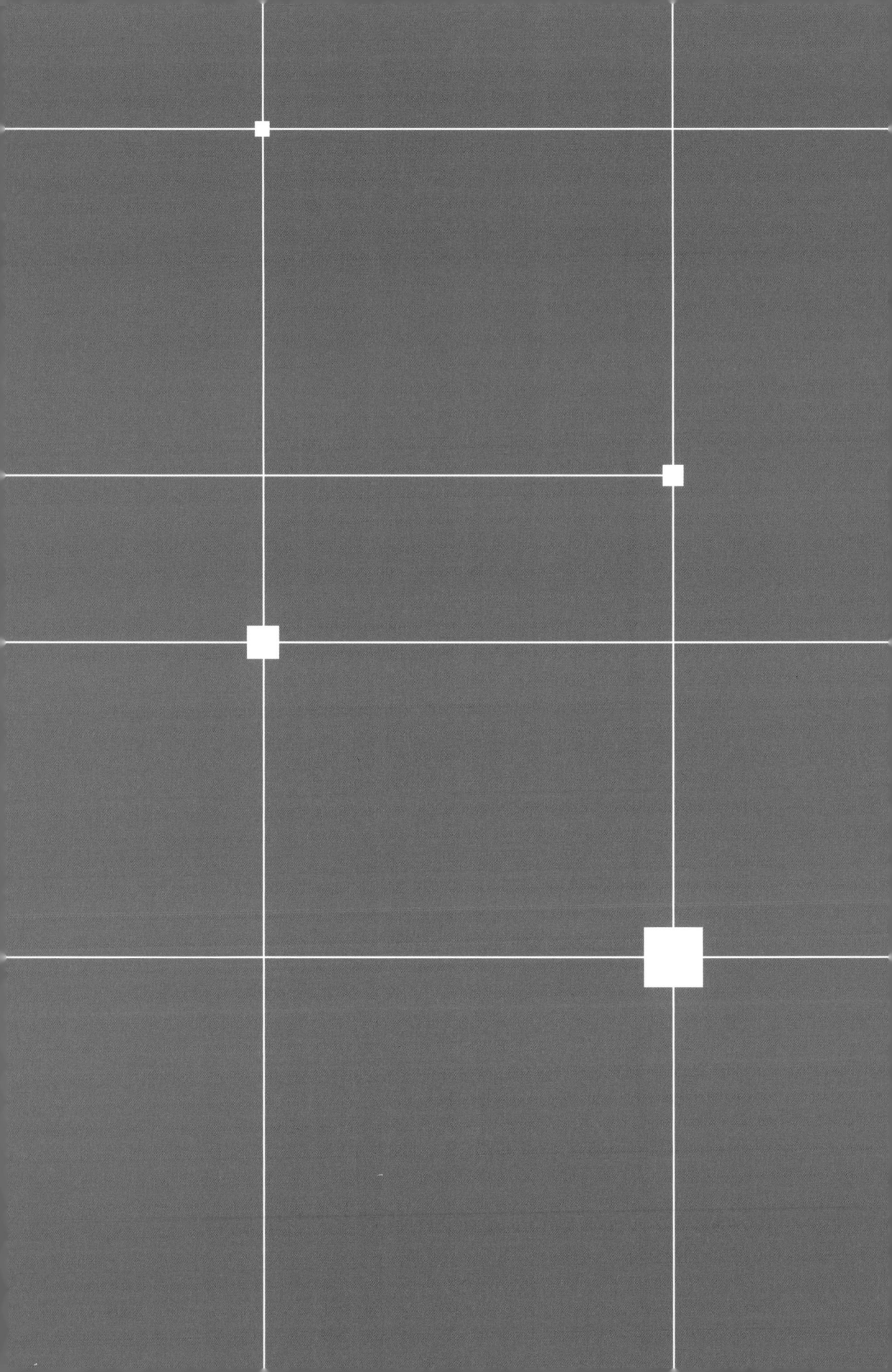

4장

외상수출은 단기수출보험으로 커버

Risk Cover by Export Insurance

제1절
단기수출보험은 어떤 보험인가?

영어 단어 'Adventure'는 '모험'으로 해석한다. 이 단어가 영국의 해상보험법에서는 '보험에 가입하는 사업'을 의미한다. 보험의 '목적(Object)'이 되는 사업이라는 의미이다. 항해 중에 침몰할 수 있는 선박을 운영하는 해운사(Shipowner)의 해상사업 또는 선박으로 화물을 보내거나 받는 화주(Consignee)의 사업이 'Adventure'가 된다. 이러한 해상사업을 왜 'Adventure'라고 할까? 선박이나 화물과 같은 재산은 물론 선박에 승선한 선원의 생명까지 위협하는 거친 바다에서 사업을 해야 하므로 해상사업을 'Adventure'라고 하지 않았을까?

수출자가 바다 건너 생면부지의 수입자에게 한 컨테이너의 화물을 외상으로 팔고 외상대금이 입금될 때까지 기다리는 수출자의 심정은 'Adventure'를 감행하는 기분이 아닐까? 컨테이너 한 개의 평균적인 화물가치는 20만 달러 정도라고 한다. 한 컨테이너의 화물을 수입자에게 외상으로 보냈을 때 20만 달러의 외상대금은 수입자의 사업이 정상적으로 잘 되었을 때, 수입자의 자금사정에 문제가 없을 때, 수입국의 외환사정에 갑작스런 악화가 없을 때, 그리고 무엇보다 수입자가 변심하지 않았을 때 비로소 받을 수 있다.

해상사업의 'Adventure'는 해상보험으로 커버하듯이 외상대금의 'Adventure'는 단기수출보험으로 커버한다. 단기수출보험은 수출한 물품이나 용역의 대금을 회수할 수 없게 된 경우에 수출자가 입게 되는 손실을 보상하는 보험이다.

단기수출보험에 가입하기 위해서는 다른 보험과 마찬가지로 보험료를 납부해야 한다. 그런데 보험료는 보험사고가 발생하여 보험금을 받는 경우가 아니면 매몰비용(Sunk Cost)으로 인식되기 때문에 작은 규모의 보험료일지라도 보험료를 부담하고 보험에 가입하기를 주저한다. 그래서 무역거래의 특성상 수출대금 미결제 위험이 존재하는 유형의 수출거래 가운데 약 55% 정도만 단기수출보험에 가입하고 있다. 수출대금 미결제 위험이 없는 유형의 수출거래는 기업내무역(Intra-firm Trade), 선수금 거래, 위탁가공무역과 무상거래 등이다.

단기수출보험은 수출대금을 못 받아서 보험금으로 손실을 메꾸는 기능 외에도 보험에 가입된 외상기간 동안 안심감(Peace of Mind)을 느끼는 것도 단기수출보험의 중요한 효능이다. 더 나아가서 새로운 수입자를 찾아서 거래하면서 수출대금 미결제 위험을 단기수출보험에 이전시킬 수 있기 때문에 공격적으로 해외시장을 개척하고 확대하는 데에도 단기수출보험은 너무나 효과적인 수단이다.

단기수출보험은 무역보험공사가 운영하는 정책보험이다. 공적인 회사가 정책적인 목적을 가지고 운영하는 보험이므로 이익 창출의 목적으로 운영하는 민간기업이 운영하는 다른 보험이 제공하는 경제적인 효익에 비해 단기수출보험이 제공하는 효익이 더 크다. 그리고 많은 지방자치단체와 경제단체가 중소기업이 부담하는 단기수출보험 보험료를 지원하고 있기 때문에 중소 수출기업이라면 보험료의 부담이 줄어들거나 보험료 부담 없이 보험에 가입할 수 있다. 국제무역에 적하보험이 필수로 필요한 보험이라고 인식하는 것처럼 단기수출보험도 외상수출에 필수적으로 필요하다는 인식이 무역업계에 자리 잡아서 많은 수출기업이 단기수출보험을 지렛대로 삼고 해외시장을 안정적으로 확대할 수 있으면 좋겠다.

단기수출보험은 가입하는 수출자의 기업규모와 수출거래 규모에 따라 여러 가지로 세분화된다. 이 책에서는 세분화된 보험을 총칭해서 단기수출보험이라고 부른다.

개별보험과 포괄보험은 적하보험에서 구분하고 있는 개별보험 및 포괄보험과 비슷한 개념이다. 적하보험에서 개별보험은 운송 건별로 보험에 가입하는 것이고 단기수출보험의 개별보험은 수출자가 수입자를 특정해서 보험에 가입하는 것이다. 다시 말해 수출대금을 못 받게 될 위험이 큰 수입자를 특정해서 단기수출보험에 가입하기로 약정한 보험이다.

포괄보험은 적하보험의 포괄보험처럼 한 수출기업의 일정한 수출거래 전부를 단기수출보험에 가입하기로 연간 단위로 포괄적인 계약을 체결하고, 이후 그 수출기업에 해당 수출거래가 발생하면 전부 단기수출보험에 가입하고 보험료를 납부한다. 포괄보험을 약정하면 개별보험에 비해 선적건당 보험료의 부담이 크게 감소하고 수입자별로 책정하는 신용한도는 크게 증가한다. 단기수출보험 포괄보험은 다수의 신용 거래선을 가진 수출기업이 신용위험의 관리를 무역보험공사에 아웃소싱하기에 적합한 보험제도이다.

다이렉트보험은 적하보험의 개별보험과 매우 비슷하게 선적건별로 보험에 가입하는 단기수출보험이다. 사이버영업점을 통해서만 이용할 수 있게 설계된 보험이고 신용한도가 최대 20만 달러이지만 보험료는 0.6%로 매우 낮다. 신용으로 거래하는 수출이 많지 않은 수출기업이 이용하기에 좋다.

그밖에 중소중견Plus+, 다이렉트플러스, 농수산물패키지, 단체보험, 안전망보험 등으로 세분화되어 있어서 수출기업의 신용위험 관리 수요(Needs)에 맞는 단기수출보험을 선택할 수 있게 다양한 구색(Assortment)을 갖추고 있다.

표 1. 단기수출보험의 세분화된 보험 종류

대·중견·중소기업	중소·중견기업		중소기업
	수출실적 5천만 달러 이하	수출실적 3천만 달러 이하	수출실적 10만 달러 이하
개별보험 포괄보험 농수산물패키지	중소중견Plus+	단체보험	안전망보험
	다이렉트보험 (수출실적 기준 X)		다이렉트플러스 (수출실적 기준 X)

단기수출보험에 가입할 수 있는 수출의 유형

단기수출보험에서 커버하는 대상은 물품과 용역이지만 약관의 내용은 물품 수출을 중심으로 서술되어 있다. 용역을 수출하고 대금을 받지 못하는 위험을 커버하는 보험은 따로 서비스종합보험이 있다. 서비스종합보험은 용역과 전자적 무체물의 수출에서 수출대금을 못 받게 되는 위험을 커버하는 보험이다.

단기수출보험에 가입할 수 있는 거래의 유형은 일반수출, 위탁가공무역, 중계무역 등 세 가지 유형이다. 단기수출보험에 가입하면서 대상 수출거래의 유형이 단기수출보험에 가입할 수 있는 거래유형인지 확인하는 것은 매우 중요하다. 단기수출보험에 가입할 수 없는 수출 유형이면 수출대금을 못 받는 보험사고가 나도 보험금을 받을 수 없다.

일반수출은 국내에서 생산·가공, 또는 집하된 물품을 수출하는 거래이다. 수출의 가장 일반적인 유형으로 우리나라 수출의 70~80%가 일반수출 형태이다.

그림 1. 단기수출보험에 가입할 수 있는 거래 (일반수출)

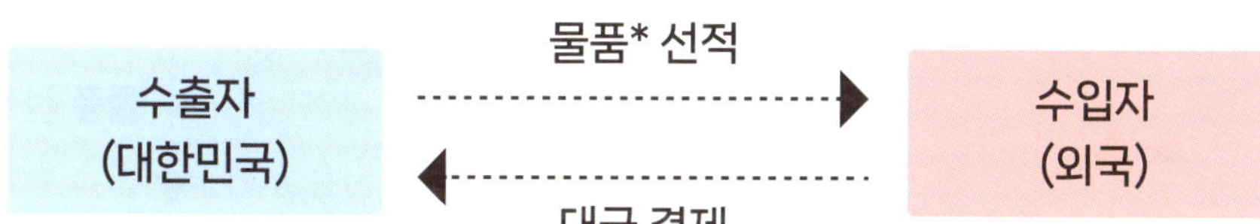

수출자 (대한민국) → 물품* 선적 → 수입자 (외국)
수출자 (대한민국) ← 대금 결제 ← 수입자 (외국)

*선적되는 물품은 국내에서 생산·가공·집하된 물품

위탁가공무역은 우리나라 기업이 외국의 임가공 기업과 임가공계약을 맺고 원재료 또는 부품을 공급해 주고 물품을 가공하게 한 후에 임가공임을 지급하고 물품을 인수하여 현지 또는 제3국에 수출하는 거래이다. 위탁가공무역이 되기 위해서는 임가공계약이 필수적으로 있어야 한다. 그렇지 않으면 중계무역 또는 외국

인도수출로 볼 수 있기 때문이다. 중계무역도 단기수출보험에 가입할 수 있는 거래유형이기는 하지만 보험에 가입하는 비율, 즉 부보율에서 위탁가공무역과 중계무역에 차이가 있기 때문에 수출 유형을 정확하게 구분해야 한다. 개별보험과 포괄보험에서 중계무역의 부보율은 일반수출과 위탁가공무역에 비해 더 낮다.

표 2. 수출거래 형태별 부보율 비교

일반수출 위탁가공무역	개별보험	중소기업 100%, 중견 97.5%, 대기업 95%
	포괄보험	
중계무역	개별보험	수입금액/수출금액의 비율 이내
	포괄보험	신용장 거래 90%, 무신용장 거래 85%

그림 2. 단기수출보험에 가입할 수 있는 거래 (위탁가공무역)

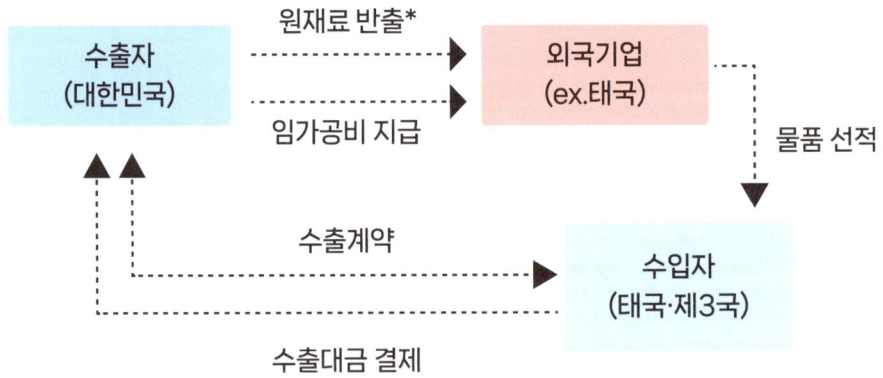

*국내에서 원재료를 반출하지 않고 임가공 국가의 현지에서 또는 제3국에서 원료를 조달하여 생산·가공할 수도 있다.

중계무역은 수출을 목적으로 물품을 수입하여 우리나라의 보세구역 이외의 지역에 반입하지 않고 제3국으로 수출하는 무역이다. 물품을 수입한 현지 국가의 다른 업체에 판매하여도 대외무역법상의 중계무역으로 인정된다(대외무역법 법령 해설 및 유권해석 사례집, 2012년 6월).

수출물품을 생산·가공, 또는 집하한 국가에서 제3의 최종 수입국으로 바로 운송하는 경우가 일반적이지만 간혹 중계 국가의 보세구역을 경유해서 최종 수입자에게 운송한다. 중계 국가를 경유하는 이유는 물품의 공급자와 최종 소비자 사이의 정보 교류를 최대한 차단하기 위해서다. 생산국에서 제3의 최종 수입국으로 바로 운송하는 경우에는 Switch B/L의 수출자(Shipper)와 수입자(Consignee)를 교체할 수 있지만 선적항(Port of Loading)은 교체할 수 없는 것에 비해 중계 국가를 경유하면 선적항까지 바꿔서 Switch B/L을 발행할 수 있다. 중계 국가를 경유하면 물류비가 증가하지만 실무 현장에서 쉽게 발견할 수 있는 관행이다.

그림 3. 단기수출보험에 가입할 수 있는 거래 (중계무역)

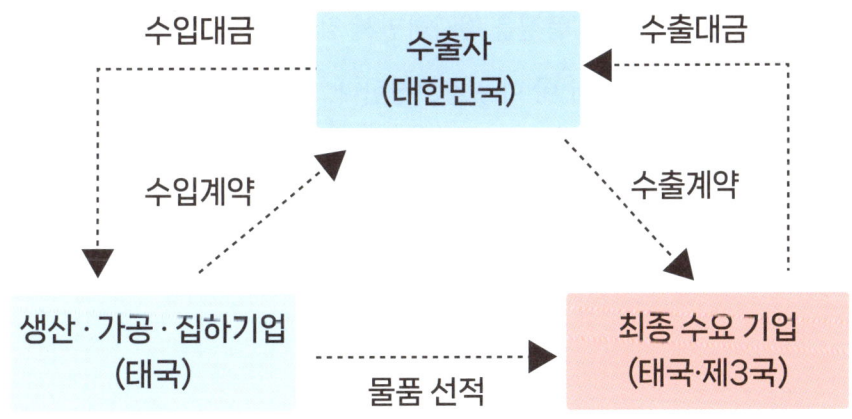

단기수출보험에서 커버하는 위험

국제무역에서 수출대금을 못 받게 되는 원인은 수입국에서 전쟁이 일어나거나 외환이 부족해서 외환거래를 중단하는 조치, 수입자의 영업이 부진하거나 유동성이 부족한 경우 등이다. 전자의 원인을 비상위험이라고 하고 후자의 위험을 신용위험이라고 한다. 신용장 거래라면 신용장 발행은행의 도산이나 영업정지에 의해 신용장 대금을 받지 못하게 되는 위험이 신용위험이다.

비상위험과 신용위험 외에 수출자 위험에 의해서도 수출대금을 못 받게 되는 경우가 있다. 수출자가 불량화물을 선적했거나 선적을 지연하는 등 수출자 자신이 제공한 원인에 의해서 수출대금을 못 받게 되는 위험을 수출자 위험으로 분류한다. 수출자 위험에 의해서 수출대금을 못 받게 되는 경우에는 단기수출보험에서 보험금을 지급하지 않는다.

단기수출보험은 독특하게 클레임위험과 검역위험을 커버한다. 클레임위험과 검역위험은 수출대금을 못 받게 하는 위험이 아니고 수출자에게 비용을 발생시키는 위험이다. 수입자가 클레임을 제기하면 이를 해결하는 데에 비용이 발생한다. 클레임을 해결하기 위해 중재 또는 소송을 하는 경우라면 변호사 비용이 필요하다. 클레임을 해결하기 위해 품질을 검사하면서 검사기관을 위촉하면 검사비용이 발생한다. 단기수출보험에서 이 비용을 보상한다.

농수산물의 경우에는 수입국의 통관 과정에 거치는 검역에서 수출자가 부담하는 비용이 발생하는 위험도 있다. 수출된 물품에 대해 수입국 검역과정에서 소독비용 및 폐기비용이 발생할 경우 단기수출보험에서 보상하게 된다.

표 3. 수출거래에서 발생하는 위험

비상위험(국가위험)	검역위험	
전쟁, 폭동, 송금 제한 또는 환거래 제한	수입국 통관 과정에 검사, 소독 비용 발생	
수입자의 도산, 법정관리 신청 수입자의 부당한 Claim 영업부진 재무상태 악화 수입자의 단순한 변심	선적지체, 수량미달 부적합 화물 선적 수출서류 미비(신용장거래)	수출자위험
	수입자의 클레임에 수출자가 해결비용 부담	
신용위험(수입자위험, 은행위험*)	클레임위험	

* 신용장 거래의 경우 신용장 발행은행의 도산(Bankruptcy), 영업정지에 의한 신용장 대금의 지급불능 상태를 의미한다.

    신용위험은 위험이 발생하는 단계와 유형에 따라서 다섯 가지로 구분된다. 수입자가 수출물품 또는 선적서류를 인수거절 하거나 인수불능 상태에 빠진 경우, 수입자가 대금지급을 거절하거나 지급할 수 없는 상태에 빠진 경우, 그리고 수입자가 일방적으로 대금지급을 지체하는 경우 등 다섯 가지이다. 수출대금을 지급하지 않는 원인이 무엇이든, 그리고 단계와 유형이 어떠하든지 간에 수출자로서는 수출대금이 입금되지 않아 손실이 발생한 결과는 동일하다. 그러나 단기수출보험에서는 손실을 발생시킨 위험의 유형에 따라 보험금이 지급되는 시기가 다르기 때문에 위험의 유형을 구분해서 이해해 둘 필요가 있다.

표 4. 단기수출보험에서 커버하는 위험의 유형

거래 단계	위험 유형	원인
인수단계	인수불능	수입자의 도산, 법정관리 신청
	인수거절	수입자의 부당한 Claim (Market Claim)
지급단계	지급불능	수입자의 도산, 법정관리 신청
	지급거절	수입자의 부당한 Claim (Market Claim)
	지급지체	수입자의 영업부진, 재무상태 악화, 수입자의 단순한 변심

　단기수출보험의 세분화된 보험의 종류별로 커버하는 위험에 약간의 차이가 있다. 단기수출보험은 기본적으로 비상위험과 신용위험을 커버하는 보험이지만 수출기업의 필요(Needs)에 맞게 변화하면서 보험의 종류별로 차이가 있기 때문에 수출기업은 보험에 가입하면서 기업의 실정에 맞는 보험을 선택해야 한다.

　다음 표 5에서 '옵션'이라고 표시된 보험은 보험계약을 체결할 때 보험계약자가 선택하는 위험이고, 그에 해당하는 보험료를 납부한다. 중소중견Plus+의 예를 보면, 보험계약자는 신용위험과 클레임위험을 커버 받을 수 있다. 신용위험은 수입자위험과 은행위험으로 나누어지는데 이 두 위험을 다 선택할 수 있고 그중에 하나만 선택할 수도 있다. 검역위험, 클레임 위험 등 추가하는 위험만을 커버 받기 위해 중소중견Plus+의 보험에 가입할 수는 없다.

표 5. 단기수출보험의 종류별로 커버하는 위험

보험 종류	기본적인 위험			추가하는 위험	
	비상위험	신용위험		검역위험	클레임 위험
		수입자	은행		
개별보험	O	O	O	X	X
포괄보험	O	O	O	X	X
중소중견Plus+	O	옵션	옵션	X	옵션
다이렉트플러스	O	옵션	옵션	X	X
다이렉트보험	O	O	O	X	X
농수산물패키지	O	O	O	옵션	옵션
단체보험	O	옵션	옵션	X	X
안전망보험	O	옵션	옵션	X	X

제2절
보험에 가입하는 절차

단기수출보험에 가입하는 절차, 즉 보험계약이 체결되는 절차가 보험의 종류별로 크게 차이가 난다. 개별보험은 돈을 못 받을 위험을 수입자별로 가입하는 보험이다. 그래서 수출자가 특정한 수입자에 대해서 보험에 가입하는 절차를 밟는다. 그에 비해 중소중견Plus+는 커버 받을 수입자의 리스트를 일괄해서 한 번 제출하는 것으로 모든 수입자에 대한 보험가입이 완료된다. 보험계약을 체결하는 절차에 있어서 개별보험과 중소중견Plus+는 서로 양극단에 있다. 보험가입 절차의 복잡성 측면에서 포괄보험은 개별보험과 중소중견Plus+의 중간 정도다.

개별보험과 포괄보험 가입

개별보험의 보험가입은 수출자와 수입자의 신용조사로부터 시작한다. 수출자의 신용조사는 수출자 자신이 무역보험공사의 사이버영업점에 재무제표를 업로드하면 수일 이내에 신용등급이 나온다. 수입자 신용조사는 수출자가 무역보험공사에 제공한 기본적인 정보를 바탕으로 해외 신용조사기관을 통해서 한다. 수출자가 수입자의 신용조사를 위해 무역보험공사에 제공하는 기본적인 정보는 수입자의 상호, 대표자명, 주소, 전화번호이다. 수출자 신용조사가 수일 내에 완료되는 것에 비해 수입자의 신용조사는 신용자료를 해외에서 수집하는 특성상 2~3주 정도 걸려서 완료된다.

그림 4. 단기수출보험(개별보험)의 보험가입 과정

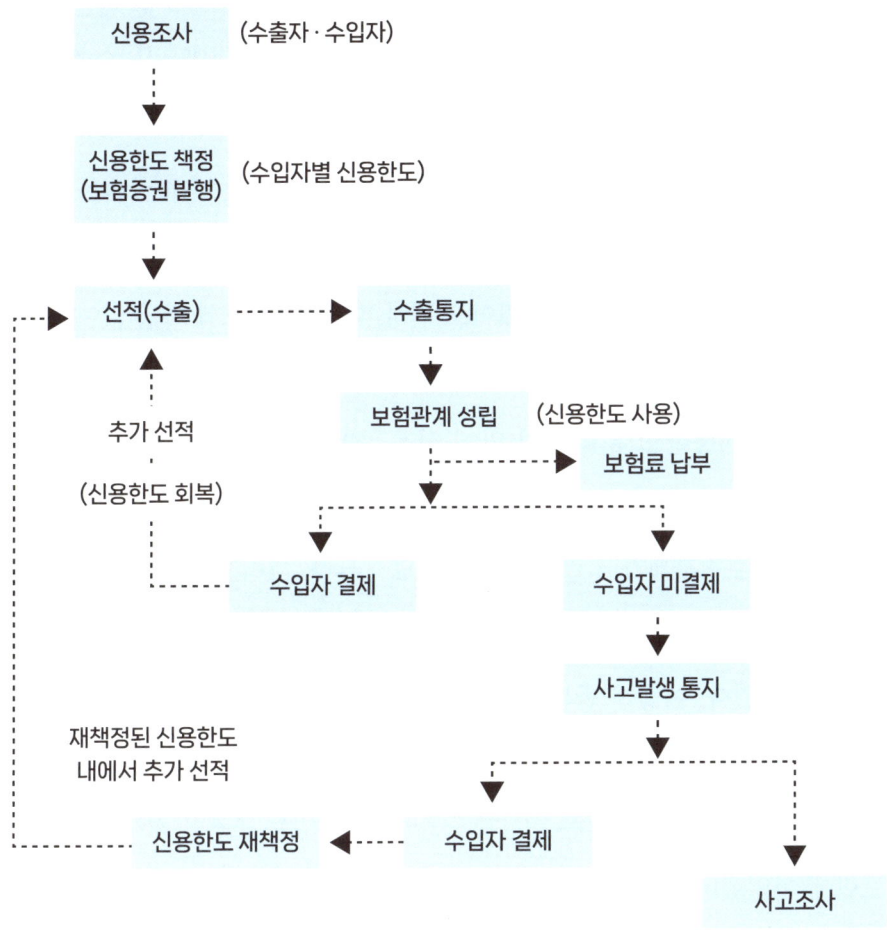

수입자 신용조사가 완료되면 수출자는 그 수입자에 대해 개별보험 신용한도를 신청하는 서류를 무역보험공사에 제출한다. 무역보험공사는 수입자의 신용등급, 결제조건, 수출자와 수입자 사이의 과거 결제실적 등을 심사하여 보험에 가입할 수 있는 신용한도를 책정한다. 개별보험에서 책정하는 신용한도를 인수한도라고 한다. 수입자별 신용한도의 유효기간은 1년이다. 한 수출자가 동시에 여러 수입자에 대해 각각 인수한도를 신청해서 보유할 수 있다.

무역보험공사가 신용한도를 책정하면서 보험증권을 발행해서 수출자에게 통지하지만 이 단계가 보험가입이 완료되는 단계가 절대 아니다. 보험가입을 위한 예비단계의 성격에 불과하다. 수출자가 선적을 한 후에 무역보험공사에 수출을 통지하면 무역보험공사는 심사를 거쳐서 보험관계가 성립되었음을 수출자에게 통보하고 보험료를 납부하면 비로소 보험가입이 완료된다.

수출자가 보험에 가입하기 위해 무역보험공사에 통지하는 수출금액은 반드시 수입자별 신용한도 금액 이내이어야 한다. 수출자는 신용한도가 책정된 수입자에게 선적하더라도 수출통지를 하지 않아도 된다. 다시 말해 보험 가입 없이 수출할 수 있다는 의미이다. 신용한도가 있는 수입자에게 여러 차례 반복해서 수출하는 경우 수출자는 신용한도 유효 기간 안에 선적건별로 선택해서 보험에 가입할 수 있다.

신용한도는 보험관계가 성립된 금액만큼 줄어든다. 그리고 보험관계가 성립된 수출거래가 결제되면 결제된 금액만큼 신용한도가 다시 회복하면서 추가로 보험에 가입할 수 있다. 이렇게 반복해서 신용한도를 사용하다가 신용한도 유효기간이 끝나면 신용한도를 다시 책정하는데 지난 1년간 수출자와 수입자 사이에 결제실적이 축적되었으므로 더 많은 신용한도를 받을 수 있는 조건을 갖추었다.

보험에 가입했던 수출거래가 만기가 지났는데도 결제되지 않거나 만기 전에 수입자가 도산한 사태가 발생하면 이는 보험사고가 발생한 상태이다. 보험사고가 발생하면 신용한도는 즉시 사라진다. 보험사고 발생 후에 다행히 수출대금이 결제되면 신용한도를 다시 책정하는 절차를 거친다. 그렇지 않고 보험사고 상태가 계속되면 사고조사를 거쳐서 보상받는 과정을 밟는다.

이상이 개별보험의 보험가입 과정이다. 요약하면 일정한 수입자별 신용한도 금액 이내에서 수출자가 선적건마다 수출통지를 하고 보험관계가 성립되면 보험료를 납부하는 과정을 반복하게 된다. 이에 비해 포괄보험의 보험가입 과정은 단순하다.

포괄보험의 가입은 적하보험의 포괄보험 가입에서 예정보험계약을 체결하는 것과 동일하게 예정보험계약을 1년간 체결한다. 단기수출보험에서 포괄보험에 가입하기 위해서 먼저 수출자와 무역보험공사는 보험에 가입할 대상 거래의 종류를 지정한다. 그리고 지정된 종류의 거래는 전부 보험에 가입하기로 서로 약정하는 포괄보험계약을 체결하게 된다. 포괄보험에 가입하기로 지정하는 거래는 대개 기한부 신용장(USANCE L/C) 거래, 추심방식(D/A, D/P)의 거래, 사후송금방식(O/A), CAD와 COD 등이다. 수출대금 결제에 위험성이 있는 거래를 대상으로 전부 보험에 가입하기로 수출자와 무역보험공사가 포괄보험 계약을 체결하면서 약정한다.

지정된 거래를 보험에 가입하기 위해서는 개별보험처럼 수입자의 신용조사와 수입자별 신용한도 책정의 과정을 거친다. 포괄보험의 신용한도는 보상한도라고 부른다. 개별보험의 인수한도와는 다른 개념의 신용한도이다. 개별보험의 인수한도가 보험에 가입하는 금액의 한도인 반면 포괄보험의 보상한도는 보험가입 대상으로 지정된 선적은 모두 보험에 가입하되 보상하는 금액의 상한을 설정한 금액이다. 보상한도 역시 수입자별로 책정한다.

수입자의 신용조사가 2~3주 정도 걸리기 때문에 포괄보험 계약체결에 앞서서 보험에 가입할 수입자의 신용조사를 먼저 완료하는 것이 좋다. 포괄보험 계약과 신용한도 책정이 완료되면 이후에 이루어지는 '선적 → 수출통지 → 보험관계 성립 → 보험료 납부'의 과정은 개별보험과 동일하다. 다만, 선적건마다 일일이 통지하는 번거로움을 없애기 위해 매달 1회로 선적건의 리스트를 통지하는 방식으로 수출통지를 대신한다.

선적건 리스트를 받은 무역보험공사는 선적건별로 보험관계 성립에 따른 보험료를 합산한 보험료 총액을 수출자에게 통지하고 수출자가 보험료를 납부하면 한 달간의 선적건이 모두 보험에 가입하게 된다. 마치 적하보험의 포괄보험에서 월별로 선적건을 일괄해서 적하보험회사에 통지하고 보험료를 납부하는 것과 동일하다. 단기수출보험 포괄보험 계약의 지정 거래인데 월별 선적건 리스트에 포함하지 않으면 수출자는 위약금을 물어야 하는데 이 역시 적하보험 포괄보험의 위약금 약정과 동일하다.

개별보험과 포괄보험의 차이는 보험에 가입하는 절차를 차별화하기 위해 보험을 세분화한 것일까? 그렇지 않다. 개별보험과 포괄보험의 본질적인 차이는 신용한도와 보험료의 차이이고, 이 본질적인 차이를 가져오는 배경의 경제적인 논리가 표 6과 같이 따로 있다.

표 6. 개별보험과 포괄보험의 차이

구분	개별보험	포괄보험
수출자의 선택적 가입	· 보험이 필요한 수입자를 골라서 보험에 가입할 수 있을 뿐만 아니라, · 특정 수입자에 대해서 특정 선적만 가입 가능	· 지정된 거래형태는 의무적으로 모두 가입 · 수출자의 선택적 가입이 차단된다.
신용한도	· 수입자별로 책정되는 신용한도의 규모가 작다. · 수출입자 사이의 결제실적이 축적되면 신용한도가 점진적으로 확대된다.	· 수입자별로 책정되는 신용한도의 규모가 크다. · 신용한도 책정 전에 잠정적인 신용한도를 미리 제공하기도 한다.
보험료	· 기본 보험요율 적용	· 기본 보험요율에 할인율 대폭 적용
보험가입의 경제적 원리	· 수출자는 필요한 거래만 가입하므로 보험비용 최소화 가능하지만 충분한 신용한도 확보 곤란 · 무역보험공사는 위험이 큰 거래만 보험으로 받을 가능성이 있으나 신용한도 축소로 통제	· 신용이 우량한 수입자까지 보험에 가입하므로 불필요한 보험비용 발생 · 큰 신용한도를 적극적인 마케팅 수단으로 활용 · 무역보험공사는 전반적인 보험료 수입은 상대적으로 적지만 우량한 거래를 확보하여 위험분산

단기수출보험의 운영 목적이 우리나라 수출기업이 해외 수입자의 신용위험을 무역보험사에 전가(Transfer)하고 적극적으로 해외시장을 개척하고 확대하는 것이다. 이 목적을 가장 잘 실현할 수 있는 보험이 포괄보험이다. 수출을 주력으로 하는 우리나라의 많은 수출기업이 포괄보험을 이용하고 있다.

포괄보험 계약을 체결한 수출기업은 회사의 신용정책을 포괄보험의 신용한도와 연계시키고 한편으로는 새로운 시장과 새로운 거래선을 찾고 다른 한편으로는 포괄보험의 신용한도를 확보하고 확대하며 수출매출을 꾸준하게 성장시킬 수 있다. 포괄보험의 성격상 일정한 수준 이상의 수출규모가 있는 기업에 적정하다.

중소중견Plus+보험 가입

중소중견Plus+보험의 보험가입은 수출자와 무역보험공사가 1년에 한 번 보험계약을 체결하는 것으로 모든 절차가 끝난다. 중소중견Plus+보험은 보험가입 절차를 단순화한 단기수출보험이다. 개별보험과 포괄보험에서는 보험에 가입하기 위해 필요한 수입자의 신용조사를 중소중견Plus+보험에서는 생략한다. 신용한도를 책정하는 절차도 없고 선적건별로 하는 수출통지도 안 한다.

중소중견Plus+보험에 가입하기 위해 사전적으로 수출자 자신에 대한 신용조사는 필요하다. 수출자가 무역보험공사의 사이버영업점에서 재무자료를 업로드하면 수일 이내에 신용등급이 확정된다. 이후 수출자는 중소중견Plus+ 보험청약서를 제출한다.

청약서에는 커버 받고 싶은 위험의 종류를 선택하고 커버 대상 수입자 리스트를 함께 제출한다. 중소중견Plus+보험에서 비상위험은 디폴트값으로 커버하고 신용위험을 수입자위험과 은행위험으로 나누어서 이 둘을 다 선택하든지 둘 가운데 하나를 선택한다. 여기에 더하여 클레임위험도 선택할 수 있다. 선택한 위험별로 보험료에 차이가 있다. 청약 시에 보험 책임금액도 신청한다.

보험 책임금액은 중소중견Plus+보험 가입자가 1년 동안 보상받을 수 있는 최대 금액이다. 책임금액은 중층으로 책정된다. 보험 계약자가 1년 동안 보상받을 수 있는 최대 금액과 보험 계약자의 수입자별로 보상받을 수 있는 한도가 책정된다. 개별보험과 포괄보험에서는 수출자에게 1년간 보상할 수 있는 최대 금액의 제한이 없는 것과 비교된다.

수출자로부터 중소중견Plus+보험 청약서를 받은 무역보험공사는 청약자가 제출한 수입자의 리스트 가운데 커버 안 되는 수입자를 걸러내고 책임금액의 규모와 커버 위험의 종류, 보상비율 등을 결정한 후에 보험료 납부를 청약자에게 통보한다.

표 7. 중소중견Plus+보험 커버가 배제되는 수입자

- 수입자의 신용등급 가운데 G급(자본잠식 상태) 또는 R급(보험사고, 영업중지, 지급지체 중인 상태) 수입자
- 클레임 등 사유로 분쟁 중이거나 소송 중인 수입자
- 보험계약 체결일 현재를 기준으로 과거 1년의 기간 동안 만기도래 후 30일 이상 결제가 지연되고 있는 수입자
- 고위험 인수제한 국가 또는 이란에 소재한 수입자

'고위험 인수제한국가'는 무역보험공사의 국별인수방침에서 고위험 인수제한 국가로 지정된 국가이다. 리비아, 베네수엘라, 부탄, 소말리아, 수단, 시리아, 아프가니스탄, 예멘, 우크라이나, 팔레스타인 등 10개 국가이다(2023.9.25. 현재의 국별인수방침). 중소중견Plus+보험에서 커버가 안 되는 수입자는 다른 보험에도 동일하게 적용된다.

청약자가 보험료를 납부하면 무역보험공사가 보험증권을 발급하는 것으로 중소중견Plus+보험에 가입하는 절차가 모두 끝난다. 보험계약이 진행되는 1년 동안 커버 받고 싶은 새로운 수입자가 발생하면 그 수입자의 상호와 주소 같은 명세를 무역보험공사에 통보하는 것 외에는 보험 관리업무가 없다. 보험계약 기간에 수출한 거래의 수출대금이 만기에 입금되지 않는 보험사고가 발생하면 무역보험공사에 사고발생을 통지하고 일정한 기간 이내에 보험금을 받는다.

표 8. 중소중견Plus+보험의 보험계약 체결 절차

단계	내용
수출자 신용조사	· 수출자가 무역보험공사 사이버영업점에서 신청 · 신용조사 자료 Online Upload 후 수출자의 신용등급 평가
보험 청약	· 커버하는 위험의 종류(수입자위험, 은행위험, 클레임위험) 선택 · 커버하는 위험별 보험 책임금액 신청(신용위험 최대 150만 달러, 클레임위험 최대 5만 달러) · 커버받고자 하는 수입자 리스트(50개 이내) 첨부
심사	· 커버하는 위험 심사 · 수입자 리스트에서 커버가 안 되는 수입자 배제 · 커버하는 위험별 보험 책임금액 결정 · 보상비율 결정 (중소기업 100% 이내, 중견기업 95% 이내에서 결정)
보험료 납부 보험증권 교부	· 수출자의 청약을 심사하여 승낙하면 수출자가 보험료를 납부하고, · 무역보험공사가 보험증권을 교부 · 보험기간 1년의 보험계약 체결 완료

단기수출보험의 다른 세부 보험

단체보험, 안전망보험, 다이렉트플러스, 농수산물패키지보험, 다이렉트보험은 절차를 최소 수준으로 간소화해서 수출 거래규모가 크지 않은 중소·중견기업이 가입하기 쉽게 한 보험들이다. 신용한도 또는 책임금액을 축소했고 보험료도 많이 줄였다.

단체보험, 안전망보험, 다이렉트플러스, 농수산물패키지보험은 1년간 연간 단위로 보험계약을 체결하고 그 기간에 적용하는 보험 책임금액이 있다는 점에서 중소중견Plus+보험과 동일한 보험이다. 중소중견Plus+보험처럼 보험으로 커버하는 개별 선적건을 무역보험공사에 수출통지 하지 않는다.

단체보험과 안전망보험은 지자체, 무역협회 등의 단체가 보험계약자가 되고 수출자는 피보험자가 된다. 피보험자는 보험의 이익을 보는 자라는 의미이다. 단체보험과 안전망보험은 대부분의 보험료를 보험계약자인 지자체, 무역협회 등의 단체가 수출자를 대신해서 무역보험공사에 납부한다.

다이렉트플러스는 중소중견Plus+보험을 사이버영업점 전용의 비대면 상품으로 개량한 것이다. 중소중견Plus+보험에 비해 절차가 더 간편해졌지만 책임금액은 축소되었다.

농수산물패키지보험은 농수산물 수출과 관련해서 종합적으로 위험을 커버하는 보험이다. 중소중견Plus+보험과 비슷한 과정을 거쳐서 보험에 가입한다. 농수산물패키지보험에는 검역위험을 커버하는 기능이 있다. 검역위험은 수입국의 검역과정에서 발생하는 소독비용과 폐기비용을 수출자가 부담하게 되는 위험이다.

다이렉트보험은 온라인으로만 보험에 가입하는 온라인 전용 보험이다. 수입자별 인수한도가 있고 선적건별로 보험에 가입한다는 면에서 개별보험과 비슷하다. 그러나 수입자의 신용조사가 필요 없다. 수입자별 인수한도는 수출신고 후에 보험에 가입하면서 책정되기 때문에 사전적으로 인수한도를 책정하는 개별보험에 비해서 가입 절차가 단순하고 간편하다. 수출신고 후 10일 이내에 무역보험공사의 사이버영업점에 청약하면 즉시 보험에 가입된다. 수입자별 한도가 있으면서, 동시에 수출자가 동시에 보험에 가입할 수 있는 인수한도의 총액을 제한하는 수출자별 인수한도도 적용된다.

제3절
우리 회사에 적합한 보험은?

　보험계약은 유상계약이다. 계약 양 당사자가 서로 대가(Consideration)를 교환하는 계약이라는 말이다. 보험계약자의 보험료 납부에 대하여 보험회사는 확률을 가진 우연적인 보험사고를 전제로 보험금을 지급하기로 하는 계약이다. 단기수출보험에서 말하는 신용한도 또는 책임금액은 보험사고가 발생하면 지급할 보험금의 최대 금액이다.

　회사에 적합한 보험이 무엇인지 결정할 때 중요하게 고려하는 요소는 지급받게 될 보험금이 얼마나 될 것인지와 보험료 부담 수준이다. 지급하는 보험금의 규모를 결정하는 요소가 신용한도이다. 신용한도의 크기는 수입자의 신용등급이 일차적인 결정 요인이고 이차적으로 수출자와 수입자 사이의 과거 거래경험이다.

　단기수출보험에 가입하면서 수출자가 부담할 보험료가 어느 정도인지도 중요하게 고려할 요소이다. 보험료는 보험의 종류별로 다르고 수입자의 등급별로 차이가 난다. 개별보험의 보험료는 수입자의 신용등급과 결제조건, 수출자의 기업규모 등 다양한 요소에 의해 결정된다. 보험료 결정 요소 가운데 수입자의 신용등급과 결제조건이 가장 큰 비중을 차지한다. 포괄보험의 보험료 역시 개별보험과 비슷한 구조로 결정되지만 개별보험의 보험료보다 훨씬 할인된 요율이 적용된다.

개별보험과 포괄보험의 인수한도 및 보상한도

개별보험에서 수입자별로 책정하는 신용한도를 인수한도라고 하고 포괄보험에서 수입자별로 책정하는 신용한도를 보상한도라고 한다. 개별보험은 수출자가 보험가입 여부를 선택하는 선택적 보험이고 포괄보험은 포괄보험 협약에서 지정한 거래는 반드시 보험에 가입해야 하는 의무적 보험이다. 이와 같은 선택적 보험과 의무적 보험의 차이를 반영한 신용한도가 각각 인수한도와 보상한도로 구분하며 서로 큰 차이의 특징이 있다.

개별보험에서 인수한도는 수출자가 자신의 수입자 가운데 보험에 가입하고자 하는 수입자를 선정해서 인수한도를 신청하고 인수한도가 나오면 그 이후에 선적한 수출을 무역보험공사에 수출통지 해서 보험에 가입한다. 인수한도가 나왔다고 해서 선적한 수출을 반드시 보험에 가입해야 하는 것은 아니다. 여전히 수출자가 특정 선적건을 선택적으로 보험에 가입할 수 있다. 개별보험에 가입하려면 수출한 후 수출한 날부터 10영업일 이내에 수출통지를 하면 수출일로 소급해서 보험관계가 성립한다. 인수한도가 있는 수입자일지라도 수출통지를 하지 않으면 보험에 가입하지 않은 상태이다.

수출한 금액에 부보율을 곱한 금액이 인수한도를 초과하면 보험에 가입할 수 없다. 예를 들면, 인수한도가 10만 달러 남아있는 시점에 추가로 11만 달러를 수출했고 부보율이 95%라고 가정하면 보험에 가입하는 금액이 10만 4,500달러(11만 달러 x 95%)가 되어서 인수한도를 초과하므로 보험에 가입할 수 없다. 인수한도를 초과하는 4,500달러만 보험가입이 안 되는 것이 아니고 11만 달러 전체 금액을 보험에 가입할 수 없다. 인수한도 10만 달러를 사용하지 못한 결과가 된다. 인수한도의 경직성이다.

부보율은 보험에 가입하는 비율을 의미한다. 보험사고가 나서 손실이 생기면 손실액 대비해서 보험금으로 받는 비율을 의미한다.

앞에서 예를 든 부보율 95%는 손실이 발생하면 손실액의 95%만 보상받고 5%는 수출자가 손실을 부담한다는 의미이다. 부보율은 보상 단계에서는 보상비율이 된다. 즉 수출자의 손실액 가운데 보험금으로 보상하는 비율을 보상비율이라고 한다.

포괄보험의 보상한도는 개별보험의 인수한도와 보험금을 지급하는 데에 있어서 차이가 있다. 수출자와 무역보험공사가 맺는 포괄보험 협약에서 지정한 수출거래를 전부 보험에 가입해야 하고 무역보험공사는 적격 요건에 맞으면 전부 보험으로 받아야 하는 보험계약 관계를 반영해서 보상한도에 해당하는 수출금액을 보상한다. 인수한도와 보상한도의 보험금 차이에 대해서는 예시적으로 설명한 다음의 그림 5를 통해서 이해하는 것이 좋겠다.

그림 5. 개별보험과 포괄보험의 수입자별 신용한도

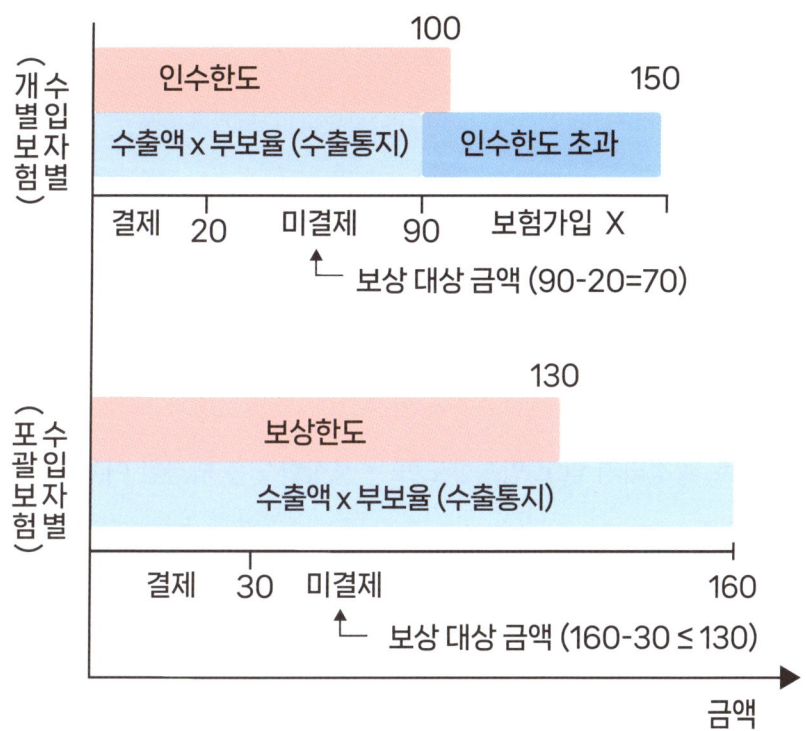

- 개별보험의 수출통지는 인수한도 이내에서 수출자가 선적건을 선택해서 보험에 가입. 인수한도의 일부라도 초과한 선적건은 전체 금액을 보험에 가입할 수 없다.

- 개별보험의 보상은 미결제된 선적건으로서 인수한도 이내이다.

- 포괄보험에서는 모든 선적건을 수출통지 하여 보험에 가입한다.

- 포괄보험에서 보상한도를 초과하여 수출통지한 선적건도 보험에 가입되고 위의 그림처럼 결제 금액이 있더라도 보상금액은 보상한도 전부에 해당하는 미결제 금액이 된다.

- 개별보험의 인수한도와 포괄보험의 보상한도를 비교하면 보상한도의 보상 대상이 더 광범위하다는 것을 알 수 있다.

보험료는 보험금액에 수입자별 보험요율을 곱해서 보험료가 산출된다. 개별 거래에 적용하는 보험요율은 기본요율에 각종 할인율과 할증률을 가감한 요율이다. 수입자의 신용등급과 결제방법(무신용장과 신용장), 신용기간에 의해서 기본요율이 결정된다. 포괄보험에 적용하는 보험요율은 기본요율을 크게 할인한 요율이다.

개별보험의 보험요율은 무역보험공사의 사이버영업점에서 수입자의 등급, 결제조건을 가정하고 수출통지 시뮬레이션을 가동해서 보험료를 추정할 수 있다. 포괄보험은 연간 단위로 손해율을 측정해서 손해율이 낮으면 보험요율의 추가 할인이 있고 손해율이 높으면 보험요율을 할증한다. 개별보험과 포괄보험의 보험료는 사전적으로 확정되지 않고 인수한도 또는 보상한도를 책정한 이후에 정확하게 확인할 수 있다.

다이렉트보험의 인수한도

다이렉트보험도 인수한도를 책정하고 보험에 가입한다. 단기수출보험과 달리 다이렉트보험에서는 인수한도를 보험가입과 동시에 책정한다. 다이렉트보험의 인수한도는 수출신고를 하는 수출건별로 인수한도를 책정하는 방식과 수입자별로 인수한도를 책정하는 방식 두 가지가 있다. 다이렉트보험에서는 수출신고건별 인수한도 또는 수입자별 인수한도와 중첩적으로 수출자별 인수한도가 따로 책정된다.

다이렉트보험은 인수한도 5만 달러 이하의 소액 수출을 온라인으로 편리하게 가입하도록 만든 보험이다. 보험에 가입하기 위해서는 사전적으로 보험공사에 수출자의 신용조사를 마쳐 놓아야 한다. 수입자별로 인수한도를 책정하는 수입자 지정형의 다이렉트보험에서는 수입자의 신용조사가 안 되어 있거나, 되어 있더라도 보험에 가입할 수 없는 G 등급과 R 등급이라면 보험을 이용할 수 없다.

다이렉트보험의 특징은 전적으로 사이버영업점에서 온라인으로 보험에 가입한다는 것과 수출신고를 한 이후에 보험에 가입하는 절차를 밟는다는 것이다.

표 9. 다이렉트보험의 인수한도

구분	일반형 인수한도 (수입자 비지정)	수입자 지정형 인수한도	
		수입자 등급 A~C	그 외 수입자 등급
인수한도 (최대)	수출자별 U$10만	수출자별 U$30만	
	수출건별 U$5만	수입자별 U$20만	수입자별 U$10만
	수출자 한도 회전*	수입자별 한도 회전* 안됨	
보험요율	0.6%	0.4%	0.5%

* '회전'의 의미는 보험에 가입한 거래가 결제되면 그만큼 인수한도가 회복되어 다시 사용할 수 있다는 뜻이다.
** 인수한도 및 보험요율은 변동 가능성이 있으므로 Up-to-date 정보는 무역보험공사에 반드시 문의 필요

자료: 무역보험 제도안내 (한국무역보험공사, 2022년 12월)

다이렉트보험의 인수한도는 개별보험의 인수한도와 달리 수출금액이 인수한도를 초과하더라도 보험에 가입할 수 있다. 보험사고가 나서 보상을 받게 된 경우에는 인수한도 이내에서 보상한다.

일반형의 인수한도는 최소 1만 달러부터 최대 5만 달러까지 수출자가 수출신고 후에 신고건별로 사이버영업점에서 보험에 가입하면서 결정한다. 그리고 수출신고건별 인수한도를 다 합쳐서 한 수출자가 최대로 10만 달러까지 인수한도를 받을 수 있다. 예를 들어 2개의 수입자에게 수출을 하는 한 수출자가 각각 5만 달러씩 수출신고를 하고 무역보험공사의 사이버영업점에서 각각 5만 달러의 인수한도를 받고 보험에 가입했다면 그 수출자는 수출자별 인수한도 10만 달러를 채웠으므로 더 이상 다이렉트보험에 가입할 수 없다. 단, 보험에 가입한 거래가 결제되면 결제된 금액만큼 다른 수출신고건을 보험에 가입할 수 있다.

수출자별 책임금액이 있는 보험의 종류

책임금액은 수출자가 보험에 가입하고 1년간 누적적으로 보험금을 받을 수 있는 최대 금액이다. 보험에 가입한 단 한 건의 사고에 의해 받은 보험금으로 책임금액을 채울 수 있고 여러 건의 보험사고로 받은 보험금을 합쳐서 책임금액을 채울 수도 있다. 책임금액은 수출자가 보험계약을 청약할 때 필요한 수준을 요구하고 무역보험공사가 청약서를 심사한 후에 결정한다.

인수한도 또는 보상한도를 받고 보험을 이용하는 경우에는 보험가입이 개별거래의 수출통지로 이루어지는데 책임금액이 있는 보험에서는 수출통지 절차가 없다. 보험가입의 간편성을 위해 수출통지를 생략한 보험이다.

수출자와 무역보험공사가 연간 단위로 보험계약을 체결하고 수출자가 1년 치의 보험료를 선납하면 무역보험공사가 보험증권을 발급한다. 그리고 1년간의 보험기간 동안 수출자의 모든 수출을 커버하되 무역보험공사가 보상하는 금액은 책임금액까지이다. 책임금액은 보험의 종류별로 차이가 있다.

표 10. 보험 종류별 책임금액과 보험료 (중소기업 기준)

(단위: U$만)

보험의 종류		수입자위험	은행위험	클레임위험	검역위험
중소중견 Plus+		150 수입자별 30~150	100 은행별 20	5	X
	보험료 요율	0.82%~1.62%	0.22%	0.7%	
다이렉트 플러스		20 수입자별 10		X	X
	보험료 요율	0.6%			
농수산물 패키지		1억 원~3억 원		1천만 원	5천만 원
	보험료 요율	2%	0.3%	0.7%	4%
단체보험		5		X	X
	보험료 요율	0.6% (지자체, 단체가 납부)			
안전망보험		2		X	X
	보험료 요율	0.6% (지자체, 단체가 납부)			

* 세부 보험별로 책임금액 및 보험요율은 변동 가능성이 있으므로 up-to-date 정보는 무역보험공사에 반드시 문의 필요

자료: 무역보험 제도 안내 (한국무역보험공사, 2022년 12월), 중소·중견 수출기업 지원제도 안내 (한국무역보험공사, 2023년 11월)

책임금액을 적용하는 보험의 종류에서 보험료는 책임금액에 보험요율을 곱해서 나온 금액이며, 보험계약을 체결하면서 내는 1년 치의 보험료이다. 보험료는 보험계약을 체결하면서 내기 때문에 아직 수출매출이 없는 상태에서 납부하는 비용이므로 수출자에게 자금 부담이 있다. 수출계약이 있을 것으로 예상하고 보험계약을 체결하고 보험료를 납부했는데 실제로 수출이 성사되지 않았다면 수출자는 보험료만 납부하고 위험을 커버 받지 못한 결과가 된다.

중소기업이 중소중견Plus+보험을 이용하면서 부담하는 보험료를 살펴보자.

예를 들면, 수입자위험을 커버하기 위해 책임금액을 30만 달러로 결정해서 보험계약을 체결하였다. 보험료는 2,460달러(30만 x 0.82%)가 된다. 이 수출기업이 보험기간 동안 무신용장 결제조건으로 300만 달러를 수출했다면 수출매출액 대비 0.082%의 보험료를 부담하였다. 보험으로 커버 받을 무신용장 결제조건의 수출액을 예상하면 부담할 보험요율을 추정할 수 있으므로 수출계약을 체결하면서 수출계약 금액에 적정한 수준의 보험료를 포함하여 수입자에게 보험료 부담을 전가하는 것이 필요하다.

표 11. 지방자치단체의 보험료 지원사업 사례 (서울시)

○ 사업비 : 15억 원
○ 모집기간 : 2024. 1. 1.~2024. 12. 31. (사업비 소진 시까지)
○ 지원 대상 기업: 서울에 본사가 있고, 전년도 연간 총 수출액이 3천만 달러 이하의 중소기업
○ 지원 대상 무역보험 제도
  – 보험
    가. 단기수출보험 계열(개별보험, 포괄보험, 중소중견Plus+, 다이렉트플러스, 다이렉트보험, 단체보험)
    나. 서비스종합보험*
  – 수출신용보증 종목*
  – 환변동보험*
○ 지원 한도 : 업체당 연간 300만 원 (단체보험은 한도 사용에 포함 안함)

* 서비스종합보험은 외국기업에 운송 관광 등의 서비스를 제공하고 대금을 못 받아서 손실이 나면 보상하는 보험이고, 수출신용보증은 은행의 무역금융 대출을 연대보증하는 제도이다. 환변동보험은 무역거래에서 발생하는 환위험을 커버하는 보험이다.

자료: '2024년 서울특별시 수출보험·보증료 지원사업 공고'를 정리

한편, 대부분의 지방자치단체가 자기 지역에 소재한 중소중견기업의 보험료를 지원하고 있다. 지자체의 보험료 지원 사례를 보면 서울시는 자기 지역에 본사가 소재하고 있으면서 연간 총수출액이 3천만 달러 이하의 중소기업에 업체당 연간 300만 원의 보험료를 지원한다.

경제단체, 은행, 공기업 등에서도 보험료를 지원한다. 한국무역협회, 한국수산업협회, 산림조합중앙회 등 경제단체가 보험료 지원사업에 참여하고 있다. 농수산물유통공사는 농식품을 수출하는 기업에 업체당 1억 원을 연간 한도로 보험료를 지원한다. 무역보험공사의 홈페이지에서 보험료 지원사업에 참여하는 지자체, 경제단체, 은행, 공기업 등의 지원 내용을 자세히 확인할 수 있다.

수입자 신용등급이 보험가입의 핵심적 요소

수출자가 위험한 수출거래를 보험에 가입하는 데에 있어서 가장 원하는 것은 '많은 신용한도 또는 책임금액'과 '낮은 보험료' 부담이다. 수출자의 희망을 실현해 주는 것이 수입자의 신용등급이다. 수입자의 신용등급이 좋으면 신용한도 또는 책임금액이 크게 결정되고 보험료는 낮아진다.

수입자의 신용등급은 재무요소와 비재무요소를 평가해서 결정한다. 재무요소는 재무상태와 영업실적을 고려하고 비재무요소는 회사의 업력, 종업원 수, 국가등급, 산업현황을 본다. 수입자의 신용등급은 가장 좋은 A 등급부터 F 등급까지가 정상등급이다. 무역보험공사의 수입자 신용등급 평가모형에 수집된 신용자료를 입력하면 일정 수준 이상의 점수가 나와 신용등급의 평가가 가능한 수입사이다. 신용한도와 보험료를 산출하는 데에 있어서 A 등급부터 F 등급까지 차이가 있다. 무역보험공사가 수집한 자료의 37.8%만 정상등급에 해당한다(2022년).

표 12. 한국무역보험공사의 국외기업 신용조사 실적(2022년)

등급	정상등급						이상등급		등외	계
	A	B	C	D	E	F	G	R		
기업 (개)	1,901	3,019	5,557	8,485	8,043	8,471	17,048	40,400	806	93,730
등급 비중	2.0%	3.2%	5.9%	9.1%	8.6%	9.0%	18.2%	43.1%	0.9%	100.0%
누적 비중	2.0%	5.2%	11.2%	20.2%	28.8%	37.8%	56.0%	99.1%	100.0%	-

자료: 공공데이터 포탈. 비중, 정상등급 및 이상등급 구분은 저자가 보완

무역보험공사가 수집한 수입자의 신용자료 가운데 정상등급이 아닌 수입자의 등급은 G 등급과 R 등급으로 평가한다. G 등급은 F 등급에 연이어 평가된 G 등급이 아니고 신용상태의 확인이 불분명한 의미의 회색을 의미하는 Grey의 머리글자이다. R 등급은 '경계(Warning)'의 의미를 담고 있는 적색(Red)의 머리글자이다.

정상등급 이외의 등급을 가진 수입자의 비중이 62.2%에 달한다. 정상등급보다 이상등급이 더 많다. 이는 해외에 있는 기업의 신용자료를 확보하는 것이 얼마나 어려운 일인지를 보여주는 데이터이다.

이상등급을 가진 수입자일지라도 평가된 사유에 따라 보험가입이 가능한 수입자가 있다. G 등급 수입자 가운데 신용점수가 부족한 G 등급의 수입자는 보험에 가입할 수 있다. R 등급 수입자 가운데 정보가 부족한 수입자는 신용등급을 평가하기 위해 필요한 신용자료가 부족한 수입자이고 이런 수입자는 정보부족 R 등급이 된다. 정보부족 R 등급의 수입자도 보험에 가입할 수 있다. G 등급 또는 R 등급을 가진 수입자로서 보험가입이 가능하다고 하더라도 신용한도는 낮고 보험료는 높은 상태의 보험가입이 될 가능성이 크다.

표 13. G·R급 수입자의 종류와 보험 가입

등급	등급 평가 사유	보험 가입
G등급 (Grey)	신용자료에 있는 정보 항목의 합계 점수가 낮은 수준 (점수부족 G급)	가능
	자본의 완전 잠식 또는 2년간 연속 결손 및 자본의 50% 이상 잠식 (자본잠식 G급)	불가능
R등급 (Red)	신용 정보가 부족한 기업 (정보부족 R급)	가능
	수출대금의 결제기일을 연장 중인 기업 (지급지체 R급)	불가능
	파산, 영업 중지와 같은 상태에 있는 기업 (영업중지 R급)	불가능
	보험사고가 발생한 기업 (보험사고 R급)	불가능

무역보험공사가 하는 수입자의 신용등급 평가는 대부분 해외의 신용조사 전문기관에서 수집한 자료를 바탕으로 한다. 무역보험공사는 해외에 수십 개의 방대한 신용조사 네트워크를 가지고 있다. 무역보험공사의 요청을 받은 해외의 신용조사기관은 자체적으로 수집한 데이터베이스에 있는 수입자의 신용정보를 제공하거나 새롭게 수입자를 접촉해서 신용정보를 수집한다.

우리나라 국내에서도 마찬가지이지만 신용조사기관이 수입자를 접촉해서 신용정보를 요청해도 수집할 수 있는 신용정보는 극히 제한적이다. 그러므로 수입자의 정상등급의 비중이 낮고 G·R 등급의 비중이 높게 나온다.

표 14. 국외기업 신용조사 자료의 Source

Source	신용평가 자료	비고
해외신용조사기관 조사	· 세계 각 국가에 있는 신용조사 전문기관에서 수집한 자료	무역보험공사의 제휴 신용조사기관
Public 자료	· 증권거래소 공시 자료 · Bloomberg, Reuters 자료	상장기업 또는 대규모 회사에 국한
수출자 제출자료	· 공인회계사 '적정의견'의 감사를 받은 자료	자료의 진정성을 수출자가 확인

수출자의 노력으로 수입자의 신용자료 확보를 더 쉽고 풍부하게 해서 수입자의 신용등급을 높일 수 있는 길이 있다. 무역보험공사가 해외신용조사기관에 수입자의 신용정보를 요청하면서 신용정보 수요자(Inquirer)를 표시하는데, 이 수요자를 수출자로 하고 미리 수출자가 수입자에게 신용정보 수집에 대해 알려주면서 협조를 요청하면 수입자의 신용자료를 더 풍부하게 확보할 수 있다. 결과적으로 수입자의 신용등급이 높아질 가능성이 있다.

수출자는 수입자와 무역거래를 협상하면서 법인등기부등본(Good Standing Certificate)을 매년 수입자에게 제공하는 경우가 있다. 이와 같은 사례에 비추어 수출자도 거래를 시작하면서, 그리고 매년 재무자료와 법인등기부등본을 수입자로부터 받으면서 서로 신뢰관계를 강화해 갈 수 있다. 이렇게 확보한 재무자료와 비재무자료를 수입자의 동의 아래 무역보험공사에 제공해서 높은 수입자 등급을 확보할 수 있다.

이렇게 해서 무역보험공사의 높은 신용한도와 낮은 보험료로 무역거래를 보험에 가입할 수 있다면 수출자와 수입자가 더 많은 외상거래를 할 수 있으므로 수출자와 수입자 모두에게 유익이 커지는 좋은 결과가 된다.

보험에 가입하는 비율 : 부보율

모든 손해보험은 일부보험이다. 달리 설명하면, 보험에 가입하는 재산에서 손실이 발생하면 그 손실의 일부만 보상한다. 보험에 가입되지 않은 부분을 남겨 놓는 이유는 보험계약자가 재산에서 손실이 발생하지 않도록 적극적으로 관리할 유인을 제공하기 위한 것이다. 보험에 가입한 재산에서 손실이 발생하더라도 보험에서 보상하지 않는 부분이 있기 때문에 보험계약자는 손실이 발생하지 않도록 손실방지 활동을 적극적으로 펼칠 것으로 보는 경제적 논리이다.

손해보험에서 손실을 보상하는 비율, 즉 보험에 가입하는 비율을 부보율(Coverage Ratio)이라고 한다. 단기수출보험의 부보율은 보험의 종류별로 다르고 기업의 규모별로 다르다. 그리고 중계무역은 다른 수출 형태에 비해 부보율이 더 낮다. 수출금액에 부보율을 곱한 금액이 보험에 가입하는 금액이다. 수출금액에 부보율을 곱한 금액이 보험금액이고 보험사고가 발생하면 보험금으로 지급하는 최대 금액이 된다.

표 15. 신용한도를 사용하는 보험의 부보율

보험 종류	수출 형태	부보율
개별보험	일반수출 위탁가공무역	중소기업 100%, 중견기업 97.5%, 대기업 95%
	중계무역	'수입금액/수출금액'의 비율 이내
포괄보험	일반수출 위탁가공무역	중소기업 100%, 중견기업 97.5%, 대기업 95%
	중계무역	신용장 90%, 무신용장 85%
다이렉트보험	일반수출	중소중견기업 95% (대기업 비대상)

자료: 중소·중견 수출기업 지원제도 안내 (한국무역보험공사, 2023년 11월)

중소기업에는 최대 100%의 부보율을 제공하고 대기업에는 95%의 부보율을 적용한다. 중계무역은 다른 수출 형태에 비해 부보율이 낮은데 이는 과거에 보험사고가 발생한 경험을 반영한 것으로 보인다.

책임금액을 사용하는 보험의 부보율도 중소기업에는 최대 100%를 제공한다. 책임금액을 사용하는 보험의 부보율은 신용한도를 사용하는 보험에 비해 약간 낮은 수준이다. 보험가입 절차를 단순화하면서 무역보험공사의 심사가 생략된 경우가 많으므로 부보율을 낮춰서 수출자의 자기책임 부분을 상대적으로 높였다고 볼 수 있다.

표 16. 책임금액을 사용하는 보험의 부보율

보험 종류	수출 형태	부보율
중소중견 Plus+	일반수출 위탁가공무역 중계무역	중소기업 100% 이내, 중견기업 95% 이내
다이렉트 플러스		중소기업만 이용. 일반형 95%, 보장우대형 100%
단체보험		중소기업 95%, 중견기업 90%
안전망 보험		중소기업 95% 이내 (중소기업만 이용)
농수산물 패키지	일반수출 위탁가공무역	대금미회수 위험 100%, 검역위험 100%, 클레임위험 50~100%

자료: 무역보험 제도 안내 (한국무역보험공사, 2022년 12월), 중소·중견 수출기업 지원제도 안내 (한국무역보험공사, 2023년 11월)

그래서 우리 회사에 적합한 보험은?

수출기업에 적합한 보험의 종류는 수출기업이 커버하고자 하는 수출금액과 수입자의 수를 보험 종류별로 제공하는 신용한도 또는 책임금액과 비교하여 위험을 최대로 커버하는 보험을 선택한다. 보험을 커버하면서 부담하는 보험료의 규모는 보험의 종류를 선택하는 제약 요소이다. 부보율 또한 보험의 종류를 선택하는 데에 있어서 고려 요소이다. 아울러 보험에 가입하는 복잡한 절차를 수행할 수 있는 관리역량도 고려하여야 한다.

보험이 필요한 수입자가 한두 개 정도의 소수이고 건당 보험에 가입할 금액이 상대적으로 크면 개별보험이 적정하다. 보험에 가입할 금액이 수입자별로 크고 수입자의 수도 수십 개 이상으로 많다면 포괄보험이 적당하다. 보험에 가입할 금액과 수입자의 수를 고려한 보험의 선택은 다음의 그림 6의 그래프로 한눈에 살펴볼 수 있다.

그림 6. 단기수출보험의 상품 구색

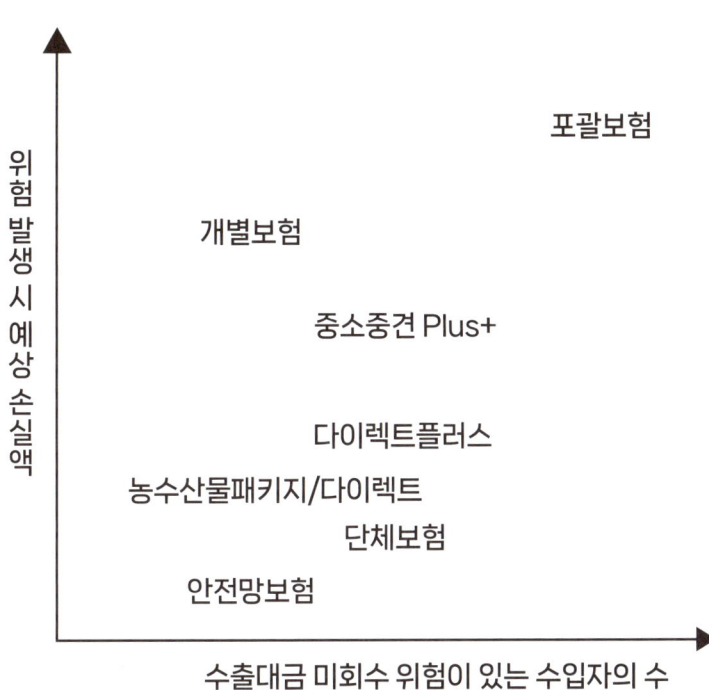

우리나라의 수출기업은 약 10만 개 정도 되는데 이 가운데 연간 10만 달러 미만의 수출실적을 가진 회사가 52%를 차지한다. 연간 10만 달러 미만의 수출실적을 가진 수출기업은 매년 절반이 수출시장에서 이탈하고 비슷한 숫자의 기업이 새롭게 수출시장에 참여한다.

연간 10만 달러부터 100만 달러 정도의 수출실적을 가진 기업은 전체의 29.9%이다. 이 가운데 약 30% 정도가 수출시장에서 이탈하고 비슷한 숫자의 신규 진입사가 있다. 기업당 연간 수출실적을 보면 우리나라 수출기업의 약 80%는 중소중견Plus+, 다이렉트플러스, 다이렉트로 위험을 커버할 수 있다.

표 17. 수출 규모별 수출기업의 구성(2022년)

수출 규모 (단위:U$)	활동기업 업체 수	활동기업 비중	신규 진입기업	이탈기업
10만 미만	49,941	52.0%	24,865	24,724
10만~100만 미만	28,733	29.9%	10,667	10,505
100만~1000만 미만	13,656	14.3%	3,628	3,581
1000만~1억 미만	3,132	3.3%	607	633
1억 이상	522	0.5%	76	56
합계	95,984	100%	-	-

자료: 한국무역통계진흥원

매년 수출시장에 새롭게 진입하고 이탈하는 기업이 많다는 것은 이들 기업이 보험을 이용하는 데에 있어서 복잡한 절차를 수행할 관리능력을 보유하고 있다고 보기 어렵다. 이런 기업들은 절차가 간편한 중소중견Plus+, 다이렉트플러스, 다이렉트보험이 유용한 보험이 될 수 있다. 연간 수출규모로는 연간 100만 달러 미만을 가진 수출기업들이 여기에 해당한다.

중소중견Plus+, 다이렉트플러스는 보험계약을 체결하면서 연간 단위의 보험료를 납부하기 때문에 수출자에게 비용부담이 될 수 있다. 그에 비해 다이렉트보험은 수출신고 후에 수출신고건별로 사이버영업점에서 간편하게 보험에 가입할 수 있고 선적 후에 수출거래 건별로 보험료를 내는 장점이 있다. 수출이 단발적으로 발생하고 수출금액이 10만 달러 이하이면 다이렉트보험이 안성맞춤이다.

제4절
보험사고와 보험금의 지급

단기수출보험에서 커버하는 위험이 현실화되면 수출자는 수출대금을 받지 못하고 손실을 보게 된다. 위험의 현실화가 보험사고이고 그 결과가 수출자의 손실이다. 보험은 보험사고의 발생을 억제하는 기능과 손실을 보충하는 기능을 가지고 있다. 건물을 화재보험에 가입하기 위해서는 일정한 화재 예방조치가 필요한데 이는 사회 전체적으로 화재의 발생을 억제하는 효과를 낸다.

단기수출보험도 마찬가지이다. 보험사고에 의한 손실을 예방하기 위해 외상거래를 할 때 주의할 사항을 보험약관에 여러 가지 나열하고 있다. 우리나라의 많은 수출거래가 단기수출보험에 가입하고, 그 거래들이 약관에서 설명하는 조치를 잘 지키면 외상거래의 안전성을 전반적으로 높이는 효과가 있다.

한편, 보험사고가 발생하고 수출자가 손실을 보았다면 보험에서 커버하는 위험에 의한 사고라면 보험금을 받아서 손실을 보충할 수 있다.

보험사고의 발생부터 보험금의 지급까지

보험사고가 발생하면 수출자는 사고발생통지서를 무역보험공사에 보내야 한다. 수출대금을 결제하기로 한 만기일에 수출대금을 못 받았거나, 만기 이전이시만 수출대금을 못 받을 것으로 확실히 예상되면 이를 사고로 인식하고 보험사고의 발생 사실을 무역보험공사에 보낸다.

현실적인 거래관행을 보면 수출대금 결제기일에 결제가 이루어지지 않고 만기를 중심으로 더 일찍 결제되기도 하고 며칠 후에 결제되기도 한다. 대금이 실제로 결제되는 날은 결제기일에서 약간씩 벗어난다. 또는 수출자와 수입자 사이에 사전에 양해하고 관행적으로 며칠씩 지연해서 결제하기도 한다. 이런 현실을 반영해서 사고발생통지서를 보내는 기한이 결제기일로부터 한 달이다. 한 달을 넘겨서 통지하면 나중에 보험금을 받을 때 1.5%를 빼고 받게 될 수도 있으니 신경을 써야 한다. 결제기일 이전이라도 대금지급을 불가능하게 하는 사실, 예를 들면 수입자의 도산, 수입자의 연락 두절 등이 발생한 때로부터 한 달 이내에 사고발생통지서를 무역보험공사에 보내야 한다.

사고발생통지가 있으면 무역보험공사는 사고조사를 한다. 수출자로부터 매매계약서, 선적서류와 같은 서류를 받아서 수출 이행과정을 본다. 수출자와 수입자 사이의 과거 거래 리스트도 살펴본다. 은행에 선적서류를 제출했으면 매입서류도 챙겨본다.

국외 사고조사는 수입자, 수입자 은행 등을 접촉해서 사고의 원인을 조사하는 과정이다. 수입자의 영업현황을 파악하고 수입자의 상환 의사를 확인한다. 수입자가 대금을 지급하지 않는 원인이 수출자에게 있는지도 조사한다. 수출자는 사고발생통지서를 제출한 이후에 보험금청구서를 제출한다.

그림 7. 단기수출보험의 사고처리 과정

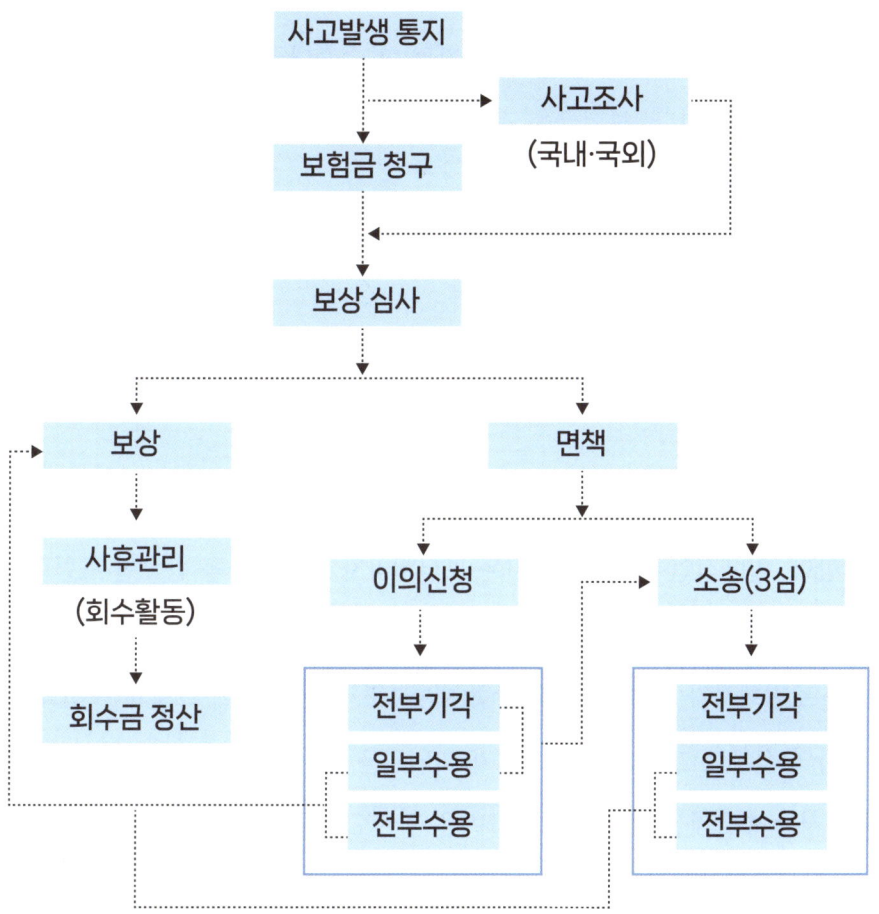

사고조사를 완료하면 보험에 가입한 수출거래가 약관에 맞게 이행되었는지를 심사한다. 보험에 가입할 수 있는 거래였는지 심사한다. 일반수출, 위탁가공무역, 중계무역 등 단기수출보험의 적용대상 거래인지 심사한다.

이어서 수출 이행과정에 약관에서 나열하고 있는 면책에 해당하는 사항이 있었는지 심사한다. 면책에 해당하면 보험금의 전부를 지급하지 않거나 일부를 지급하지 않는 결정을 한다. 약관에는 수출자가 보험계약자로서 지켜야 할 의무가 있는데 이 의무를 잘 지키지 않아서 사고가 났거나 사고가 커졌다고 심사를 하면 의무 불이행과 손실발생의 인과관계를 따져서 보험금을 전부 지급거절 하거나 일부 지급거절 하는 결정을 한다.

무역보험공사가 보험계약자에게 지급하는 보험금은 아래의 세 숫자 가운데 가장 작은 숫자가 된다. 수입자로부터 받기로 한 수출대금이 대개 외화이지만 보험금은 원화로 지급한다. 보험금을 지급하는 날에 최초로 고시된 매매기준율로 환산한 원화로 지급한다.

① 수출자가 입은 손실액에 부보율을 곱한 금액
② 보험금액(수출금액 x 부보율)
③ 인수한도 또는 보상한도, 책임금액

보험금을 받은 수출자는 수입자에게서 못 받은 수출대금을 받는 노력을 계속해야 한다. 일반적인 손해보험에서는 보험계약자가 보험금을 받으면 보험회사가 보험계약자의 권리를 가져가서 직접 권리행사를 해서 손해가 난 재산에 잔존한 가치를 보험회사가 회수해 간다. 상법(제681조, 제682조)에 그렇게 규정되어 있고 현장의 실무도 그렇다. 보험회사가 대위권을 행사한다는 뜻이다. 그러나 무역보험에서는 수출자는 보험금을 지급받은 후에도 수입자에게서 못 받은 수출채권을 받는 노력을 계속해야 한다(무역보험법 제5조의3). 무역보험공사는 중소기업의 수출채권은 대위권을 행사하고 나머지 수출채권은 필요에 따라 선택적으로 대위권을 행사한다.

보험금을 지급받은 후에 수입자 또는 제3자로부터 수출대금을 받으면 수출자와 무역보험공사가 나눠 가진다. 수출자와 무역보험공사가 회수금을 나누는 기준은 부보율이다. 수출자가 부보율만큼 보상받았기 때문에 회수금은 부보율만큼 무역보험공사가 갖는다.

보험사고의 유형 가운데 발생 빈도가 가장 큰 지급지체를 기준으로 사고 발생부터 보험금을 지급받기까지의 과정과 타임라인은 다음의 그림 8과 같다. 중소기업은 중견기업과 대기업에 비해 보험금을 받는 시기가 빠르다.

그림 8. 지급지체에 의한 보험사고의 처리 일정

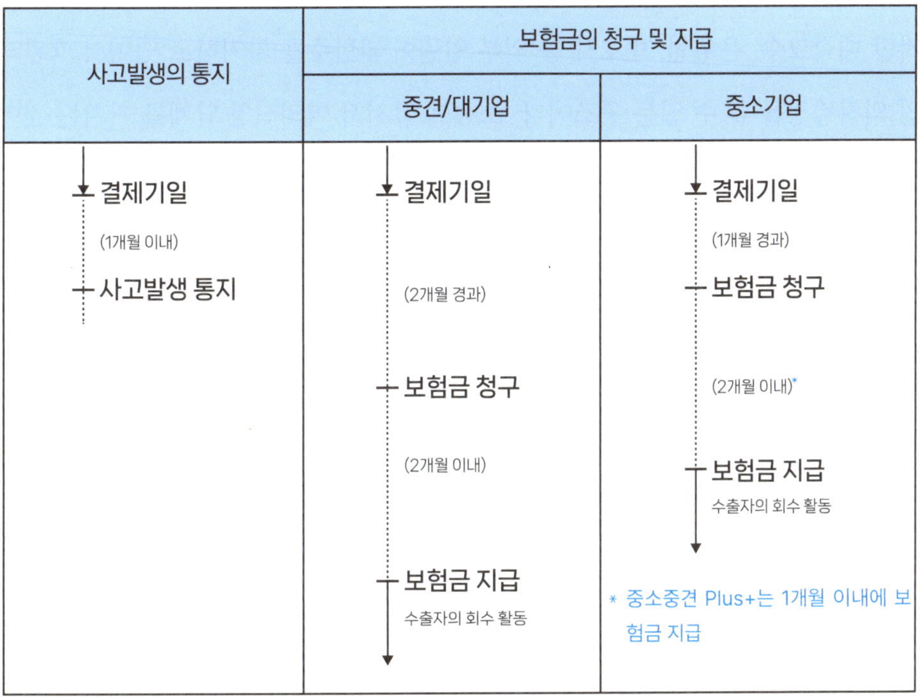

사고발생의 통지	보험금의 청구 및 지급	
	중견/대기업	중소기업
▼ 결제기일 (1개월 이내) ┼ 사고발생 통지	▼ 결제기일 (2개월 경과) ┼ 보험금 청구 (2개월 이내) ┼ 보험금 지급 수출자의 회수 활동	▼ 결제기일 (1개월 경과) ┼ 보험금 청구 (2개월 이내)* ┼ 보험금 지급 수출자의 회수 활동 * 중소중견 Plus+는 1개월 이내에 보험금 지급

    보험금의 청구를 받은 무역보험공사는 국내 사고조사와 국외 사고조사를 바탕으로 보상심사를 하는데 수출자와 수입자의 주장이 첨예하게 대립하고, 추가적인 사고조사가 필요한 때에는 위에서 정한 일정대로 보험금을 지급할 수 없다. 그런 때에는 무역보험공사는 보험금의 가지급을 한다. 대기업은 보험금의 60%, 중견기업은 70%, 그리고 중소기업은 80%의 범위 안에서 가지급금을 지급한다. 보험사고가 발생하였는데 수출화물을 수출자가 확보한 경우로서 수출화물을 처분하지 못한 때에도 수출화물을 처분할 때까지 보험금의 지급을 유보하고 우선 가지급을 한다. 보험금을 지급하기로 결정한 때에 가지급금을 정산한다.

    무역보험공사가 보상심사를 거친 후에 보험금을 지급하지 않는 면책이라고 결정하면 보험계약자는 보험금을 받지 못한다. 수출자는 무역보험공사에 이의신청하거나 소송으로 면책 결정에 대응할 수 있다(271쪽 그림 7 참조).

수출자가 이의신청을 하면 무역보험공사 안에 있는 이의신청협의회에서 면책 결정의 타당성을 심사한다. 이의신청협의회는 무역보험공사 안에 설치된 기구이지만 대학교수, 은행원, 변호사 등 외부 인원이 과반수를 차지하고 있어서 객관적인 의사결정을 할 수 있는 구조이다. 소송에 앞서서 이의신청 단계를 거치는 것이 좋다.

| 보험금 지급의 거절

무역보험공사가 보험금을 지급하지 않는 면책을 설명의 편의를 위해 저자 자의로 절대적 면책과 상대적 면책으로 나눈다. 절대적 면책은 면책의 사유가 사고 발생의 원인이 아닌데도 불구하고 보험금의 지급을 거절하는 것이다. 상대적 면책은 면책의 사유가 사고의 발생에 영향을 준 정도를 따져서 영향을 준 만큼 보험금의 지급을 거절하고 나머지는 지급한다.

절대적 면책의 사유로는 본지사간 거래, 연속수출, 수출화물의 멸실 및 손상, 법령을 위반한 수출, 단기수출보험에 가입할 수 없는 수출 형태 및 무역계약 등이다. 상대적 면책의 사유는 수출자의 고의나 태만에 의해서 발생한 사고, 손실 방지나 축소를 위한 수출자의 의무 불이행 등이다.

본지사간 거래는 수출자와 수입자가 투자관계에 있거나 친족관계에 있는 가운데 거래를 한 것이다. 본사와 지사가 서로 거래를 하고 수출대금을 못 받았다는 것은 본인이 본인에게 대금지급을 하지 않은 것이기 때문에 보험금을 지급하지 않는 것은 너무나 당연하다.

연속수출 면책은 앞선 선적건이 결제기일을 지나서 30일 이상 미결제된 상태에 추가 선적하고 보험에 가입한 거래에서 보험사고가 발생한 것이면 보험금의 지급을 거절하는 면책이다. 이전에 선적한 거래에서 30일이 지나도록 미결제되었다면 수입자의 신용이 나빠진 상태라고 할 수 있는데 추가로 선적했다는 것은 보험사고의 가능성이 높아진 상태에서 선적한 것이기 때문에 면책한다는 논리이다. 30일 이상 만기를 지나서 미결제 상태에 있었던 앞선 선적건이 단기수출보험에 가입되어 있든지 그렇지 않든지 상관없이 추가로 선적된 거래는 면책이다.

앞선 선적건의 원래 결제기일을 연장한 후에 추가로 선적한 거래도 원래 결제일로부터 30일 이상 미결제된 상태에 추가로 선적했다면 역시 연속수출 면책이다. 그림 9의 (B)에서 설명하는 사례이다.

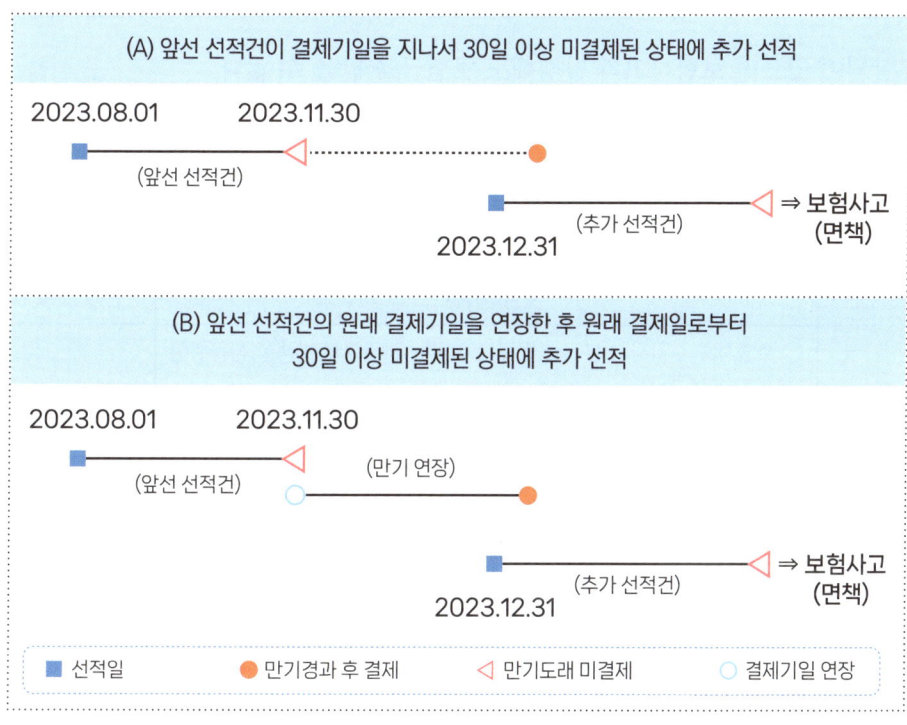

그림 9. 연속수출 거래의 면책 도해

수출화물의 멸실 및 손상에 의해서 발생한 손실 또는 수출화물에 대하여 발생한 손실은 면책이다. 국제무역에서 발생하는 이런 유형의 손실은 적하보험에서 커버한다. 수출자가 국내외 법령을 위반하여 수출을 한 채권에서 발생한 손실도 면책이다. 예를 들어 원산지를 속여서 원산지증명서를 발급했다면 이는 법령을 위반해서 수출채권이 발생한 것이기 때문에 보험사고가 나더라도 면책에 해당할 가능성이 높다.

단기수출보험에 가입할 수 있는 적격 수출거래가 아닌데도 보험에 가입하였다면 보험금을 받을 수 없다. 위탁판매수출인데 단기수출보험에 가입하였다면 해외의 판매자가 수출품을 판매하고 판매대금을 수출자에게 지급하지 않았더라도 보험금을 받을 수 없다. 일반수출이나 위탁가공무역, 중계무역 등 단기수출보험의 적격 형태의 거래라고 해도 수출자가 매매계약에서 수입자의 대금결제 의무를 면제한 것이면 보험금을 받을 수 없다. 신용장으로 결제하는 무역계약인데 신용장의 문언에 신용장개설은행의 대금지급책임이 면제 또는 경감될 수 있는 내용이 포함되어 있으면 보험사고가 발생해도 보험금을 받을 수 없다.

표 18. 보험금의 지급 거절(보험자 면책): 절대적 면책

구분	면책 사유	면책 금액
절대적 면책	① 수출자와 수입자가 본지사간 관계에 있는 거래에서 발생한 신용위험 사고건	손실액 전부
	② 수출자와 수입자 사이의 연속된 수출거래 관계에서 만기도래 후 30일 이상 미결제된 상태에 추가로 수출된 거래	
	③ 수출화물의 멸실 및 손상에 의해서 발생한 손실 또는 수출화물에 대하여 발생한 손실	
	④ 수출자가 국내외 법령을 위반하여 수출한 채권에서 발생한 손실	
	⑤ 단기수출보험에 가입할 수 있는 적격 수출거래가 아닌 경우	

수출자의 고의 또는 과실에 의해서 발생한 손실은 면책한다. 불량품의 화물을 선적했거나 매매계약에 있는 선적일정을 지나서 수출한 경우, 화물의 수량이 부족한 경우 등 수출자의 고의 또는 과실에 의해 보험사고가 났다면 보험금을 지급

하지 않는다. 수출자의 고의 또는 과실과 손실의 인과관계를 따져서 수출자의 고의 또는 과실에 의해서 발생한 손실 부분에 대해서만 보험금의 지급을 거절한다.

그 밖의 상대적인 면책 사유는 수출자의 손실방지의무 소홀, 보험자가 하는 조사에 불응, 사고발생통지의 지연 등이 있다.

표 19. 보험금의 지급 거절(보험자 면책): 상대적 면책

구분	면책 사유	면책 금액
상대적 면책	① 수출자, 즉 보험계약자의 고의 또는 과실에 의해서 발생한 손실	수출자의 고의 또는 과실, 부주의 등과 손실액의 상관관계를 평가하여 면책 금액을 산정
	② 보험계약자가 보험에 가입한 거래에서 손실이 발생하지 않도록(손실방지) 하거나 사고가 난 경우 손실이 확대되지 않도록(손실경감) 조치하지 않아서 발생한 손실	
	③ 보험자가 보험계약자에게 손실방지와 손실경감 조치를 지시하였는데 보험계약자가 이 조치를 게을리하여 발생한 손실	
	④ 보험자가 보험계약자에게 요구한 수출계약과 보험계약, 관련 회계자료 등을 제출하지 않고 보험자의 조사에 불응하여 발생한 손실	
	⑤ 보험사고가 발생하였는데 사고발생통지를 하지 않거나 지연하여 발생한 손실	

보험계약의 원리에 의해 보험금의 지급이 거절되는 경우도 있다. 보험계약에는 보험계약자와 보험회사 사이에 정보의 비대칭이 큰데 이를 제거하기 위해 보험계약자에게 통지의무가 있다. 보험 청약자가 보험계약을 체결하기 전에 보험회사에 알려야 할 사항이 있고, 보험계약이 체결된 후에도 보험계약자로서 보험회사에 알려야 할 사항이 있다. 이 알려야 할 의무를 위반해서 알리지 않았거나 부실하게 알

린 경우에는 보험금을 전액 지급하지 않는다.

단기수출보험은 수출자의 수출통지에 의해서 보험관계가 이루어지는 독특한 특징이 있다. 그래서 수출통지가 없었다면 보험관계의 성립이 없고 결과적으로 수입자로부터 대금을 못 받아서 수출자가 손실을 보았더라도 보험금을 받을 수 없다. 중소중견Plus+와 같이 수출통지 절차를 없앤 보험에서는 수출통지의 문제가 없다.

표 20. 그 밖의 사유에 의한 보험금의 지급 거절

보험금의 지급 거절 사유	지급거절 금액
① '보험자가 요구한 사항'과 '손실을 발생시킬 우려가 있는 사항'을 수출자가 신용한도를 신청하면서, 또는 수출통지를 하면서 보험자에게 알리지 않거나 부실하게 알린 경우	손실액 전부
② 수출을 한 후에 수출금액의 변경, 결제조건의 변경 등이 발생하면 수출자는 보험자에게 이를 알려 주어야 하는데 알리지 않은 경우	
③ 수출자가 보험료를 납부하지 않은 경우	
④ 보험관계가 성립되지 않은 경우 　가. 수출자가 수출통지를 하지 않아서 보험관계가 성립되지 않은 경우 　나. 수출자가 수출한 후에 10영업일을 초과해서 지연하여 수출통지를 한 경우 　다. 수출통지된 거래의 수출금액이 신용한도의 잔여 금액을 초과한 경우 　라. 수출자가 신용불량자로 지정된 수입자에게 선적하고 수출통지한 경우 　마. 수출자가 국별인수방침에 맞지 않게 수출하고 수출통지한 경우	

저자 이경래

대학 졸업 후에 잠시 한국외환은행에서 출납과 당좌업무를 맡았다. 이후 수출입은행과 무역보험공사에 순차적으로 재직하며 우리나라 수출산업에 수출신용을 공급하는 일에 참여하였다. Junior 시기에는 신용기간이 단기간에 끝나는 수출에 필요한 무역보험을 공급하는 일을 했고 Senior 시기에는 선박, 플랜트, 기계류와 같은 자본재 수출을 위한 중장기 수출금융의 공급에 집중하였다. 무역보험공사에서 해양금융부장, 플랜트사업부장, 뉴욕지사장, 부산지사장, 전략기획부장 등의 직책을 맡았다. 2019년부터 약 5년간 덕성여자대학교 국제통상학과에서 무역실무 교과목을 강의하였다.

현재는 국립순천대학교 무역학과에서 학생들을 가르치고 있으며, 무역협회의 TradePro 전문상담사와 한국농수산식품유통공사의 수출컨설팅 전문위원으로 활동하면서 수출입 기업에 무역실무 분야의 컨설팅을 제공하고 있다.

전남대학교 경영학과를 졸업하였고 Manchester Business School에서 MBA를 받았다. 성균관대학교 무역학과에서 경제학 박사학위를 취득한 이후 무역금융, 선박금융, 수출대금의 결제를 주제로 다수의 학술논문을 국내외 학술지에 발표하였다.

신용위험 관리로
더 똑똑한 무역거래

초판 1쇄 발행 2024년 5월 31일

지은이 이경래

발행인 박지인
발행처 주식회사 글로벌엠케이
디자인 전혜준

주소 경기도 화성시 경기대로 1025-5 병점제일타운 102호
이메일 master@trade-master.co.kr
전화 070-4115-4986
블로그 www.trade-master.co.kr
인스타그램 instagram.com/muggumsa.official
등록 제2021-000012호
ISBN 979-11-987221-1-9
정가 28,000원

이 책은 저작권법에 의해 보호를 받으므로 어떠한 형태의 무단 전제나 복제를 금합니다.
파본은 교환하여 드립니다.